헤겔 『정신현상학』의 이해

헤겔 『정신현상학』의 이해

한자경 지음

서광사

헤겔 『정신현상학』의 이해

한자경 지음

펴낸이 | 이숙
펴낸곳 | 도서출판 서광사
출판등록일 | 1977. 6. 30.
출판등록번호 | 제 406-2006-000010호

(10881) 경기도 파주시 회동길 77-12 (문발동)
대표전화 (031) 955-4331 팩시밀리 (031) 955-4336
E-mail: phil6060@naver.com
http://www.seokwangsa.co.kr | http://www.seokwangsa.kr

제1판 제1쇄 펴낸날 · 2009년 4월 10일
제1판 제7쇄 펴낸날 · 2024년 8월 30일

ISBN 978-89-306-1044-5   93160

　헤겔의 『정신현상학』은 각각의 인간 안에서 주체로서 활동하는 정신이 사적이고 주관적인 개체의식에서 어떻게 점차 공적이고 객관적인 보편정신으로 깨어나게 되는지 그 과정을 밝혀 놓은 책이다. 정신은 우선 사물세계를 대상적으로 바라보는 의식으로 활동한다. 그러다가 그렇게 대상을 의식하는 자기 자신을 자각함으로써 자기의식이 된다. 그리고 다시 이 자기의식은 자연의 생명적 활동성 안에서 생명으로서의 자신을 자각하여 이성이 되고, 사회적 공동체와 역사 안에서 인륜적 주체 내지 역사적 주체로서의 자신을 자각하면서 정신이 된다. 이처럼 정신의 자각과정은 한 단계에서 다음 단계로 나아가는 정신의 자기이행을 뜻하며, 이것은 곧 인간의 자기성장의 과정이고 인류의 자기발전의 역사이기도 하다.

　이와 같이 정신이 스스로를 드러내며 현상하는 단계들을 체계적으로 서술한 『정신현상학』은 비록 난해하기 이를 데 없지만 그 안에 담긴 치밀한 논리와 깊이 있는 사유, 역사와 현실에 대한 정확한 통찰, 철학의 제 분야에 대한 종합적 체계화 등으로 인해 진지하게 철학하고자 하는 사람이라면 결코 소홀히 해선 안 될 책이라고 본다. 인식론과 존재론, 형이상학과 윤리학, 정치철학과 역사철학, 미학과 종교철학 등 그 안에 다뤄지지 않는 영역이 없으면서도 그것들이 전체적으로 하나의 체계로 엮여 있다는 것은 굉장한 매력이다. 철학의 모든 중요한 문제들이 내 안에서 부글거리고 있다면, 그 문제들은 결국 하나의 인격체인 내 안에서 하나의 사유체계로 통합되어야 하지 않겠는가? 그런 방대한 전체 철학체계를 스스로 자기 전개하는 정신의 단계적 드러남의 양식으로 밝혀 놓은 책이 바로 『정신현상학』이다. 나는 그 정신의 깊이와 크기를 놓치지 않고 따라가면서 각 단계마다 정신이 무엇을 보고 무엇을 생각하는지를 알아보고 싶었다. 그렇게 헤겔의 『정신현상학』을 읽고 공부하고 또 강의하면서 내 나름대로 각 단계들을 해석하고 정리한 것을 한 권의 책으로 엮어 보았다.

이 책에서 나는 헤겔이 정신의 각 단계마다의 경험과 좌절을 어떤 방식으로 그려내고 있는지를 밝혀 보려고 노력하였다. 어느 단계에서든지 정신은 자신 앞의 무엇인가를 발견하지만, 그것은 곧 발견하는 자신과 발견된 대상과의 분리의 의식이기도 하다. 너와 나를 이원화하고 분리시키는 그 경계 앞에서 정신은 절망하고 좌절한다. 그러나 분리와 차이를 아는 정신은 이미 분리 너머에 있는 정신이며, 좌절을 자각한 정신은 이미 좌절을 초극한 정신이다. 이렇게 해서 한 단계에서 좌절한 정신은 스스로 자신의 좌절을 딛고 그 다음 단계로 나아간다. 나는 헤겔을 따라 한 단계에서 그 다음 단계로 나아가는 정신의 여정을 연속적으로 이어지는 하나의 길로 나타내고자 노력하였다. 정신의 한 경계에서 다음 경계로의 무한한 이동은 결국 정신의 자리가 경계 안도 아니고 경계 밖도 아니고 정확히 경계선 위라는 것, 우리는 누구나 유동하며 미끄러지는 경계선 상의 존재, 공간을 가르는 경계선 위에서 춤추는 존재라는 것을 말해 준다. 이러한 정신의 운동을 나는 유한과 무한, 개체와 보편, 분별과 무분별 사이에서 전개되는 경계와 무경계의 변증법으로 이해하였다.

우리는 흔히 헤겔철학을 그 깊이와 방대함과 체계성에 입각해서 서양 근세 대륙 합리론과 영국경험론의 종합인 칸트 초월철학에서 한걸음 더 나아간 독일관념론의 완성으로 평가한다. 그리고 그 이후의 쇼펜하우어나 키에르케고르의 실존철학, 포이어바흐나 마르크스의 유물론을 이미 완성된 헤겔철학에 대한 반작용으로 해석한다. 그만큼 헤겔철학은 전체 서양 형이상학의 완결판으로 간주되고 있다.

이처럼 서양철학의 전성기이기도 한 독일철학의 전성기는 칸트에서 헤겔까지라고 볼 수 있다. 칸트 이전의 대륙 합리론자들은 주로 라틴어나 불어로 글을 썼으며 칸트까지도 학위논문을 라틴어로 썼었다. 그러다가 칸트가 독어로 주저 『순수이성비판』을 완성한 것이 1781년이다. 그즈음 수많은 철학자·문학가·예술가 등이 함께 활동하였지만 독일철학의 완성자는 역시 헤겔이고 그 주저는 『정신현상학』이라고 할 수 있을 것이다. 그런데 『정신현상학』이 간행된 해는 1807년이다. 이웃 나라 프랑스에서 1789년 대혁명이 일어났을 때, 그 혁명의 정신을 사유로 포착하고 철학으로 체계화하는 작업이 바로 독일에서 일어났던 것이다. 그로써 독일인들은 자신을 철학이 있고 정신이 살아 있는 민족이라고 스스로 각성시키고 부흥시켰다. 그리고 실제 역사가 그 정신에 따라 그렇게 만들어졌다. 그래서 그곳으로부터 이 멀리 떨어진 한국에서도 그리고 200년도 더 지난 오늘날에도 칸트를 따라 헤겔을 따라 철학을 공부하겠다고 독일을 향해 떠나곤 한다. 그럴 수 있다. 헤겔 자신이 논하듯이 역사를 만드는 것이 바로 정신이니까 그럴 수 있다. 내가 놀라는 것은 칸트 『순수이성비판』에서 헤겔 『정신현상학』에 이르는 기간이 30년도 채 안 된다는 사실이다. 한 나라가 철학이 있고 정신이 살아 있는 나라로 새롭게 각

8

성하고 부흥하는 것이 30년만으로도 가능하다는 사실, 그것이 놀라운 것이다.

의식있는 몇몇의 지성을 통해 한 나라가 통째로 각성하고 부흥하는 것이 30년만으로도 가능한데, 우리의 정신은 왜 아직도 깨어나지 못하는 것일까? 30년 이상 철학을 하면서 살아온 우리들의 잘못이고 우리들의 책임이 아닐까? 30년, 60년 동안 민족의 혼을 일깨우고 정신을 부흥시키기는커녕 우리는 오히려 우리 역사 속에 살아 있던 정신까지도 망각하고 우리 스스로를 변방이라 자처하며 정신없이 살고 있는 것은 아닐까?

칸트의 『순수이성비판』을 공부하고 헤겔의 『정신현상학』을 읽는 것이 그 자체만으로 나와 우리의 정신을 일깨우는 것은 아니라고 생각한다. 경계에 부딪혀 좌절하되 다시 그 경계를 딛고 일어나는 정신만이 깨어있는 정신이듯이, 칸트와 헤겔을 딛고 오늘의 나, 오늘의 우리를 발견하는 정신만이 살아 있는 정신이고, 그 정신을 통해서만 우리 전부가 함께 각성될 수 있으리라고 본다.

『정신현상학』에 나타난 헤겔 사상의 깊이와 폭을 내가 제대로 잘 포착하였는지조차 자신하지 못하는 상황에서 작은 해설서나 하나 내놓으면서 정신의 각성 운운하니 그저 부끄러울 따름이다. 경계에 서서 경계 너머를 바라보며 무경계를 꿈꾸는 것, 그것이 인생이려니 생각하며 살아간다.

2009년 3월
한자경

목차

1. 변증법의 논리

헤겔철학은 서양 형이상학 내에서 독일관념론으로 칭해지기도 하고 변증법철학으로 칭해지기도 한다. 독일관념론은 독일에서 칸트의 비판철학(초월적 관념론)에서 출발하여 피히테(주관적 관념론)와 셸링(객관적 관념론)을 거쳐 헤겔(절대적 관념론)에서 완성되는 관념론체계를 뜻한다. 반면 변증법은 플라톤의 대화술에서부터 칸트의 변증론을 거쳐 피히테와 헤겔의 변증법과 마르크스의 유물변증법에 이르기까지 좀 더 넓은 범위에서 논해지는 사유방식이다. 독일관념론 자체가 변증법적 사유에 입각한 것이므로 우선 변증법의 의미가 무엇인가가 밝혀져야 한다.

변증법에 해당하는 디알렉틱은 플라톤에서 대화술을 의미한다. 플라톤에서 대화술은 그가 『국가론』에서 선분의 비유로써 논한 네 가지 인식방식 중 최고의 인식에 해당한다. 네 가지 인식은 가장 하위의 인식부터 말하자면 ① 관습이나 남의 말을 통해 얻은 소문적 인식(의견), ② 개별 사물에 대한 직접적인 경험적 인식(감각 또는 지각), ③ 이데아의 공리나 전제에 입각한 개념적 인식(사유), ④ 이데

14

아 자체를 직관하는 인식(변증적 인식/대화), 이렇게 네 가지이다.

① 개별 사물에 대한
간접적 인식 / 소문적 인식 / 상상·의견 / eikasia
② 개별 사물에 대한
직접적 인식 / 경험적·일상적 인식 / 감각·신념 / pistis
③ 이데아(보편)에 대한
간접적 인식 / 과학적 인식 / 개념적 추론·사고 / dianoia
④ 이데아(보편)에 대한
직접적 인식 / 변증적·철학적 인식 / 지적 직관·인식 / noesis, episteme

　여기서 세 번째의 개념적 사유는 이데아 및 이데아들 간의 관계를 직접 직관함이 없이 이미 언표된 몇몇 기본 명제들을 미리 타당한 것으로 전제해 놓고 그 기반 위에서 행해지는 사유를 뜻한다. 수학이나 과학에서 개념의 정의나 명제적 공리 또는 일상적 사유에서 명시적으로 증명되지 않은 채 이미 자명한 것으로 통용되는 상식이 그런 전제에 해당한다. 그런 전제 위에서 행해지는 과학적 내지 일상적 사유가 개념적 인식이다. 반면 그렇게 암묵적으로 받아들여지는 전제 자체의 진위를 문제 삼으면서 그 전제의 근거와 배경을 캐묻는 것이 네 번째 단계의 인식인 철학적 대화이다. 대화를 통해 전제를 되묻는 과정에서 이데아와 이데아들 간의 관계를 직접 직관하게 된다. 이러한 직관은 궁극적 실재 또는 존재 전체에 대한 지적 직관 또는 비감각적 통찰이라고 할 수 있다.[1]

---

1) 물론 과학적 인식을 일정한 전제 위에서 행해지는 사유라고 규정하는 것은 과학철

대화를 통해 얻어지는 이데아의 직관은 그것이 궁극 근원과 시초
에 관한 인식이며 또 일체 현상세계를 전체적 관점 내지 이데아적 영
원의 관점에서 조망하는 인식이라는 점에서 스피노자가 논한 신적
직관에 해당한다. 스피노자는 인식을 ① 구상력에 의한 지각, ② 오
성능력에 의한 개념적 사유, ③ 직관능력에 의한 직관, 이렇게 세 가
지로 구분하였는데, 이 마지막 최고의 인식인 직관이 영원의 상 아래
에서 개별 사물을 인식하는 직관에 해당한다.

> ① 구상력 – 지각
> ② 오성 – 사유
> ③ 직관력 – 직관

그렇다면 오성적 사유나 구상력의 지각 너머 일체를 영원의 관점
에서 조망하는 직관이 갖는 의미는 무엇인가? 지각과 사유는 경험적
현상세계의 개별적 사물을 이런 또는 저런 속성을 가지는 규정적인

학자 토마스 쿤의 언어로 말하자면 일정한 패러다임 위에서 행해지는 정상과학의 경우
에만 타당하다고 할 수 있다. 기존 패러다임 자체를 문제 삼으면서 새로운 패러다임이
형성되는 시기의 과학적 사유는 플라톤이 말하는 변증적 사유에 해당할 것이다. 마찬
가지로 대화도 양면성을 가진다. 우리의 일상적 대화는 사실 일정한 전제들을 문맥상
이미 전제하고 행해진다. 콘텍스트를 벗어난 텍스트, 문맥을 벗어난 대화는 비일상적
인 경우뿐이다. 우리는 대개 '선'이 무엇인가를 전제해 놓고, '선한 마음을 가져라'라
고 말하기도 하고, '이 사람은 선하다'라고 판단하기도 하며, '저 사람은 선한가, 아닌
가?'를 논하기도 한다. 반면 플라톤이 대화로써 의미하는 것은 그의 대화록에서 보이
듯, 이런 문맥들을 따라가지 않고 오히려 이런저런 선함에 대한 언급이나 판단에 앞서
그런 판단의 기준으로서 '선이란 무엇인가?'라는 것을 되묻는 것이다. 플라톤은 전제
를 따르지 않고, 전제 자체를 캐묻는 것을 진정한 의미의 대화로 간주하지만, 우리의
일상적 대화는 오히려 일정한 문맥의 전제 위에 수행된다.

것으로 인식한다. 규정은 그것과 그것 아닌 것을 구분 짓는 경계를 따라 행해지며 따라서 사물은 규정을 통해서 경계 밖과 구분되는 경계 안의 것으로 특징지어진다. 그렇다면 사물의 경계 그리고 경계에 따른 규정은 어떻게 성립하는 것인가?

모든 규정은 곧 부정이다(omnis affirmatio est negatio).

이것이 헤겔의 변증법적 사유에 결정적 영향을 미친 스피노자의 통찰이다. 경계는 흔히 안과 밖을 구분 짓고 차단함으로써 사물의 경계 내적 자기동일성을 유지시켜 주는 울타리로 간주된다. 비어 있는 우주 공간 안에 그 사물이 없지 않고 있기 위해서, 그리고 그것이 그것 아닌 것이 아니고 바로 그것이기 위해서 그 사물을 그것 아닌 것과 구분시켜 주는 것이 바로 그것의 경계이기 때문이다. 경계를 따라 우리는 사물이 없지 않고 있다는 것, 사물이 경계 밖 저것이 아니라 경계 안 이것이라는 것을 알게 된다. 빨간 사과가 갈색 나뭇가지와 구분되기에 이 사과는 빨갛다고 규정되며, 갈색 나뭇가지가 파란 하늘과 구분되기에 이 나뭇가지는 갈색이라고 규정된다.

그런데 모든 존재하는 것의 경계는 유동적인 것이다. 경계가 유동하지 않고 고정되어 있다면, 태초에 있지 않았던 것은 결코 생겨나지 못했을 것이며 지금 있는 것은 영원히 사라지지 못할 것이다. 그러나 모든 경계 지어진 것은 그 자체 유한하고 무상한 것이다. 경계가 고정되어 있지 않고 이동하기 때문이다. 경계는 안팎을 구분 짓고 대립을 고정시키기 위해 확고부동하게 존재하는 것이 아니라, 안팎의 구분을 무화시키고 대립을 소멸시키기 위해, 안팎을 소통시키면서 스스로 사라지기 위해 존재하는 것이다. 빨간 사과는 갈색 나뭇가지로부터 자라나서 파란 하늘로 분해되고 만다. 사과는 빨갛지 않다가 빨 갛게 된 것이고 빨갛다가 빨갛지 않게 된다. '사과는 빨갛다'는 규정 은 '사과는 빨갛지 않다'는 부정과 그다지 멀지 않은 것이다. 이처럼 모든 규정은 부정을 함축하고 있다. 경계 자체가 동전의 양면처럼 한 면이 긍정과 규정이면, 그 뒷면은 부정이기 때문이다. 경계는 그 둘 을 포괄하며 하나에서 다른 하나로 미끄러져 간다. 그래서 모든 규정 은 곧 부정인 것이다.

규정이 곧 부정이라는 말은 한 사물의 규정 안에 그 부정이 내포 되어 있다는 말이다. 한 사물에 대한 규정적 판단 'x는 F이다' 안에 는 'x는 F가 아니다'라는 부정이 포함되어 있다. F인 것과 F 아닌 것 의 차이는 x와 x 아닌 것 간의 외적 차이가 아니라 x 자체 안에 담겨 있는 '내적 차이'이다. 자신 안의 내적 차이를 따라 x는 F인 것에서 F 아닌 것으로 이동해 가며, 우리는 긍정판단에서 부정판단으로 이행 해 간다. 그런데 'x는 F가 아니다'라는 부정판단은 'x는 -F이다'라는 무한판단이기도 하다.[2] x가 F의 규정에서 벗어나는 순간 x는 G일 수 도 H일 수도 I일 수도 있어 그 판단이 무한히 가능하기 때문이다. 이 처럼 규정은 곧 부정이며, 부정은 곧 규정적 경계로부터의 벗어남이 고 무한한 전체에로의 이행이다. 경계 안쪽의 규정(긍정)은 경계 바 깥쪽의 부정과 맞닿아 있고, 그렇게 해서 하나의 경계는 긍정에서 부 정을 거쳐 소멸되며 그 다음의 경계로 나아가 경계의 이동은 무한히 진행된다.

---

2) 이런 의미에서 칸트는 『순수이성비판』에서 판단을 성질에 따라 긍정판단, 부정판 단, 무한판단으로 구분하였다.

> x는 F이다. : 긍정/규정1 〈정〉
> x는 F가 아니다. = x는 -F이다. : 부정/무한 〈반〉
> x는 G(F + -F)이다. : 새로운 규정2 〈합〉

이와 같이 하나의 경계가 성립하면 그 경계 안의 규정이 곧 그 경계 바깥의 부정으로 바뀌며, 이로써 그 경계는 소멸하지만 그 소멸은 곧 그 다음 단계의 새로운 경계의 등장으로 이어진다는 것, 이것이 바로 변증법적 사유의 핵심이다. 여기에서 긍정과 부정을 거친 합은 또 다른 긍정으로서 그 다음의 부정으로 이어져 경계의 이동은 무한히 진행된다. 이처럼 정에서 반을 거쳐 합으로 나아가는 과정은 규정된 특수로부터 그 규정 너머의 보편으로 나아가는 과정이며, 긍정판단에서 부정판단과 무한판단으로 나아가는 추론, 그중에서도 제한된 결론에서 그 제한 너머의 전제에로 나아가는 역삼단논법적 추론이다. 이러한 변증법적 추론이 궁극적으로 지향하는 것은 결국 사물을 규정된 경계 너머에서, 무한과 영원의 시점에서, 개별을 포괄하는 전체의 관점에서 직관하고자 하는 것이다. 유한에서 무한으로, 경계에서 무경계로 나아가는 논리가 변증법적 논리이다.

그런데 규정성의 인식(경계에 따른 유한의 인식)과 그 규정을 포괄하는 무규정적 부정성의 인식(무경계적인 무한의 인식)은 같은 차원의 인식이 아니다. 하나는 일정한 전제와 주어진 지평 안에서 행해지는 인식이며, 다른 하나는 그 주어진 전제를 캐물음으로써 보다 더 넓은 지평으로 나아가는 인식이다. 하나는 현상세계에 대한 경험적 내지 과학적 인식이라면, 다른 하나는 현상세계의 경계와 그 근원에 대한 형이상학적 인식이라고 할 수 있다.

이처럼 두 인식의 층위가 서로 다르며 그 인식이 지향하는 방향이 서로 상반되다는 것, 따라서 그 둘을 같은 차원에서 논할 경우 서로 상충하는 모순이 발생한다는 것을 논한 철학자가 바로 칸트이다. 칸트『순수이성비판』중의 변증론은 현상세계에 대한 인식과 그 인식의 한계를 넘어서는 전체에 대한 인식 간의 모순적 관계를 밝힌 것이다. 칸트에 따르면 현상세계에 대한 인식이 오성적 사유와 감성적 직관을 종합한 규정적 인식이라면, 그 현상의 근거 및 전체에 대한 인식은 오성과 감성의 한계를 넘어서는 것으로서, 그것을 추구하는 인식능력은 이성이다.

① 현상세계에 대한 인식 : 감성 - 직관 : 감성학
② 현상세계에 대한 인식 : 오성 - 사유 : 논리학/분석론(판단론)
③ 현상 너머에 대한 인식 : 이성　　　 : 논리학/변증론(추리론)[3]

　　현상세계 인식의 기반으로서 이성이 추구하는 전체를 칸트는 제약된 현상세계의 개별 사물을 포괄하는 전체라는 의미에서 '무제약자'라고 칭한다. 이는 역삼단논법적 추리에 전제되는 궁극적 전체이며, 이성개념인 이념에 해당한다. 칸트가 이념이라고 칭하는 무제약자는 바로 전통 형이상학에서 크게 셋으로 구분한 존재영역 각각에서 그 전체성으로 전제된 무제약자이다. 인식주관으로서의 무제약자

---

3) 이러한 칸트의 인식구분을 앞의 철학자의 그것과 연결시켜 정리하면 다음과 같다.

플라톤	스피노자	칸트
상상		
감각 · 지각	구상력의 지각	감성의 직관
사유	오성의 사유	오성의 사유
직관	직관력의 직관	이성의 지적 직관

인 자아, 인식객관으로서의 무제약자인 세계 자체 그리고 주객을 포괄하는 총괄적 무제약자로서의 신이 그것이다.

전통 형이상학이 이들 무제약자에 대한 인식으로서 합리적 심리학, 합리적 우주론 그리고 합리적 신학이라는 형이상학적 체계를 건립하여 왔다면, 칸트는 이들에 대한 형이상학적 체계를 확립하기 이전에 과연 인간 이성이 그러한 무제약자를 인식할 수 있는지에 대한 반성적 비판이 우선해야 하는 것을 논한다. 진리를 탐구하는 구체적인 인식활동을 하기 이전에 인간이 과연 진리를 인식할 수 있는 능력을 갖고 있는지, 이성이 과연 절대적 무제약자를 포착하는데 적합한 인식도구나 수단이 될 수 있는지를 먼저 고찰해야 한다는 것이다. 칸트의『순수이성비판』은 바로 이러한 이성 자체에 대한 이성의 비판작업이다. 그 중「분석론」은 이성의 인식능력 자체를 비판적으로 검토하는 것이며,「변증론」은 그러한「분석론」의 결과에 입각해서 전통 형이상학을 비판적으로 검토하는 것이다.

이처럼 인식대상에 대한 인식체계의 확립 이전에 인식능력 자체를 반성적으로 검토한다는 의미에서 칸트의 비판철학을 반성철학이라고 한다. 칸트의 비판철학 이후 인간과 세계와 절대자를 논하는 철학은 언제나 인간의 인식능력에 대한 비판적 검토를 함께 하지 않을 수 없었으며, 따라서 진지한 철학적 사유 안에서는 존재론과 인식론이 더 이상 분리될 수 없게 되었다.

칸트 이후 비판철학의 정신을 보다 철저히 심화시킨 피히테의 철학이 나왔으며, 다시 그 정신을 자연과 존재 일반으로 확대시킨 셸링의 철학이 등장하였다. 헤겔의 철학은 칸트의 반성철학과 그에 기반을 둔 피히테의 철학 그리고 셸링의 동일철학을 종합적으로 절충한 철학이다.

2. 반성철학과 동일철학의 절충

1) 반성철학: 칸트와 피히테

(1) 반성철학의 내용

칸트는 자아와 세계 자체와 신이라는 형이상학적 대상을 직접 탐구하기에 앞서 인간 이성이 과연 그런 형이상학적 무제약자를 인식할 능력이 있는지를 검토한다. 인간 이성이 그런 절대자를 포착하는데 적합한 인식도구나 수단이 될 수 있는지를 먼저 알아야 하기 때문이다. 또한 인식에는 여러 종류가 있으므로, 형이상학의 체계 확립이전에 과연 어떤 인식능력이 그러한 형이상학적 인식이라는 목적에 적합한지를 알기 위해서도 인식능력 자체를 검토해 볼 필요가 있다. 그렇게 해서 일단 인간 인식의 본성이나 인식의 한계 등이 분명해져야, 인간이 과연 절대자를 알 수 있는지 아닌지도 밝힐 수 있을 것이다. 우리가 어떤 도구를 사용하기 이전에 먼저 그 도구 자체를 잘 알필요가 있는 것처럼, 이성이라는 도구로 절대자에 대한 인식을 얻기이전에 그 인식도구인 이성 자체를 철저하게 검토해 볼 필요가 있는 것이다.

이러한 이성비판의 결과로 칸트가 내린 결론은 인간은 이성을 가지고 자아나 세계 자체 또는 신에 대해 확실한 인식을 얻을 수 없다는 것이다. 인간 이성은 무제약적 절대자를 인식하기에 적합한 도구가 되지 못한다. 왜 그러한가? 칸트에 따르면 인간 이성이 어떤 것을 인식할 때에는 그 이성 자체가 가지는 인식형식을 따라 인식하게 된다. 인식은 주어진 대상을 지각(직관)하는 감성능력과 지각된 대상에 대해 사유하는 오성능력의 결합으로 성립하는데, 감성적 직관형식이 시간과 공간이고 오성적 사유형식이 범주이다.

감성 – 직관: 직관형식 = 시간 · 공간
오성 – 사유: 사유형식 = 범주

어떤 것이든 그것을 인식하기 위해서는 인간의 주관적 인식형식인 범주와 시간형식의 제약을 받을 수밖에 없다. 그리고 그러한 인식형식을 따라 인식된 대상세계는 따라서 인간의 주관적 인식형식에 의해 제약된 대상, 즉 '현상'(Erscheinung)일 수밖에 없다. 인간은 인간 자신의 인식형식에 의해 제약된 현상만을 인식할 수 있을 뿐이다.

인식주체 ──────〈인식형식/인식구조〉──────▶ 인식대상
(무제약자)   (제약)   (제약된 것)
              = 현상의 제약   = 현상

초감각적인 것   비감각적인 것   감각적인 것
(절대지)   (현상지)

이처럼 칸트의 이성비판의 결론은 인간은 인간 자신의 인식조건에 의해 제약된 현상만을 인식할 수 있다는 것이다. 그러므로 '인간은 현상만을 인식할 수 있을 뿐 물자체는 인식할 수 없다'고 주장하게 된다. 여기서 인식 불가능하다고 간주되는 물자체는 전통 형이상학이 인식대상으로 삼았던 무제약적 절대자이다. 인간 이성의 이념에 상응하는 자아 자체나 세계 자체나 신은 제약된 현상 너머의 것으로서 인간이 인식할 수 없다는 것이다. 다만 인식주체인 자아에 대해

서는 그에 대한 감성적 직관을 갖지 못하므로 인식할 수는 없지만, 누구나 현상을 인식하는 주체로서 활동하는 한, 그런 활동 주체인 초월적 자아에 대해 '나는 나다' 라는 자기의식을 갖는다. 그렇지만 이 자아는 감각에 주어지는 구체적 내용을 가지는 경험적 자아가 아니라, 단지 보편적 의식일반, 초월적 자아, 순수 자아일 뿐이다. 초월적 자아는 그 자체 경험 가능하고 인식 가능한 현상이 아니다.

그런데 피히테는 이 초월적 자아의 자기의식을 대상적인 경험적 인식을 넘어서는 절대적 확실성의 자기정립으로 논한다. 즉 현상세계가 인식주체의 인식형식에 의해 인식대상으로 객관화된 현상일 뿐이라면, 그런 인식주체의 활동성 자체는 자기 자신을 정립하면서 동시에 인식 객관인 세계를 정립하는 궁극 근거가 되는 것이다. 자아는 자신의 존재를 스스로 정립하는 '절대자아' 이다. 그리고 세계는 그 자아에 의해 자아의 대상으로서 반정립된 비아이다. 이렇게 절대자아에 대해 비아가 반정립되면, 절대자아는 더 이상 순수 동일성에 머물러 있지 않고, 가분적 자아와 가분적 비아로 분할된다.

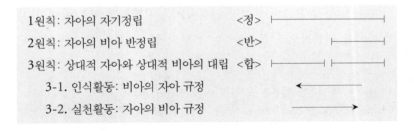

우리가 경험적 자아와 경험적 현상세계, 정신과 물질, 나와 세계로 이원화해서 파악하는 것은 절대자아 안에서 이원화된 가분적 자아와 가분적 비아이다. 그리고 이 틀 안에서 인간이 인식대상이나 실

천대상으로 삼는 것은 결국 경험적 자아와 대립된 경험적 대상세계인 비아, 즉 현상일 뿐이다. 피히테가 절대자아의 자기정립을 논하기는 하였지만, 그 지점만 제외하면 피히테철학에 있어서도 인간이 인식할 수 있는 것은 결국 칸트와 마찬가지로 현상세계(비아)에 지나지 않는다는 결론이 나온다.

(2) 반성철학에 대한 헤겔의 비판

헤겔『정신현상학』 서론은 칸트철학에 대한 다음과 같은 비판으로 시작된다.

> 사태 자체에, 즉 진실로 존재하는 것의 현실적 인식에 나아가기에 앞서 절대자를 포착할 수 있는 도구나 절대자를 알아낼 수 있는 수단으로서의 인식에 대해 반드시 먼저 알아야만 한다는 생각은 철학에 있어 자연스런 생각이다.(63/113)[4]

이 자연스런 생각이 바로 헤겔이 비판하고자 하는 칸트철학의 핵심이다. 이성을 갖고 구체적인 인식활동을 시작하기 이전에 먼저 이성 자체를 비판적으로 검토하라는 칸트의 반성철학적 주장은 헤겔에

---

4) 본문에 등장하는 인용은 모두 G. W. F. Hegel, *Phänomenologie des Geistes* (Hamburg, Felix Meiner Verlag, 제6판, 1952)의 글이다. 한글번역은 임석진 역의 『정신현상학』(2005, 한길사)을 참고하였다. 인용 후 괄호 속에 독어판 쪽수와 한글 번역판 쪽수를 함께 적어 놓았다. 헤겔은『정신현상학』 본문에 들어가기에 앞서 긴 서설 (Vorrede)과 비교적 짧은 서론(Einleitung)을 덧붙여 놓았다. 서설은 본문의 내용을 완성한 후 전체를 총괄적으로 정리하는 방식으로 쓰인 것인데 반해 서론은 본문으로 이끌어 가기 위한 도입부라고 볼 수 있다. 따라서 본서의 해설은 서론의 내용 분석으로부터 시작한다.

따르면 마치 물에 들어가기 전에 수영이 무엇인지를 다 알아야 한다
는 주장처럼 불합리한 주장이다. 수영이 무엇인지는 구체적인 수영
활동 속에서 드러나듯이, 인식이 무엇인지는 인식대상과 관련된 인
식활동 속에서만 밝혀질 수 있기 때문이다.

나아가 인식능력인 이성 내지 인식을 인식대상인 절대자와 별개
의 것으로 구분해 놓고 인식을 단지 대상을 알기 위한 도구나 수단으
로만 간주한다는 것도 문제이다. 인식과정에서 인식대상과 구분되는
인식도구가 사용되는 것이라면, 결국 대상은 그 과정에서 거기 사용
된 도구에 의해 변형될 수밖에 없을 것이기 때문이다.

> 만약 인식이 절대적 존재를 포착하기 위한 도구라고 한다면, 그런 도구가 어
> 떤 사태에 적용될 경우 그 사태를 그 자체로 내버려 두지 않고 오히려 그 사
> 태에 가공이나 변형을 가져오리라는 것이 분명하다.(63/114)

이런 전제 위에서는 우리가 대상 자체를 인식할 수 없다는 회의주
의를 피할 수 없게 된다. 우리는 우리 자신과는 별개의 대상 자체를
인식할 수 없으며, 오직 우리 자신의 인식도구에 의해 변형된 현상만
을 인식하는 것이 된다. 우리가 얻을 수 있는 것은 우리 자신에 의해
변형된 현상에 대한 인식일 뿐이고, 그 자체로 존재하는 것에 대한
인식, 주객 분별을 넘어서는 무분별지 내지 절대지는 얻지 못한다는
말이 된다.

이에 대해 '인식에서 도구가 사용되어 변형이 발생한다 하더라도,
그 도구 자체를 잘 안다면, 인식에서 그 도구에 의해 변형된 부분만
제대로 제거하면 순수한 진리가 포착되지 않겠는가? 그러므로 더욱
더 도구 자체의 분석과 앎이 중요한 것 아니겠는가?'라는 반문이 가

능할 것이다. 그러나 헤겔은 이런 반문에 대해서도 비판적이다. 우리의 경험으로부터 그 경험을 가능하게 하는 인식작용의 활동인 도구적 역할을 모두 제거한다면, 결국 우리는 인식 이전의 상태인 출발점으로 되돌아갈 뿐이며 순수한 인식으로 남는 것이 하나도 없게 될 것이기 때문이다. 이런 상황을 헤겔은 다음과 같이 빛의 비유를 들어설명한다.

> 도구로 표상되는 인식작용에 대한 검사가 우리에게 인식의 광선굴절의 법칙을 알게 할 경우, 인식 결과로부터 광선굴절을 제거한다고 해도 아무 도움이 되지 않는다. 왜냐하면 광선의 굴절이 아니라, 오히려 광선 자체가 그것을 통해 진리가 우리에게 접촉되는 것으로서 인식인 것이며, 따라서 그 인식을 제거한다면 우리에겐 단지 순수한 방향 또는 빈 공간만이 제시될 뿐이기 때문이다.(64/115)

인식대상 자체에 대한 앎을 갖기 위해 인식수단인 빛을 제거하는 것은 곧 인식 자체를 배제하는 것이기에, 대상에 대한 앎으로서 남겨지는 것은 아무것도 없게 된다. 대상을 관찰하기 위해서는 빛이 요구되는데, 빛의 입자에 쏘이면 대상이 변화하므로, 결국 인식작용을 배제한 대상 자체의 인식을 논한다는 것은 불가능한 것이다.

이런 상황에서는 대상 자체를 안다는 것이 불가능하다는 회의주의로 나갈 수도 있지만, 역으로 인식대상과 인식주체(인식수단을 포함)를 서로 별개의 것으로 이분하는 것 자체가 오류라는 통찰로 나아갈 수도 있다. 즉 인식대상인 절대자를 인식능력인 이성이나 인식활동으로부터 분리된 별개의 것으로 미리 전제해 놓는 것을 비판하는 것이다. 바로 이 지점이 헤겔의 칸트비판의 핵심이다. 헤겔에 따르면 칸트는 절대자 내지 진리 자체를 특정한 어떤 것으로 이미 전제해 놓고, 인간이 그것을 인식할 수 없다고 걱정하는 식이다.

> [인식이 인식수단에 의해 변질된다는] 염려는 사실 어떤 것을 그것도 꽤 많은 것을 진리로 전제해 놓고 그 기반 위에서 의심을 하고 결론을 내릴 뿐이다. 그러나 우선 검토되어야 할 것은 그 전제들이 과연 진리인가 하는 것이다.(64-65/115)

진리가 무엇인지, 절대자가 무엇인지를 미리 전제해 놓고, 우리가 그 진리 자체를 인식할 수 없다고 논하는 것은 문제가 있다는 것이다.[5] 칸트철학의 이런 전제를 헤겔은 다음과 같이 정리한다.

> 그런 염려는 인식은 도구나 매개물이라는 표상을 전제하며, 따라서 우리 자신과 그런 인식과의 구분을 전제한다. 그리고 무엇보다도 한편에 절대자가 있고 또 다른 한편에 인식이 그 자체로 절대자와 분리된 어떤 실재적인 것으로서 있다고 전제한다.(65/115~116)

문제는 '인식과 존재', '이성과 절대자'를 서로 별개의 것으로 분리하는 것이다. 헤겔에 따르면 칸트 사유의 한계는 바로 "인식이 절대자로부터 그리고 절대자가 인식으로부터 분리되어 있다는 생각"(65/116)을 벗어나지 못한 것이다.

---

5) 이는 '인간 이성의 한계를 논하는 것이 곧 신앙에 자리를 마련하는 것'이라는 칸트의 주장에서 알 수 있듯이, 칸트에게 기독교적 진리관, 기독교적 신관이 이미 전제되어 있음을 뜻한다.

　반면 피히테의 철학은 절대자를 궁극적으로 인식 바깥에 설정하지는 않지만, 그럼에도 불구하고 현실적 인식을 비아를 통한 반성에 근거한 것으로 간주한다는 점에서, 그의 철학 또한 칸트철학과 마찬가지로 반성철학에 속한다. 절대자아가 자신을 개체적인 인식주체나 실천주체로 자각하는 자기의식이 되기 위해서는 자아 바깥의 비아가 요구되며, 그 비아와의 관계에서 자아로 되돌아온 반성적 의식이 경험적 자아의 실제적인 자기의식이 된다. 반면 비아가 완전히 자아로 복귀된 절대자아의 자기동일성은 도달해야 할 이상일 뿐 아직 현실적 의식은 아닌 것이다. 이처럼 절대자아의 활동이 상대적 자아와 상대적 비아 간의 인식과 실천의 활동과는 별개의 활동으로 분리되어 있다는 점에서, 피히테의 철학 또한 칸트철학과 마찬가지로 반성철학의 한계를 가진다.

2) 동일철학: 셸링

(1) 동일철학의 내용

　셸링은 칸트나 피히테의 반성철학을 비판한다. 인간이 단지 인간 자신의 인식형식에 의해 제한된 객관적 현상세계만을 인식할 수 있다는 칸트의 주장이나 인간의 인식대상이 되는 자연세계는 결국 정신으로 환원될 비아일 뿐이라는 피히테의 주장은 인식주관과 인식객관의 이원론, 정신과 물질의 이원론, 존재와 인식의 이원론에 기반을 둔 것이다. 이런 이원론에 기반을 두면 인간이 존재 자체를 알 수 없다는 결론을 피할 수 없게 된다.

　셸링은 이와 같은 정신과 물질, 인식주관과 객관, 존재와 인식의 이원론을 비판한다. 셸링에 따르면 우리가 사는 자연 세계는 우리 자신의 정신에 의해 대상화된 현상 내지 비아가 아니라, 그 자체 우리의 정신과 마찬가지로 스스로의 자발적 활동성을 지닌 무제약적 힘이다. 자연은 그 자체 무한한 활동성을 지닌 무제약자이고 자유이며, 그 점에서 정신과 물질은 하나이다. 정신은 비가시적 자연이고, 자연은 가시화된 정신이다. 이러한 셸링철학을 동일철학이라고 부른다.[6]

셸링에 따르면 자연적 태도에서의 인식은 이미 그러한 주객미분의 동일성에서 출발한다. 우리는 누구나 세계를 인식하면서 세계 자체를 안다고 생각한다. 철학적 반성이 시작되면서 비로소 우리는 세계가 아닌 세계의 표상을 인식한다고 생각하며, 존재와 인식을 건널 수 없는 심연으로 갈라놓는다. 그렇지만 철학을 통해서 인간은 다시 주관과 객관을 일치시키고 그 둘을 동일한 것으로 확인하고자 한다. 인식이 존재 자체의 인식이고 진리의 인식이기 위해서는 존재와 인식의 이원론, 주관과 객관의 분열은 결국 극복되어야 하기 때문이다.

이처럼 동일철학은 주관과 객관이 궁극적으로 절대적 동일성의 관계에 있다고 보며, 인식주관이 인식객관을 그 동일성의 차원에서 파악하는 주객무분별의 절대지가 가능하다고 본다. 이것이 곧 칸트가 인간은 가질 수 없다고 본 신적인 지적 직관이며, 주객합일의 절대지 또는 무분별지이다.

---

6) 셸링 식의 동일철학적 통찰은 일체를 하나의 정신으로 아우르려는 동일성의 이념, 모든 현실적 차이를 사랑과 조화로써 포섭하려는 보편의 이념을 추구하는 독일 낭만주의사상과 상통한다. 이로써 헤겔에서 완성되는 독일관념론이 서양 중세의 신비주의와 그 후 낭만주의사상과 맥을 같이 한다는 것을 알 수 있다.

(2) 동일철학에 대한 헤겔의 비판

헤겔은 셸링 식의 동일철학이 주관과 객관이 일치하는 절대지의 가능성을 논하는 것은 의미가 있지만, 우리의 현상세계에 대한 인식은 이미 주객의 분리와 대립 속에서 성립한다는 것을 소홀히 한 점을 비판한다. 따라서 현상세계에 대한 주객 대립의 현상지와 절대자에 대한 주객일치의 절대지가 서로 어떤 관계에 있는지를 제대로 설명하지 않는다고 비판한다.

이는 결국 절대지와 현상지를 서로 대립으로 놓는 것이 되며, 이는 다시 무제한의 절대자와 제한된 현상, 무한과 유한을 절대적 대립으로 간주하는 것이 된다. 그러나 헤겔이 보기에 유한과 대립된 무한은 진정한 의미의 무한이 아니다. 유한이 무한 바깥에 있다면, 무한 자신에 한계가 그어져 무한이 더 이상 진정한 무한이 아니게 되기 때문이다. 이처럼 유한과 대립된 무한을 '악무한'이라고 한다. 결국 무한이 진정한 의미의 무한이려면, 유한을 자신 안에 포괄하는 무한, 즉 유한을 통해 실현되는 무한이어야 한다. 이를 '진무한'이라고 한다. 이런 관점에서 보면 주와 객, 정신과 물질의 동일성만을 강조하는 셸링의 동일철학은 오히려 무한과 유한(현상세계)을 대립으로 놓음으로써 그 둘의 관계를 제대로 해명하지 못하는 한계를 가진다.

헤겔에 따르면 셸링의 동일철학은 현상적인 차별성을 모두 배제하고서 남겨지는 동일성, 즉 '무차별적 동일성'만을 주장할 뿐이다. 이는 마치 빛이 사라진 깜깜한 밤에 모든 소가 검게 보이는 것을 보고 "모든 소가 다 검은색이다"(19/50)라고 말하는 것과 마찬가지라고 헤겔은 비판한다. 이런 무차별적 동일성 대신 헤겔이 추구하는 것은 현상적인 차별성과 절대적인 동일성과의 관계의 해명이다. 궁극적으로 동일성을 찾되 그 동일성은 차별을 배제한 단적인 무차별적 동일성이 아니라, '동일성과 비동일성의 동일성'이어야 한다는 것이 헤겔의 생각이다.

3) 반성철학과 동일철학의 절충: 헤겔

헤겔은 반성철학에서 논의되는 주객대립의 현상지의 차원과 동일철학이 강조하는 주객일치의 절대지의 차원을 모두 포괄하여 설명하고자 한다. 우리의 인식, 정신과 물질세계를 바르게 해명하자면 그중 어느 하나도 배제되어서는 안 되기 때문이다.

헤겔에 따르면 철학은 단적으로 절대지로부터 출발할 수는 없으며, 오히려 우리의 자연적 인식, 즉 주객대립의 구도 안에서 진행되는 현상지에서 출발하여야 한다. 그러므로 철학의 출발은 반성철학 내지 의식철학의 관점을 취하게 된다. 그렇지만 철학의 궁극 목적은 절대자의 인식 내지는 진리의 인식이다. 철학의 귀결점은 주객이 분리되지 않는 절대지인 것이다. 따라서 헤겔은 철학이 궁극적으로 동일철학 내지 절대지에 이른다고 본다. 이와 같이 우리의 인식은 현상지에서 출발해서 절대지에 이르며, 이 점에서 반성철학과 동일철학은 하나로 종합된다.

반성철학	+	동일철학	=	헤겔철학
주객대립		주객일치		주객대립에서 주객일치로
현상지		절대지		현상지에서 절대지로 나아감
(비동일성)		(동일성)		(동일성과 비동일성의 동일성)

이는 곧 절대자와 인식, 절대자와 의식이 궁극적으로 서로 대립된

것이 아니라는 것을 뜻한다. 절대자는 인식이 배제된 실체가 아니라, 그 스스로 의식가능하고 인식가능한 자기의식적 존재인 주체이다. 그러므로 절대자의 자기지인 절대지 또한 현상지 바깥의 어떤 특별한 지가 아니라, 일체의 현상지가 그 안에 내재되어 있으며 그리로 이르는 과정이 되는 그런 전체 지평의 지가 된다. 이처럼 절대자가 자기 자신을 의식해 가는 여정이 곧 정신이 의식에 스스로를 어떻게 드러내는가, 어떻게 현상하는가의 여정이 된다. 바로 이것을 밝히는 것이 헤겔『정신현상학』의 과제이다.

3. 『정신현상학』의 기본 논리

1) 현상지에서 절대지로의 이행

차별성과 동일성, 현상지와 절대지를 모두 포괄하여 그 관계를 설명하고자 하는『정신현상학』은 자연적 의식방식인 현상지에서 출발하여 점차 그 궁극지점인 절대지로 나아가는 길을 서술하려고 한다.[7] 이는 곧 자연적 의식이 절대지의 차원으로 진행해 가는 길을 묘사하는 것으로서, 의식에서 자기의식을 거치고 이성을 거쳐 정신으로 나아가는 영혼의 자기형성 및 자기도야의 길이기도 하다.[8]

---

7) 이는 곧 존재 자체나 세계 자체 또는 특정 진리관을 미리 전제해 놓지 않고, 존재가 의식에 어떻게 현상하는가의 현상지를 서술하고자 하는 철학적 서술방식이다. 그래서 이를 정신의 '현상학'이라고 부른 것이다. '사상 자체에로'라는 구호를 내건 현대의 후설 현상학도 그 철학의 출발점에서 아무 전제 없이 의식을 직접적으로 기술하고자 한다는 점에서 헤겔의 시도와 상통한다.

이처럼 자기형성 및 자기도야로서 나아가는 길은 영혼이 한 단계
에서 그 다음 단계로 나아가기 위해 끊임없이 자신을 부정하고 현 단
계에 절망하면서 그 다음 단계로 나아가는 길이다. 이 점에서 그 길
은 곧 회의의 길이고 절망의 길이기도 하다.

〔자연적 의식이 진행해 가는〕 이 길은 회의의 길 또는 더 정확히 말해 절망
의 길이라고 불릴 수 있다.(67/118~119)

그렇지만 이러한 회의의 길이 근세의 회의론과 다른 점은 근세 회
의론은 형이상학만은 비판하되 상식의 확신은 그대로 존속시켜 나가
며 또 외적 권위는 부정하되 자신의 개인적 확신에는 그대로 머물러
있는 데 반해, 『정신현상학』에서의 회의의 길은 현상화된 의식 전체
를 회의한다는 데에 있다.

나아가 『정신현상학』에서의 끊임없는 회의와 절망은 소위 허무주
의와도 구분된다. 소위 허무주의는 순수한 무(無)만을 보며, 그 무가
어떤 것의 부정이라는 것을 보지 못한다.

회의주의는 언제나 결과 속에서 단지 순수한 무만을 간취할 뿐, 그러한 무가
실은 바로 그 무를 결과로 갖는 어떤 것의 무(부정)라는 것을 추상해 버린
다.(68/120)

---

8) 이처럼 영혼의 발전과정을 그려 내는 것은 당시 독일에서 유행하던 교양소설의 영
향이기도 하다. 당시의 대표적 교양소설로는 괴테의 『빌헬름 마이스터의 수업시대』를
들 수 있다.

여기서 헤겔이 강조하고자 하는 것은 부정은 특정한 규정에 대한 부정이며, 무는 그렇게 규정된 부정으로서 이미 내용을 가지고 있는 것이지 아무 내용이 없는 순수 무가 아니라는 것이다. '모든 규정은 곧 부정이다' 라는 스피노자의 통찰이 적용되는 것이다. 부정은 그저 부정이 아니라, 그 자체 안에 긍정을 담고 있다. 부정은 선행하는 것으로부터 필연적으로 귀결되는 것이고, 다음 단계로 나아가는 과정에서 새로운 내용의 창출을 위해 필연적으로 요구되는 것이다. 그러므로 『정신현상학』의 각 단계에 등장하는 부정은 그 다음 단계로 이행해 가기 위한 것, 긍정에서 나와서 다시 긍정을 향한 부정이지 순수 부정에 머무르는 허무주의적 부정이 아니다. 이처럼 규정(정)이 함축하는 부정(반), 그리고 그 부정이 담고 있는 긍정(합)을 따라 변증법의 논리가 전개된다.

2) 의식의 변증법적 운동

현상지에서 절대지에 이르기까지 의식이 진행해 가는 과정을 헤겔은 변증법의 논리로 설명한다. 『정신현상학』이 궁극적으로 추구하는 것은 진리의 인식이다. 그런데 그 출발점이 현상지이며 현상지에 있어 진리는 '인식과 대상과의 일치' 이므로, 의식의 변증법적 운동은 인식과 진리의 일치, 개념과 대상의 일치에 이르기까지 계속된다.

[인식에서의] 목표 지점은 인식이 더 이상 자기 자신을 넘어서 나아갈 필요가 없는 지점, 다시 말해 인식이 자기 자신을 발견하고, 개념이 대상과 일치하고 대상이 개념과 일치하는 그런 지점이다.(69/121)

이처럼 인식의 궁극 목표는 인식과 진리, 개념과 대상이 일치하는 것이지만, 그 목표에 이르기까지 우리가 계속 발견하게 되는 것은 그 둘이 구분되어 있다는 것이다. 그렇다면 둘 간의 분리 내지 구분은 어떻게 성립하는 것인가?

> 의식은 자신이 관계하는 그 어떤 것을 자기 자신으로부터 구분한다. 그렇게 해서 그것은 의식에 대한 어떤 것〔대타존재〕이 된다. 의식에 대한 그 어떤 것의 관계나 존재의 그런 규정된 측면이 곧 '인식'이다. 그런데 우리는 이런 대타존재에 대해 즉자존재를 구분하게 되는데, 즉자존재는 인식에 관계된 것이면서도 인식과 구분되는 것으로 그 관계 바깥에 존재하는 것으로 정립된다. 이 즉자의 측면이 '진리'라고 불린다.(70/123)

헤겔에 따르면 개념과 대상, 인식과 진리의 구분은 의식에서 형성된다. 일단 의식은 의식이 관계하는 의식대상을 의식 자신이 아닌 것이되 의식에 대한 것, 즉 의식에 대한 존재인 '대타존재'(Für-ein-anderes-sein)로 의식한다. 그것은 의식과의 관계 안에서 규정되는 것이며 따라서 대상 자체라기보다는 '인식'이다. 그러면서 의식은 다시 그처럼 의식에 의해 규정된 인식대상에 대해 그런 인식과는 무관하게 그 자체로 존재하는 대상을 '즉자존재'(An-sich-sein)로 정립한다. 그리고 그것을 인식에 대한 '진리'로 설정한다.

```
의식(인식자)  ←——→  인식대상
                =〈대타존재〉  ←——→  〈즉자존재〉
                   개념/인식           대상/진리
```

여기서 중요한 것은 "인식과 진리의 구분은 바로 의식 자신이 행한 구분일 뿐"(124)이라는 것이다. 의식은 스스로 자신 안에 의식에 대한 존재(대타존재/인식)와 대상 자체(즉자존재/진리)의 구분을 만들어 이 둘을 인식과 진리, 개념과 대상으로 이원화한다. 그리고서 인식과 구분되는 대상 자체를 인식의 기준으로 삼아 인식의 참·거짓을 판별하고자 한다.

> 만약 우리가 인식을 개념이라고 칭하고 본질이나 진리를 존재나 대상이라고 칭한다면, 여기서 검토해야 할 것은 과연 개념이 대상과 일치하는가의 여부이다.(71/125)

그러나 의식 스스로 인식과 대상 자체를 구분하고 나서 인식이 대상과 일치하는가를 살펴보면, 그 둘은 서로 구분되는 것으로서 정립되어 있으므로 당연히 일치하지 않게 된다. 인식이 의식 스스로 설정한 구분 안에 머물러 있으며 그 스스로 구분 밖으로 나오지 않는 한, 인식은 자기 밖의 대상과 일치하지 않으므로 결국 인식은 실패하고 좌절하게 된다.

그런데 이 인식의 실패를 자각한 의식은 더 이상 대상의 인식에 실패한 그 의식이 아니다. 왜냐하면 인식의 참·거짓의 일치여부를 판단하기 위해 그리고 그 불일치를 자각할 수 있기 위해 의식은 더 이상 그 자신이 그은 안에 머물러 있는 것이 아니라, 이미 경계 밖 대상 자체에로 나아가 있어야 하기 때문이다. 이와 같이 의식은 스스로 경계를 그어 인식과 대상을 구분하지만, 그렇게 구분된 인식에 좌절하면서 다시 그 구분을 지양하여 그 다음 단계로 나아간다. 이렇게 해서 다시 그 다음 단계의 의식과 그에 상응하는 대상이 주어지게 된다.

이 구별〔인식과 대상의 구별〕에 입각해서 검토가 이루어진다. 이 둘을 비교
해 보아, 둘이 서로 일치하지 않으면, 의식은 인식이 대상에 적합해지도록
인식을 변형시켜야 한다. 그러나 인식의 변형에 있어 인식을 따라 실제로 대
상 자체도 변화하게 된다. 인식은 본질적으로 그 인식대상의 인식이기 때문
이다. (72/126)

이와 같이 의식은 스스로 대상 자체(진리)와 대상의 의식(인식)을
구분해 놓고, 그 둘이 일치하는가를 비교해 보지만 결국 그 둘 간의
불일치를 발견하며 좌절하게 된다. 그러나 그 좌절을 자각하는 의식
은 이미 앞서의 구분을 스스로 넘어선 의식이며, 이렇게 해서 의식은
그 다음 단계로 나아가게 된다. 그리고 그 의식에 상응하여 다시 그
다음 단계의 대상이 주어지게 된다. 이처럼 새롭게 생성되는 의식이
곧 새로운 인식방식이 되고 다시 이에 상응해서 새로운 대상이 정립
된다는 것을 다음과 같이 도표화해 볼 수 있다.

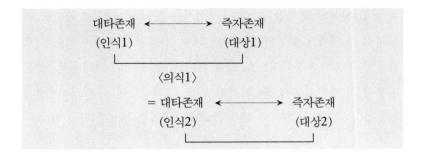

이상과 같이 의식은 스스로 경계를 긋고 다시 그 경계를 넘어서는

활동을 한다. 이것이 의식이 인식과 대상 사이에서 펼쳐 나가는 "변증법적 운동"(73/126)이다. 이러한 변증법적 운동을 통해 새로 생성되는 의식에는 다시 새로운 대상이 생성되어 주어진다. 의식의 변경, 의식의 자기전회 및 자기부정을 통해 새롭게 생성된 것으로서 새로운 대상이 등장하는 것이다. 이처럼 새롭게 생성되어 주어지는 대상의 발견을 우리는 '경험'(Erfahrung)이라고 칭한다.

> 의식이 인식과 대상 양면에서 펼쳐 나가는 이러한 '변증법적 운동'이 바로 그 안에서 새로운 참된 대상이 생겨나는 한, '경험'이라고 불리는 것이다.(73/126)

> 새로운 대상은 오직 의식 자체의 반전에 의해 생겨나는 것으로 밝혀진다.(74/128)

의식의 변화에 따라 대상이 새롭게 생성되므로 각 단계의 의식은 곧 새로운 대상에 대한 경험으로 성립한다. 이와 같이 의식의 이행과정을 추적해 가는 『정신현상학』은 고정된 하나의 대상을 미리 설정해 놓고 의식의 인식방식만을 변경시키는 것이 아니라, 변화하는 의식에 따라 새롭게 생성되는 대상과 그 대상에 대한 새로운 의식의 경험을 변증법적 운동과정으로 밝혀 가는 것이다. 이런 의미에서 『정신현상학』의 각각의 과정은 '의식의 경험'의 과정들이며, 따라서 『정신현상학』은 "의식의 경험의 학문"(74/129)이라는 부제를 갖고 있다.

> 새롭게 발생한 것이 [그 다음 단계의] 의식에 대해서는 단지 대상으로서 존재할 뿐이지만, 이것이 우리[반성하는 철학자]에게는 동시에 운동과 생성으

로서 존재한다. 이런 필연성에 따라 학문으로 나아가는 이 길 자체가 이미 학문이며, 그 내용에 따라 말하자면 의식의 경험의 학문이 된다.(74/129)

이처럼 의식이 계속 새로운 단계로 나아가게 되는 것은 각 단계마다의 인식에서 인식의 실패와 좌절이 발생하기 때문이다. 의식이 스스로 경계를 그어 인식과 대상을 구분하면, 경계 안의 인식은 경계 너머의 대상의 인식에 실패한다. 그러나 그러한 좌절을 자각한 의식은 이미 경계 안의 좌절한 의식이 아니라 경계 너머로 나아간 새로운 의식이다. 이와 같이 의식은 스스로 경계를 긋고 그 경계를 넘어섬으로써 경계 안의 의식에서 다시 경계 너머의 의식으로 나아간다. 경계 너머로 나아간 의식은 다시 스스로 그 다음의 경계를 그음으로써 새로운 대상을 생성시키며 그 대상을 인식하고자 한다. 현상지에서 절대지로 나아가는『정신현상학』의 인식의 전개과정은 바로 이와 같은 의식의 변증법적 운동의 과정으로서, 의식이 더 이상 자체 내에 경계를 긋지 않는 무경계에 이르렀을 때 절대지가 완성되게 된다. 이는 곧 의식이 더 이상 자신 안에서 구별을 짓지 않는 것, 의식이 의식 자신에게 타자로 등장하는 가상을 떨쳐 버리는 것을 의미한다. 이렇게 해서 "의식은 스스로 자신의 본질을 경험함으로써 절대지 자체의 본성을 드러내게 된다."(75/130)

01

의식

의식은

현상지의 출발점이 되는

감각적 확신으로부터

그 다음 단계인

지각으로

그리고

다시 오성으로

나아간다.

의식은 현상지의 출발점이 되는 감각적 확신으로부터 그 다음 단계인 지각으로 그리고 다시 오성으로 나아간다.

1. 감각적 확신

1) 현상세계에 대한 인식(현상지)에 있어 우리는 일단 세계 사물들을 이것 또는 저것이라는 개별적 사물로 인식한다고 여긴다. 감각적 확신의 방식으로 개별적 사물 자체 내지 즉자존재를 인식한다고 여기는 것이다. 2) 그러나 실제 감각적 확신이 도달하는 인식을 검토해 보면, 감각적 확신에서 실제 얻게 되는 인식과 인식하고자 하는 대상은 서로 일치하지 않는다. 즉 진리인식에 실패한다. 왜냐하면 감각적 확신은 자신이 '이것'으로써 구체적 개별자를 인식한다고 생각하지만, 실제 '이것'이라는 언어로 지칭되는 것은 모든 사물 또는 모든 주체에 적용될 수 있는 가장 포괄적인 보편자일 뿐이기 때문이다. 개별자는 단지 사념된 것, 그렇게 생각된 것일 뿐이고, 감각적 확신은 진리에 이르지 못한다. 3) 대상을 '이것'의 지칭물로서가 아니라 보편자로서 인식하게 된다는 것을 자각한 의식은 더 이상 감각적 확신의 의식이 아니라 지각의 의식이다. 이렇게 해서 의식은 보편자의 의식인 지각으로 나아간다.

2. 지각

1) 우리는 현상세계 사물들을 감각적 확신이 생각하듯 '이것'의 지칭물인 개별자 자체로서 아는 것이 아니라 오히려 사물이 갖고 있는 이런저런 보편적 성질들을 통해서 안다. 즉 지각의 방식으로 안다. 2) 그러나 지각의 의식 안에도 상호 모순적인 두 계기가 섞여 있다. 지각의 의식은 사물을 이런저런 상호 무관심적인 보편적 속성들의 합(역시

/Auch)으로 지각하기도 하고 또 그런 속성들을 담지하는 개체적인 배타적 일자(Eins)로 지각하기도 한다. 그래서 지각의 의식은 서로 모순되는 그 둘 중 하나를 실제 사물로 여기고 다른 하나를 의식의 기만 또는 착각으로 여긴다. 그렇지만 지각의 의식을 반성해 보면 일자와 역시는 대상 자체가 가지는 운동성이며, 따라서 대상은 일자에서 역시로 자기 전개하여 의식에 대한 대타성을 띠기도 하고, 다시 역시에서 일자로 자기복귀하는 대자성을 가지기도 한다. 3) 지각대상의 운동성은 곧 지각하는 의식의 운동성이다. 그러나 지각의 의식 자체는 지각의식의 운동성을 자각하지 못하고 스스로를 의식(주)과 대상(객)으로 이원화한다. 이 이원화하는 운동성을 의식 자신의 운동성으로 자각한 의식은 더 이상 지각이 아니라 오성이다. 이렇게 해서 의식은 운동성과 힘의 의식인 오성으로 나아가게 된다.

3. 오성

1) 오성은 사물을 일자(대자성)와 속성(대타성) 간의 상호이행이라는 운동성으로 파악한다. 사물의 본래적인 내적 힘과 그 힘의 외화인 현상화로 이해하는 것이다. 그렇게 해서 오성은 사물을 고정적인 내적 힘의 법칙과 그 힘의 법칙에 따라 외적으로 전개된 현상으로 이원화해서 파악한다. 초감각적인 오성적 법칙세계와 감각적인 현상세계로 이원화하는 것이다. 2) 그런데 오성법칙은 현상세계를 설명하는 법칙이며, 이 때 설명은 사물에 대해 구분을 만들고 다시 그 구분을 지양하는 방식으로 진행된다. 결국 그러한 설명의 논리와 구조는 바로 그렇게 설명하는 오성 자신의 논리와 구조인 것이다. 사물의 내면을 설명하는 물리적 · 수학적 법칙은 그런 방식으로 사물을 설명하고 이해하는 오성 자신의 법칙이다. 그러므로 실제 구분과 구분의 지양

44

으로써 운동하는 것은 오성이지 현상이 아니다. 사물 자체의 본질로 간주된 사물의 법칙 또는 사물의 내면은 처음에는 운동하는 현상세계와 달리 고요한 정지의 세계 또는 고요한 법칙의 왕국으로 여겨지지만, 실제로는 오히려 현상세계와의 관계가 전도되어, 구별화와 동일화로서 운동하는 변화의 세계, 오성(주관) 운동의 활동세계로 간주된다. 이렇게 해서 사물은 더 이상 내면과 외면, 정지와 운동이 이원화되지 않고 그러한 대립을 자체 안에 지닌 '무한성' 또는 자기 구분과 자기관계를 유지하는 '생명'으로 간주된다. 3) 이러한 생명을 의식대상으로 파악하는 의식은 더 이상 고요한 법칙을 자신의 의식대상으로 여기는 오성이 아니라, 그 법칙이 오성 자신의 법칙이며 현상세계의 운동 또한 오성 자신의 운동임을 자각한 의식이다. 다시 말해 의식대상이 바로 의식 자신임을 자각한 의식, 곧 자기의식이다. 이렇게 해서 감각, 지각, 사유의 방식으로 대상을 인식하던 대상의식은 의식 자신을 자각하는 자기의식으로 나아간다.

I
감각적 확신:
이것 그리고 사념

1. 감각적 확신의 단계

우리는 대상을 어떤 방식으로 접하고 어떤 방식으로 인식하게 되는가? 일상적이고 자연적인 의식상태에서 우리는 대상을 직접 안다고 생각한다. 그냥 눈을 뜨고 손을 뻗어 보면, 눈앞에 주어진 각각의 사물이 직접 내게 그 모습 그대로 알려진다고 여기는 것이다. 사유나 판단 등 아무런 개념적 매개도 거치지 않고 직접적으로 눈앞에 주어지는 사물을 그 자체로 인식한다고 여긴다.

> 무엇보다 먼저 또는 직접적으로 우리의 대상이 되는 인식은 그 자체 직접적 인식, 즉 직접적인 것 또는 존재하는 것의 인식 이외의 다른 것이 아니다.(79/133)

이와 같이 우리 인식의 출발점이 되는 것은 '직접적 인식'이라고 여겨지는 감각적 확신이다. 이 의식단계에서 우리는 존재하는 구체적인 개별자들에 대해 아무런 매개도 거치지 않은 직접적 인식을 가진다고 여긴다. 의식 주관이 자신과는 아무 연관 없이 존재하는 사물 자체를 아무 매개 없이 그 자체로 인식한다고 여기는 것이다. 그러면서 우리는 이 감각적 확신의 인식을, 대상이 무한히 확대되거나 또는 무한히 분할된 속에서도 찾아질 수 있다는 의미에서 "가장 풍부한 인식"(79/133)이며 또 대상의 모든 부분을 있는 그대로 파악한다는 의미에서 "가장 참된 인식"(79/134)이라고 생각한다.

그러나 감각적 확신의 방식으로 우리가 알게 되는 것이 정말로 감각적 확신의 의식이 생각하듯 그렇게 구체적이고 개별적인 사물 자체일까? 감각적 확신의 인식이 그것이 인식하고자 하는 대상 자체와 정말 일치하는 것일까? 직접적인 감각적 확신의 방식으로 우리에게 정말로 대상 자체가 가장 풍부하고 참된 인식으로 주어지는 것일까?

2. 감각적 확신의 실상: 추상성과 매개성

감각적 확신의 단계에서 우리는 대상 자체를 있는 그대로 가장 풍부하고 충실하게 안다고 여기지만, 실제 감각적 확신의 방식으로 우리가 알게 되는 것은 그렇지 않다.

감각적 확신은 실제로 가장 추상적이고 가장 빈곤한 진리로 드러난다.(79/134)

감각적 확신이 가장 추상적이며 빈곤한 인식에 지나지 않는 것은 그것을 통해 도달되는 인식이 단지 "그것이 있다"(79/134)라는 극히 추상적인 인식에 그칠 뿐, 그 대상의 성질이나 관계에 대한 풍부한 정보를 제공해 주는 인식이 아니기 때문이다. 그 대상에 대해서는 단지 '이것'이라고만 말할 수 있고 '이것이 존재한다'는 것만을 알 수 있을 뿐 그 이상을 알 수도 말할 수도 없다. 이런 단순성과 추상성은 대상에 대해서뿐 아니라 인식자 자신에 대해서도 마찬가지이다. 감각적 확신으로 주어지는 인식자 또한 "단순한 이것"으로서의 자아에 지나지 않는다.

> 어떤 사태가 있는데, 그것은 단지 있기 때문에 있을 뿐이다. '그것이 있다'
> 는 것이 감각적 인식에게는 본질적인 것이며, 그 순수한 존재 또는 단순한
> 직접성이 그 인식의 진리를 이룬다.(80/134)

나아가 감각적 확신은 그 의식에 있어 아무 구분도 행해지지 않고 따라서 아무 매개도 없이 성립하는 직접성의 인식이라고 여겨지지만, 실제 그 의식을 들여다보면 거기에는 이미 구분과 매개가 존재한다.

> 감각적 확신에 등장하는 많은 구분들 중 우리는 어디서나 주된 구분을 발견
> 하게 되는데, 이는 곧 순수 존재로부터 앞서 논한 두 가지 이것, 즉 자아로서
> 의 이것과 대상으로서의 이것이 분리된다는 것이다. 이 구분에 대해 반성해
> 보면 둘 중 어느 하나도 단지 직접적으로 감각적 확신상태에 있는 것이 아니
> 라 오히려 동시에 매개된 것으로서만 그렇다는 것이 밝혀진다.(80/135)

자아와 대상은 서로 구분되며 서로의 매개를 거친 인식이다. 즉 "자아는 타자인 사태를 통해 확실성을 갖게 되고, 사태는 마찬가지로 타자인 나를 통해 확실성을 갖게 된다."(80/135) 그런데 이러한 자아와 대상의 구분은 반성자로서의 우리가 만드는 구분이 아니라, 감각적 확신 자체가 담고 있는 구분이다. 자아와 사물, 그 둘 중 어느 것

도 직접적으로 감각적 확신에 이르는 것이 아니라 서로를 매개로 하여서만 확신에 이를 수 있다. 감각적 대상은 감각적 확신자인 자아 없이 인식되지 못하며, 감각적 확신의 자아는 감각적 대상 없이 감각적 확신의 의식을 갖게 되지 못하기 때문이다.

3. 감각적 확신의 진리: 보편자

감각적 확신이 감각적 확신의 의식 자체가 생각하듯 풍부하고 직접적인 인식이 아니라 가장 추상적이고 가장 빈곤한 인식이며 매개된 인식이라고 할 때, 그 인식의 본질 내지 진리는 무엇인가? 이 인식의 진리를 찾기 위해 헤겔은 인식의 주관과 객관 그리고 그 둘의 관계를 구분하여 논한다.

감각적 확신의 인식자	──────▶	감각적 확신의 대상
2) 자아		1) 사물
	3) 둘의 관계	

1) 감각적 확신의 본질은 '이것으로서의 대상'에 있는가?

감각적 확신의 의식에서 자아와 대상은 서로를 매개하면서 감각적 확신의 양면이 되는데, 그 둘 중 어느 것에 감각적 확신의 본질과 진리가 놓여 있다고 할 것인가? 이에 대해 우선 자아보다는 대상을 염두에 두게 된다.

〔감각적 확신에서〕하나는 단순한 직접적 존재 또는 본질로서 정립되는데, 그것이 곧 대상이다. 또 다른 하나는 그 자체가 아니라 다른 것에 의해 존재하는 비본질적이고 매개된 것으로 정립되는데, 그것은 곧 자아 내지 인식이다. 인식은 대상이 있어야지만 그 대상을 알게 되며, 인식 자체는 있을 수도 있고 없을 수도 있다. 그러나 대상은 참된 것이고 본질이며, 그것이 알려지든 아니든 상관없이 존재한다. 반면 인식은 대상이 없으면 존재하지 않는다.(80~81/135~136)

따라서 감각적 확신에서 본질과 진리는 대상 자체에 놓여 있다고 간주된다. 그렇다면 대상 안에서 우리는 감각적 확신의 진리로서 무엇을 발견하는가? 감각적 확신은 스스로 인식한다고 생각하는 본질을 정말 인식하는가?

여기서 고찰해야 할 것은 대상이 감각적 확신 자체에서 실제로 그 본질로 간주될 만한 그런 본질로 존재하는가, 다시 말해 본질로 간주되는 그 대상의 개념이 실제 감각적 확신에 등장하는 대상과 일치하는가 하는 것이다. (81/136)

이 물음에 답하기 위해 헤겔은 감각적 확신이 대상을 '이것'으로 인식한다고 여길 때, 이 '이것'이 정확히 무엇인가를 분석한다. '이것'이라는 것은 대상의 어떤 성질을 지칭하는 것이 아니라, 그런 성질들과 상관없이 또는 그런 성질들과 구분되는 '지금' '여기' 존재하는 사물 자체를 지시하고 있을 뿐이다. 예를 들어 내 눈 앞에 있는 빨갛고 달고 향기로운 사과 하나를 내가 '이것'이라고 칭한다면, 그 때 '이것'은 사과의 색이나 향기나 맛을 뜻하는 것이 아니라, 그런 속성들을 가지되 속성과는 구분되는 그 사과 자체를 뜻하는 것이다. 그럼 그 사과 자체는 무엇인가? 그것은 어떤 특징이나 성질로 규정될 수 없고, 그냥 '지금 여기에 있는 이것'이라고 말할 수밖에 없다. 이와 같이 구체적인 개별 사물을 지칭하고자 하는 '이것'을 달리 표현하는 것이 '지금'과 '여기'이다. 그렇다면 '지금'과 '여기'가 감각적 확신이 생각하는 그런 구체성과 직접성을 과연 담고 있는가? 우리가 과연 '지금'과 '여기'로써 특정한 구체적 개별자를 지시할 수 있는 것일까?

'지금'은 그 자체로 고정되어 있지 않으며, 따라서 우리는 그것만으로써 그 의미와 실재를 파악할 수가 없다. 그것은 항상 '지금이 아닌 것'으로 변화되어 가는 것이며, 그것 아닌 것과의 관계 안에서 그 아닌 것이 아닌 것으로서만 '지금'의 의미를 유지할 뿐이다. 즉 지금은 낮일 경우 밤이 아닌 낮으로서, 밤일 경우 낮이 아닌 밤으로서 존재하는 것이다. 이처럼 지금은 부정을 통해서만 존재하는 것이며, 그만큼 매개된 것이다.

> 이 계속되는 지금이란 직접적인 것이 아니라 매개된 것이다.(81/137)

여기서 매개는 자신 아닌 것의 부정을 통한 매개를 뜻한다. 그것이 그것 아닌 것의 부정으로만 존재하고 그 부정으로만 의미가 알려진다는 것은 그것이 그 자체만으로 존재하고 그 자체만으로 인식되는 그런 특수한 개별자가 아니라, 오히려 그것과 그것 아닌 것을 포괄하는 보다 너른 지평 안에서 다시 그것과 그것 아닌 것을 구분 짓는 경계를 따라서만 그것의 존재가 확보되고 그 의미가 규정된다는 것을 의미한다. 이런 존재를 헤겔은 '보편자'라고 칭한다.

부정을 통해서만 존재하는 그런 단순한 것, 이것도 아니고 저것도 아닌 것, 이것-아닌-것이면서 또 이것이거나 저것이거나에 무관심한 것, 이런 것을 우리는 '보편자'라고 부른다.(82/137)

지금은 지금 아닌 것을 통해 지금의 의미를 부여받지만, 한순간이 지나면 아까의 지금 아닌 것이 지금으로 된다. 경계가 이동해 감에 따라 지금은 지금 아닌 것이 되고, 지금 아닌 것이 지금이 되는 것이다. 그리고 이 점은 '여기'의 경우에도 마찬가지이다. 여기 또한 여기 아닌 것인 저기와 거기 등의 매개를 거쳐서, 저기와 거기의 부정으로서의 여기로서 성립하는 것이다.

그러므로 '여기' '지금'의 '이것'으로 지칭되는 것은 하나의 특수한 개별자가 아니라, 이 지금이기도 하고 저 지금이기도 하며 또 둘 다 아니기도 한 것, 이 여기이기도 하고 저 여기이기도 하며 또 둘 다 아니기도 한 것, 결국 이것이기도 하고 저것이기도 하며 또 둘 다 아니기도 한 것이다. 이처럼 '이것'으로 지시되는 것은 특수한 하나로 한정되지 않은 보편자이다. 이 여기 지금의 이 사과도 이것으로 칭해질 수 있고, 저 여기 지금의 저 책상도 이것으로 칭해질 수 있고, 그렇게 모든 것이 다 이것으로 칭해질 수 있다. 결국 감각적 확신의 대상은 그 의식 스스로 생각하듯 그렇게 구체적인 개별 사물이 아니라, 이것일 수도 있고 저것일 수도 있는 그런 보편자이다. 감각적 확신의 진리는 곧 '보편자'이다.

보편자야말로 실제로 감각적 확신의 진리이다.(82/137)

이와 같이 감각적 확신은 가장 구체적인 개별자의 인식처럼 여겨지지만, 실질적으로 그 확신의 진리는 오히려 가장 추상적인 '보편자'이다. 감각적 확신이 구체적 개별 대상을 지칭한다고 생각하며 언표하는 '이것'이라는 단어가 실제로 지시하는 것, 그리고 감각적 확신이 실제로 인식하는 것이 구체적 개별자가 아니라 매개된 보편자인 것이다.

> 보편자가 감각적 확신의 진리이며, 언어는 오직 그런 〔보편적〕 진리만을 표현할 뿐이다.(82/137)

> 감각적 확신의 본질로서의 순수 존재는 직접적인 것이 아니라 오히려 부정과 매개가 본질적인 그런 것으로 남겨진다. 따라서 그것은 우리가 존재라고 사념하는 그런 것이 아니라 오히려 추상 또는 순수 보편자로 규정된 존재로 남겨진다.(82/138)

지금 여기로서의 대상에서는 감각적 확신이 기대하는 직접성과 개체성을 찾을 수 없다. 그럼에도 불구하고 우리는 감각적 확신의 인식이 이것이나 저것에 모두 적용될 수 있는 보편적 인식이 아니라, 바로 눈앞의 특수한 이것에 대한 인식이라고 생각한다. 그렇다면 감각적 확신의 본질이 직접성과 특수성을 지닌 자아에 있는 것은 아닐까?

2) 감각적 확신의 본질은 '이것으로서의 자아'에 있는가?

감각적 확신이 생각하는 직접성과 개체성이 대상에서 찾아지지 않는다면, 그럼 그런 확신을 갖는 자아에서 비롯되는 것은 아닌가?

감각적 확신에서 본질적인 것이라고 여겨졌던 대상은 이제 감각적 확신의 비본질적인 것으로 바뀌었다. … 이제 본질적인 것은 그 반대쪽에, 즉 이전에 비본질적인 것이라고 생각되었던 인식에 놓이게 된다. 이제 감각적 확신의 진리는 대상이 나의 대상이고 나의 사념에서 비롯된 것이므로 내가 대상에 대해 아는 한에서만 대상은 존재하는 것이 된다. 그리하여 감각적 확신은 대상으로부터 밀려나되 그렇다고 버려지는 것은 아니며 단지 자아에로 이행해 갔을 뿐이다.(83/138)

그러나 헤겔에 따르면 인식자인 '자아'에 의해서도 감각적 확신이 생각하는 바와 같은 그런 직접성과 특수성은 얻어지지 않는다. 왜냐하면 '자아' 또한 '여기'나 '지금'과 마찬가지로 모든 자아에 대해 적용될 수 있는 보편적 단어이며, 그 '자아'로서 지시되는 것은 나일 수도 있고 나 아닌 너일 수도 있으며 또 둘 다 아닌 그일 수도 있기 때문이다. 결국 '자아'로서 포착될 수 있는 것도 단지 "보편자로서의 자아"(83/139)일 뿐이다. 감각적 확신이 도달한다고 여기는 개별적 자아로부터 우리는 실제 보편적 자아에로 이행해 갈 뿐이다.

자아는 '지금' '여기' 또는 '이것' 등과 같이 단지 보편자일 뿐이다. 물론 나는 하나의 개별적 자아를 뜻할 수는 있지만, 내가 지금과 여기로써 뜻하는 바를 말로 할 수 없듯이, 자아로써 뜻하는 바도 말로 할 수가 없다.(83/139)

3) 감각적 확신의 본질은 자아와 대상의 관계인가?

감각적 확신의 진리라고 여겨지는 특수성과 직접성이 대상으로서의 '이것'에서도, 인식하는 자아로서의 '이것'에서도 찾아지지 않는

다면, 세 번째 대안은 자아와 대상을 포괄하는 전체 또는 그 둘 간의
관계가 된다.

> 순수한 직접성의 진리는 자아와 대상 사이에 본질성과 비본질성의 구분을
> 만들지 않는, 따라서 그 둘 간에 어떤 구분도 끼어들 수 없는 그런 자기동일
> 적인 관계로서 유지된다.(84/140~141)

감각적 확신에 있어 자아와 대상과의 직접적 관계로부터 감각적
확신의 직접성과 특수성이 과연 확보될 수 있을까? 이러한 직접적
관계는 지금 여기에서 대상과 자아가 함께 함으로써 가능할 것이다.
그러나 자아와 대상의 통일적 만남이 벌어지는 '지금'이 과연 그러
한 직접성을 담보할 만한가? ① 지금은 있지만, ② 그 지금은 곧 지나
쳐 가서 과거가 되며, 이렇게 지금이 지양되는 것이 진리이다. ③ 그
런데 지나간 것은 더 이상 존재하지 않으므로 그 지양된 것은 다시
지양되어야 한다. 이상은 다음과 같이 정리될 수 있다.

① '지금'의 정립   : 지금
② '지금'의 지양= '지금 아닌 것'의 정립 : 지금이 지나가 버림(과거)
③ '지금 아닌 것'의 지양   : 지나간 지금(과거)의 부정=지금

이렇게 해서 지금이 다음 순간에 지금 아닌 과거가 되어 버리지
만, 과거는 이미 존재하지 않기에 지양되며, 그 지양된 자리에 새로
생성된 것이 또 다른 지금이다. 결국 지금이란 "직접적인 단순한 것
이 아니라, 오히려 여러 상이한 계기들을 자신 안에 갖고 있는 하나
의 운동이다"(85/142~143). 이처럼 주관과 객관, 자아와 사물을 연

결 짓는 지금이란 것이 단순한 직접성이 아니라 오히려 자기 아닌 타
자의 부정으로서 존재한다는 것, 자기복귀적이고 매개적이라는 것이
헤겔의 결론이다.

> [지금은] 타자 속에서도 자기 자신으로 남아 있는 자기복귀적이고 단순한
> 것이다. 그것은 절대적으로 수많은 지금이 되는 하나의 지금이다.(86/143)

감각적 확신에 의해 직접적 개별자로 간주되는 '이것'이 차지하는
'여기'와 '지금'은 이렇듯 다른 여기들과 구분되고 다른 지금들과 구
분되는 개별적인 점적인 존재가 아니라, 하나의 운동이며 따라서 하
나의 보편적 여기와 지금이다. 감각적 확신은 '이것'으로써 개별자
를 지칭한다고 여기지만 실제 이것으로 지칭되는 것은 타자를 통해
자기복귀된 매개적 보편자이다. 다시 말해 감각적 확신은 여기 지금
의 '이것'의 본질을 직접적 개별자라고 사념하지만 실제 그렇게 사
념된 개별자의 본질은 오히려 모든 여기와 모든 지금의 모든 이것들
에 적용될 수 있는 보편자, 자기복귀적인 매개적 보편자라는 말이다.
결국 개별자의 본질은 보편자이며 따라서 개별자를 인식한다고 생각
하는 감각적 확신의 진리 또한 보편자이다. 이는 결국 감각적 확신이
인식한다고 생각하는 대상은 오직 '이것'으로 언표될 수 있을 뿐인
데, 이 '이것'은 모든 사물 또는 모든 자아에 적용될 수 있는 보편적
지칭사라는 것을 뜻한다. 존재하는 것은 어느 것이나 다 '이것'이 될
수 있기에, 감각적 확신에서 '이것' 아래 의식되는 것은 어떤 특수한
개별자가 아니라 모든 존재하는 것에 적용될 수 있는 보편자인 것이
다. 감각적 확신은 보편적 존재 일반의 의식이다.
　이렇게 해서 감각적 확신의 의식은 그 의식이 지향하는 대로의 대

상, 즉 직접적이고 구체적인 풍부한 인식대상을 만나지 못한다. 감각적 확신의 진리는 오히려 가장 보편적이고 가장 추상적인 여기 지금의 이것, 보편적 사물이나 보편적 자아에 지나지 않는다. 감각적 확신이 스스로 인식한다고 생각하는 구체적 개별자가 실은 보편자에 지나지 않는 것이다. 그러므로 감각적 확신의 의식에 입각해서 감각적 개별자의 실재성을 절대 진리로 받아들이는 것은 근거 없는 것이 된다.

> 감각적인 것 또는 '이것'으로서의 외적 사물의 존재나 실재성이 의식에 대
> 해 절대적인 진리를 가진다는 것이 철학적 주장으로 또는 심지어 회의주의
> 적 결론으로까지 제시된다는 것은 놀라운 일이다.(87/144)

이는 결국 우리가 구체적인 개별적 사물의 존재를 감각적 확신의 방식으로 확인할 수 있다고 생각하는 소박한 실재론에 대한 비판이라고 볼 수 있다. 감각적 확신이 인식한다고 생각하는 것, '이것'으로 지칭된 것이 사실은 보편적 사물 내지 보편적 자아일 뿐이기 때문이다.

4. 감각적 확신에서 지각으로

우리의 자연적 의식이 감각적 확신의 단계에서 인식하고자 하는 대상은 구체성과 개체성을 지닌 개별적 감각대상이지만, 그러나 실제 감각적 확신이 포착하는 것 또는 감각적 확신이 언어로 표현할 수 있는 것은 오직 보편자일 뿐이다. 여기 지금의 개별자라고 생각한

'이것'에 해당하는 것은 모든 다른 사물에 대해서도 똑같이 '이것'이라고 부를 수 있는 그런 보편자인 것이다.

> 사람들이 '현실적 사물, 외적 또는 감각적 대상, 절대적인 개별 존재' 등의 표현을 할 수는 있다. 그러나 그들이 그것으로써 말하는 것은 오직 보편자일 뿐이다. '말할 수 없는 것'으로 칭해질 수 있는 것은 비진리, 비이성, 단순한 사념 이외의 다른 것이 아니다. 어떤 것에 대해 그것이 '현실적 사물'이고 '외적 대상'이라는 것 이상을 말할 수 없다면, 그것은 단지 가장 보편적인 것으로서 말해진 것이며, 따라서 다른 모든 것들과의 차이보다는 동일성이 말해진 것이다.(88/146~147)

'이것'으로 칭해진 것이 개별자가 아니고 보편자라는 것은 곧 감각적 확신이 의도하는 그런 개별자란 언표될 수도 없고 인식될 수도 없을 뿐 아니라 아예 존재하지도 않는다는 것을 말해 준다.[1] 헤겔에

---

1) 감각적 확신이 스스로 인식한다고 생각하는 대상은 개별자이지만, 그것은 모든 것에 다 적용될 수 있는 '이것'이라는 지칭사로밖에 언표되지 않기에, 즉 개체성은 언표될 수 없기에, 감각적 확신의 진리는 결국 개체성이 아니라 보편자라는 주장에 대해 다음과 같은 반론이 가능할 것이다. 1) 언어와 인식의 관계: 개별자가 언표될 수 없다고 해서 인식대상이 아니라고 해야 하는가? 왜 언표 가능한 것만 인식대상으로 간주될 수 있는가? 말할 수 없는 것, 그것을 우리가 감각적 확신에서 인식한다고 볼 수 있지 않은가? 이에 대해 헤겔은 언어적 규정을 떠나 안다는 것 내지 진리를 안다는 것이 성립하지 않음을 강조한다. "언어와 감각적 확신을 놓고 보면, 진리는 언어 쪽에 있으니, 언어 쪽에 무게를 두면 우리가 사념하는 것은 당장 부정될 수밖에 없다."(82/137) 도대체 말로 언표될 수도 없고 의사소통될 수도 없는 것이라면, 그것은 그 스스로도 아는 바가 없다는 말이다. 어떤 개념으로도 규정되지 않고 따라서 언표 가능하지 않은 것은 인식이라고 할 수 없는 것이다. 2) 인식과 존재의 관계: 언표되지 않거나 인식되지 않아도 존재한다고 말할 수 있지 않은가? '이것'으로 지칭되는 개별자는 개념적으로 규정되지 않아도 존재하는 것이 아닐까? 이것이 유물론자 포이어바흐가 관념론자 헤겔에게

따르면 사실은 누구나 감각적 사물이 개별적 실체로서 존재하지 않는다는 사실을 직감하고 있다. 누구나 세계 존재에 대한 그런 회의와 절망을 이미 내적으로 느끼고 있으며, "존재의 무상함"(87/145)을 알고 있다. 헤겔은 인간뿐 아니라 심지어 동물까지도 그런 존재의 무상함과 허망함을 알고 있기에, 그 허망함을 생리적 욕구로 메워 나간다고 말한다.

이처럼 감각적 확신에서는 그 인식이 대상과 일치하지 않는다. 즉 감각적 확신은 진리인식에 실패한다. 감각적 확신은 구체적 개별 대상을 '이것'으로 포착한다고 여기지만, 실제 '이것'으로 주어지는 것은 추상적 보편자이기 때문이다. 그렇지만 감각적 확신 자신은 자신의 인식의 실패를 알지 못한다. 감각적 확신은 자신이 '이것'으로 포착하는 것이 보편자라는 사실을 모르고 그것을 구체적 개별자인 것처럼 여기는 한에서만 감각적 확신으로 남기 때문이다.

그렇다면 감각적 확신의 실패를 아는 의식은 어떤 의식인가? 그것은 헤겔이 지금까지 분석한 것처럼 감각적 확신에 대해 철학적으로 분석하여 감각적 확신의 본래 모습을 아는 우리, 즉 반성자로서의 우리의 의식 또는 철학자의 의식이다. 그러나 철학자의 반성은 이미 존재하는 자연적 의식활동에 대한 반성일 뿐이다. 따라서 감각적 확신의 실패를 스스로 자각하고 그 다음 단계로 나아가는 의식은 철학적

제기하는 비판이기도 하다. 그러나 헤겔이 강조하는 것은 감각적 확신에서 '이것'으로 지칭되는 것은 그 자체가 아예 없다는 것이 아니라, 그것이 감각적 확신이 생각하듯 개별자가 아니라 보편자라는 것이다. '이것'의 지시물은 개별자로서 존재하는 모든 것들 안에 공유된 무규정적인 보편자이다. 모든 개별자 안에 담겨 있는 보편자, 사물의 모든 특수한 규정들 기반에 깔려 있는 무규정자, 따라서 이런저런 개념으로 규정하거나 언표할 수 없으며, 그러기에 오히려 비존재 내지 공이라고 말하게 되는 것, 그것이 바로 감각적 확신의 진리인 셈이다.

반성을 통해 비로소 형성되는 것이 아니라 철학적 반성에 앞서 이미 인간의 자연적 의식 안에 존재하고 있다. 반성의 내용은 외부에서 부가되는 것이 아니라 자연적 의식 안에서 찾아지는 것이다.

감각적 확신의 모습을 제대로 자각한 의식은 더 이상 감각적 확신의 의식이 아니다. 그 의식은 이제 더 이상 어떤 직접적인 것을 인지하려고 하는 대신 보편자를 통해 대상을 인식하려고 한다. 보편자를 매개로 하는 인식, 보편자를 대상으로 하는 인식은 바로 지각이다. 그러므로 감각적 확신의 의식은 스스로에 좌절하면서 그 다음 단계의 의식인 지각으로 나아가게 된다.

나는 직접적인 것을 알려고 하는 대신 지각을 하게 된다.(89/147)

II
지각:
사물 그리고 기만

1. 지각의 단계

감각적 확신은 '이것'으로써 구체적 개별자를 직접 지시하고 인식한다고 여기지만, 실제 '이것'으로 지칭된 것은 모든 사물이나 모든 자아에 적용될 수 있는 보편자일 뿐이다. 이 사실을 자각한 의식은 대상을 더 이상 직접적 확신의 방식으로 아는 것이 아니라 보편자를 통해 파악하려고 하는데, 이러한 의식을 지각이라고 한다. 감각적 확신이 지각으로 나아가게 되는 과정을 헤겔은 다음과 같이 설명한다.

> 직접적 확신은 진리를 얻지 못한다. 왜냐하면 직접적 확신의 진리가 보편자인데도 직접적 확신은 〔개별자로서의〕 '이것'을 취하려 하기 때문이다. 반면 지각은 지각에게 존재하는 것을 보편자로 받아들인다.(89/149)

1) 지각자와 지각대상

지각에서는 지각하는 자와 지각되는 대상이 주관과 객관으로 이원화되며, 그에 따라 본질과 비본질의 구분이 성립한다. 지각에서 본

질로 여겨지는 것은 지각되거나 되지 않거나와 상관없이 불변적으로
존재한다고 여겨지는 대상인 사물 자체이며, 그 대상을 지각하는 의
식운동인 지각의 활동 자체는 비본질로 간주된다.

> 단순한 것으로 규정된 대상은 그것이 지각되는가 아닌가와 상관없이 존재하
> 는 본질이지만, 운동으로서의 지각은 있을 수도 있고 없을 수도 있는 비자립
> 적인 것이며 비본질적인 것이다.(90/150)

지각 ────────────→	지각 대상: 사물
(비본질)	(본질)

　지각에서는 그 대상이 되는 사물을 감각적 확신에서처럼 단적으
로 직접 안다고 여기지 않고 사물을 보편적 속성을 통해 알게 된다고
여긴다. 이로써 지각대상이 되는 사물은 두 가지 서로 다른 계기를
갖게 된다.

2) 사물의 두 계기

　지각은 감각적 확신처럼 사물을 그냥 그 자체로 직접 안다고 여기
는 의식이 아니라, 사물을 그 사물이 가지는 속성들을 통해서 안다고
여기는 의식이다. 단순히 '이것이 있다'를 아는 의식이 아니라, '이
것은 이런저런 것이다'라고 아는 의식이다. 여기서 '이런저런 것'에
해당하는 것이 사물의 속성들이며, '이것'에 해당하는 것은 그런 속
성들을 가지는 속성의 담지자로서의 사물 자체이다.[2] 이와 같이 지각
의 대상은 "여러 속성들을 가지는 사물"(90/150)인데, 이때 사물은

속성들의 결합과 사물 자체라는 두 계기를 지니게 된다. 이 두 계기를 헤겔은 각각 속성들의 결합에 해당하는 '무관심적 역시(Auch)'와 사물 자체에 해당하는 '배타적 일자(Eins)'라고 칭한다.

① 속성들의 결합	② 사물 자체
(통합작용)	(부정작용)
무관심적 역시	배타적 일자

(1) 무관심적 역시

사물의 속성은 노란색, 둥근 모양, 딱딱한 감촉 등과 같이 그 각각이 그 자체로서 존재하며, 속성들 상호 간에는 서로 간섭하지 않은 채 동일한 '여기'에 함께 모여 있는 상호 무관심적 관계가 성립한다. 색과 모양, 감촉과 향기 등은 서로 무관한 것이기 때문이다. 나아가 노란색은 이 책의 노란색일 수도 있고 저 꽃의 노란색일 수도 있으며 또 이 옷의 노란색일 수도 있다. 이처럼 속성은 보편자적 성격을 갖는다. 사물은 그런 상호 무관심적인 보편적 속성들이 동일한 시공간인 여기와 지금을 차지하고 함께 모여 있는 장 내지 매개체(Medium)일 뿐이다. 사물의 사물성은 다양한 속성들의 단순한 함께 함을 뜻할 뿐이다. 이런 보편적 속성들의 장으로서의 사물을 헤겔은 '무관심적 역시'라고 칭한다.

이 모든 많은 속성들이 하나의 단순한 '여기'에 상호 침투하여 존재한다.

---

2) 이러한 속성과 속성담지자의 구분이 바로 근대 합리론자와 경험론자들의 형이상학 체계에 있어 속성과 실체의 구분에 해당한다.

… 속성들은 상이한 여기로 분리되지 않고 상호 침투적이지만 서로를 촉발하지는 않는다. … 오히려 각각 그 자체 단순한 자기관계이며, 다른 것에 간섭하지 않고 '무관심적 역시'로서만 관계할 뿐이다. 그러므로 이 '역시'는 순수 보편자 또는 매개체이며 속성들을 통합하는 사물성이다.(91/152~153)

(2) 배타적 일자

사물의 속성들은 하나의 매개체 안에 상호 무관심적으로 통합되는 것이기도 하지만, 또 한편 상호대립 안에서 대립의 부정으로 규정되는 것이기도 하다. 예를 들어 노란색은 빨간색이 아닌 것으로서 한 사물의 속성이 되고, 둥근 모양은 네모난 모양이 아닌 것으로서 한 사물의 속성이 된다. 이처럼 사물은 대립되는 것을 부정하는 배타성을 통해 하나의 '배타적 일자'로 존재한다.

속성이 대립될 경우 그것들은 그들 매개물의 단순한 통일성 안에 함께 있을 수가 없다. 속성들에게는 단순한 통일성과 더불어 부정성도 본질적이다. 속성들이 상호 무관심적인 것이 아니라 상호 배타적이며 상대를 부정하는 것인 한, 속성의 구분은 단순한 매개체 바깥에 있게 된다. 따라서 사물은 단지 '상호 무관심적인 통일성'으로서의 '역시'일 뿐만 아니라 '배타적인 통일성'으로서의 '일자'이기도 하다.(91~92/153)

이렇게 보면 지각은 지각자와 지각대상을 분리하고 다시 지각대상에 있어 속성들의 결합(상호 무관심적 역시)과 사물 자체(배타적 일자)를 구분하면서 그 안에서 사물을 아는 의식이다.

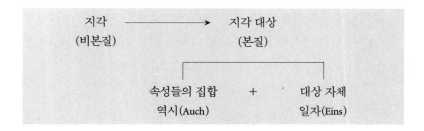

2. 지각의 실상: 순환운동

우리는 대상을 지각할 때 여러 속성들을 담지하고 있는 일자로서
의 대상 자체를 지각하는 것인가, 아니면 대상의 이런저런 여러 속성
들을 지각하는 것인가? 둘 중 어느 하나만을 포착하는 것이 지각인
가, 아니면 그 둘 사이를 오고 가는 의식활동이 곧 지각인가? 헤겔은
지각을 둘 사이에서 운동하는 의식으로 설명한다. 일자와 역시 사이
를 오고 가는 의식의 운동이 곧 지각의 본질이라는 것이다.

① 일자에서 역시로: 지각하는 의식에 대해 우선 대상이 순수한
일자의 모습으로 나타나므로 일자에서 출발하지만, 이 의식은 다시
곧 일자적 대상의 다양한 보편적 속성으로 나아가게 된다. 이 보편적
속성을 통해 사물은 상호 공통성을 갖게 된다.

> 내가 지각으로 받아들이는 대상은 '순수한 일자'로 제시된다. 그러나 나는
> 또 대상에서 개체성을 넘어서는 보편적 속성을 지각하게 된다. … 속성의 보
> 편성으로 인해 나는 대상적 본질을 공통성 일반으로 받아들이게 된다.
> (93/156)

66

② 역시에서 일자로: 그렇게 사물의 속성을 통해 대상을 지각하지만, 그러면서도 지각의 의식은 사물 자체를 서로 간의 공통성이나 연속성이 아닌 바로 그 사물 자체인 배타적 일자로 지각한다.

나는 속성을 다른 속성과 대립하여 그 다른 것을 배제하는 규정된 속성으로 지각한다. 대상적 본질을 … 속성의 규정성 때문에 연속성으로부터 분리하여 배타적인 일자로 정립해야 하는 것이다.(93/156)

③ 다시 일자에서 역시로: 그렇다고 배타적 일자에만 고착되어 있을 수는 없다. 지각의 의식은 다시 여러 속성들이 역시의 관계로 묶여 있는 매체에로 향하게 된다.

그러나 대상을 다른 것을 배제하는 것으로만 파악한다면, 옳게 지각한 것이 아니다. 오히려 대상은 연속성 일반과 마찬가지로 하나의 보편적인 공통적 매체이다.(94/156)

이처럼 지각의식은 일자를 그 대상(본질)으로 여기다가도 다시 거기서 벗어나 그 속성들의 집합(매체/역시)을 본질로 삼기도 하고, 또는 속성의 집합을 본질로 여기다가도 다시 그것이 아닌 일자를 본질로 여기기도 하는 그런 "순환과정"(94/157)의 의식이다.[3]

---

3) 여기에서 헤겔은 '일자'와 '역시' 사이의 순환이 아닌 또 다른 의미의 순환을 논하기도 한다. 지각의 의식은 '배타적 일자'로부터 보편적 속성들의 집합적 매개체로서의 '무관심적 역시'로 나아가는 것이 아니라, 오히려 각각의 보편적 성질 자체로 나아갈 수도 있다. 그런데 각각의 속성은 그것이 여러 대상들의 공통적 속성일 수 있다는 점에서 그리고 일반명사로서 표현되는 것이라는 점에서 보편자이기는 하지만, 그것은 실제

지각은 단순히 순수한 수용에 그치는 것이 아니라, 수용이면서 동시에 진리
를 벗어나 자체 내로 복귀하는(반성하는) 것이다.(94/157~158)

이는 곧 지각이란 일자와 역시를 동시적으로 인식하는 의식활동
임을 말해 준다. 하나의 사물에 대해 '이것은 이런저런 것이다' 라고
아는 것이 지각인데, 그러자면 '이것' 이 '배타적 일자' 로서 포착되
고, '이런저런 것들' 이 하나의 여기를 채우는 '다양한 속성' 들로서
인지되기 때문이다. 이처럼 지각의 의식은 일자에서 역시로, 역시에
서 일자로 오가는 순환적이고 자기반성적인 또는 자기복귀적인 활동
성이다.

지각은 그 자체 순환 내지 자기복귀적 운동 과정 속에 있지만, 스
스로 그러한 의식의 운동성인 순환성과 자기복귀성을 자신의 본질로
자각하지 못한다. 그러므로 대상적으로 포착된 측면과 자기복귀된
측면을 지각의 통일적 양면으로 사유하지 못하고, 둘을 분리하여 하
나를 본질로 삼고 다른 하나를 비본질로 간주한다. 즉 하나를 객관적
사물의 본질로, 다른 하나를 지각자의 기만으로 여기는 것이다. 그렇
게 해서 지각의 의식에서 현상과 물자체의 구분이 생겨나게 된다.

로 우리에게 감각질(qualia)로서 주어지며, 다른 것으로 환원시켜 개념적으로 설명될
수 없고 단지 '이것' 으로 지시될 수 있을 뿐이다. 속성 자체는 "순수한 자기관계"
(94/157)로서의 감각적 존재일 뿐이기 때문이다. 이러한 감각질의 의식인 '감각' 은 보
편적 속성의 의식이라는 점에서 지각에 포함되기도 하지만, 그것이 단지 '이것' 으로
지시되는 것이라는 점에서 '감각적 확신' 의 의식과 상통하는 바가 있다. 이처럼 지각
의식이 감각적 확신의 의식방식과 마찬가지 차원으로 되돌아간다는 점에서 헤겔은 '지
각' 과 '감각적 확신' 사이의 "순환과정"(94/157)을 언급하고 있다.

3. 지각에서의 반성: 현상과 물자체의 구분

1) 사물 자체(객관적 실재)와 현상(주관적 착각)의 구분

지각은 그 자체 일자와 역시, 실체와 속성이라는 양극 사이에서
순환운동하며 자기에로 복귀하는 의식이다. 지각에 본질적인 이 의
식의 자기복귀성으로 인해 지각대상은 양면적인 것으로 드러난다.

> 대상의 순수한 수용에 직접적으로 개입하는 의식의 자기 자신으로의 복귀는
> — 이 복귀가 지각에 본질적인 것으로 밝혀진 바 — 진리를 변화시킨다. 의
> 식은 이 변화된 측면을 그 자신의 것으로 받아들이고 수용하면서, 이를 통해
> 참된 대상을 순수하게 보존하게 된다.(94/158)

그런데 지각의 의식이 이러한 자기복귀성과 운동성을 지각 자신
의 본질로 파악하지 못하면, 운동 안에서 매개되는 양면이 오히려 각
각 분리된 별개의 것으로 간주된다. 지각은 스스로를 있는 그대로의
대상을 받아들이는 수동적 의식이라고 여기며, 지각대상을 지각의식
과 무관하게 자기동일성을 유지하며 존재하는 것으로 간주한다. 따
라서 의식은 지각 과정에서 발견되는 상이성과 모순성을 자기동일적
인 대상 자체와 그것에 더해지는 주관적인 변형 사이의 모순으로 이
해한다. 사물 자체인 자기동일적 대상이 진리이며, 만일 그 대상에
일치하지 않는 것이 있다면, 그것은 지각하는 주관에서 비롯된 착각
과 기만일 뿐이라고 간주하는 것이다.

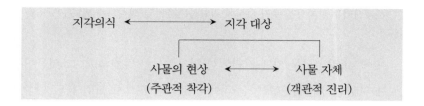

지각의 운동성 안에 포함되어 있던 사물의 양면성은 배타적 일자와 상호 무관심적 역시이다. 지각 안에서 이 양면성을 발견한 반성적 의식은 그 둘을 서로 무관한 별개의 것으로 분리하면서, 그 중 어느하나를 대상 자체인 객관적 진리로 간주하고 남은 하나를 그 대상을 변형시키는 주관적 허구와 착각으로 간주한다. 둘 중 어느 것을 객관적 진리로 여기는가에 따라 실재와 허구, 물자체와 현상을 이원화하는 반성에 두 가지 상이한 입장이 있게 된다.

2) 지각을 보는 두 가지 입장

(1) 입장 1: 일(一)이 실재, 다(多)는 기만

사물 자체는 속성에 대한 배타적 일자일 뿐이며, 다양한 속성은 주관적 기만에 지나지 않는다고 보는 관점이다. 속성들을 배제한 일자만이 사물 자체로 간주되면, 거기 덧붙여지는 다양한 속성들은 결국 우리 자신으로부터 기인한 주관적 기만으로 간주되는 것이다.

나는 우선 사물을 일자로 받아들이며 그것을 사물의 참된 규정으로 확신한다. 따라서 만약 지각의 운동 속에 이와 모순되는 것이 나타나면, 그것은 나의 반성으로 간주된다. 이제 지각에 사물의 속성으로 보이는 여러 상이한 속성들이 나타난다고 하자. 그러면 사물은 일자일 뿐이므로, 우리는 그 일자를

해체시키는 상이성을 우리 자신에 귀속하는 것으로 의식하게 된다.(95/158)

이에 따르면 사물 자체는 단일한 일자로서만 존재하고, 그 사물이 갖는 다양한 성질들은 모두 우리에게만 그런 것으로 보일 뿐인 현상에 지나지 않는다. 즉 사물은 우리 눈에만 하얗고 우리 혀에만 짜고 우리 손에만 부드러울 뿐이다. 사물을 그런 성질의 것으로 파악하게 하는 일반적 매개체는 인간 자신일 뿐이며, 따라서 성질들은 사물 자체와는 무관한 것으로 간주된다. 이처럼 성질들은 사물 자체에 속하는 것이 아니라 우리 자신으로부터 얻어진 주관적 기만일 뿐이다.[4]

그러나 다양한 성질들을 모두 기만으로 배제한다면, 일자로서의 개체성을 어디에서 찾을 수 있겠는가? 일자로서 사물의 배타성을 주장하려고 해도, 그 배타성은 단순히 일자로부터 올 수가 없다. 왜냐하면 모든 것이 일자이므로 그 점에서는 일체가 서로 구분되지 않기 때문이다. 따라서 사물의 배타성은 오히려 규정성에서 오는 것이며, 사물의 규정성은 사물의 성질들이 서로 구별되는 성질이라는 데에서 비롯되는 것이다. 이렇게 해서 두 번째 입장이 성립하게 된다.[5]

---

4) 이것은 많은 성질들을 주관에서 비롯되는 이차성질로 간주하는 로크적 사유에 해당한다.

5) 객관 사물은 일자이고 그것의 대부분의 속성들은 인간 감각에 의해 산출된 것일 뿐이라고 보는 로크적인 소박한 실재론적 관점을 더 철저히 밀고 나가 오히려 그 반대의 결론에 도달한 철학자가 바로 버클리이다. 버클리는 로크의 일차성질과 이차성질의 구분을 부정하며 모든 속성이 다 주관적인 이차성질에 지나지 않는다고 주장하는데, 그렇게 되면 결국 사물 자체, 단일한 실체의 설정도 무의미해지는 것이다. 이것이 물질적 실체의 존재를 부정하는 버클리의 통찰이다. 모든 속성이 다 주관적 산물이 되면 결국 속성의 담지자로서의 사물(실체)로 생각되는 일자적 사물은 그 모든 속성과의 연관성을 상실하고 따라서 인식주관과의 연관성도 상실해 버림으로써, 결국 공허한 개념이 되어 그 실재성을 확보할 수 없게 된다. 이런 문맥에서 버클리는 물질적 실체

(2) 입장 2: 다(多)가 실재, 일(一)은 의식의 산물

사물을 다른 사물과 구분되는 그 사물 자체이게 하는 것은 그 사물의 속성들을 통해서이다. 따라서 사물 자체라고 간주될 수 있는 것은 다양한 속성들의 매체인 무관심적 역시, 보편적 매체이며, 그런 속성들의 통합체로서 간주되는 배제적 일자는 오히려 우리의 의식으로부터 나온 주관적 허구이다. 대상 자체는 속성으로 존재하고 그들을 종합하는 단일한 사물 자체인 일자는 주관적 구성물일 뿐이다.

일자라는 것은 보편적인 자기관계성이며 일자로서는 모든 것이 다 같게 되므로, 사물이 다른 사물을 배제하는 것은 일자로서가 아니라 규정성을 통해서이다. 사물 자체는 즉자대자적으로 규정된 것이며, 사물은 속성을 통해서 다른 것과 구분된다. 속성이 사물 고유의 속성 내지 사물의 규정성이므로 사물은 여러 속성들을 가지는 것이다. … 사물 자체는 회기도 하고 정육면체이기도 하고 또 맵기도 한 그런 존재이다. 따라서 사물은 많은 속성들이 그 안에 서로 접촉하거나 관여하지 않은 채 각자로서 존재하는 '역시' 또는 '보편적 매체'이며, 그렇게 지각되어야 진리로 간주된다. 이 역시에 대립되는 요소가 차이를 배제하는 사물의 자기통일성인데, 사물은 많은 상이한 독립적 속성들의 존립이기에 통일성은 의식에게 넘겨질 수밖에 없다. … 여러 속성들을 하나로 모으는 것은 의식에게 부과되며, 사물 자체가 일자로 있는 것은

를 부정한다. 한마디로 객관적 대상 자체로 상정되는 일자적 존재는 다양한 속성들과 분리되어 생각될 경우, 스스로 자기 존재성을 상실하게 되는 것이다. 이것이 바로 '다를 배제한 일'의 공허성이다.

속성(다) ------------------- 실체(일)
이차성질: 허   일차성질: 실 → 실체: 실   : 로크(물질적 실체 인정)
이차성질/일차성질: 허   ∴ 대상 자체가 허구   : 버클리(물질적 실체 부정)

아니게 된다.(95~96/159~160)

사물 자체는 희고 네모지고 매운 그런 성질들의 모임, 성질들의
매체인 '역시'로서 존재하며, 그런 성질들을 하나로 결합시키는 '일
자'는 주관적인 의식의 작용이라는 것이다. 그러므로 '역시'가 사물
자체이고, '일자'는 주관적 착각 내지 기만이 된다. 실재하는 것은
다양한 속성들이며, 그 속성들을 종합하고 통합하는 일자적 실체는
주관의 구성물일 뿐이다.[6]

그러나 일자 내지 개별자가 허구라면, 왜 모든 인간이 다 그런 허
구를 만들어 내며, 왜 우리는 실재하는 다양성을 그러한 허구적 일로
서 종합하는 것인가? 일자가 없다면 우리는 어떻게 각각의 성질들을
개별적 표상으로서 규정할 수 있는 것인가? 어떻게 일련의 성질들이
상호 연관되고 규정되어서 하나의 대상의 속성들로 파악되는 것인
가? 성질을 구분할 수 있기 위해 이미 통일적 일자의 표상이 선행되
어야 하는 것은 아닌가? 이렇게 해서 다시 속성들을 통합할 일자가
사물 자체라는 관점으로 나아가게 된다.

---

6) 이는 곧 버클리적 사유를 철저히 밀고 나갈 경우 귀결되는 사고로서 소박한 관념
론 형태이며, 흄의 주장과 일치한다. 흄은 대상적으로 존재하는 것을 속성으로만 인정
하고, 우리가 그것을 대상으로부터 단순한 인상으로 받아들인다고 주장한다. 잡다한
경험적 다양성들만이 객관적으로 있는 것이고, 인간에 의해 대상적으로 경험되는 것
이다. 그것들을 단일화하는 개념, 단일성, 실체는 인간 주관이 임의적으로 창출한 허
구일 뿐이다.

속성(다)	··················	실체(일)
감각인상		허구	: 흄(일체의 실체를 부정, 회의주의)
대상 자체: 실		주관: 허

3) 물자체와 현상, 객관과 주관의 구분의 지양

일자와 역시를 대립으로 놓고 그 중 어느 하나만을 객관적 사물 자체로 간주하고 다른 하나를 주관적 기만으로 설명하려는 두 관점이 모두 다 실패할 수밖에 없는 것은 그것이 지각의식의 운동성, 일자와 역시, 일과 다의 연관성을 제대로 사유하지 못하기 때문이다. 그리고 이는 결국 지각하는 의식과 지각되는 대상을 이원적으로 분리하여 대립으로 놓기 때문이다. 그 둘을 자기복귀적인 운동으로 알지 못하고 각각 분리하여 놓음으로써, 일자와 역시를 마찬가지로 서로 분리 대립시키면서 하나를 대상에 귀속시키고 다른 하나를 의식에 귀속시켜서 객관적 대상 자체와 주관적 의식의 기만, 물자체와 현상이라는 이분법을 낳는 것이다.

의식과 대상, 일자와 역시를 이원적으로 설정한 두 입장이 다 실패한다는 것을 논하면서 헤겔은 결국 지각이란 일자에서 역시로 그리고 또 역시에서 일자로 이행해 가는 자기복귀적 운동이라는 것을 강조한다. 이원성은 의식의 자기복귀성과 운동성을 통해 극복된다.

> 의식은 사물을 참된 자기동일자로 간주하면서 자신은 이 동일성을 벗어난 비동일자로 받아들이는 태도를 탈피한다.(97/161)

지각의 두 측면은 객관 사물 자체와 주관적 기만으로 분리되어서는 안 된다. 지각은 그러한 양 측면 모두를 포괄하는 운동성이기 때문이다. 이렇게 해서 지각에서 대상과 의식으로 양분해서 생각했던 것이 실은 지각 대상 자체가 가지는 양 측면이라는 것, 지각의 대상이 바로 그런 운동 자체라는 것이 밝혀진다. 결국 대상 자체가 일과 다,

일자와 역시, 사물과 의식의 이중성을 지닌다고 보는 것이다.

> 이제 의식에게 대상은 앞서 대상과 의식으로 분화되어 있던 바로 그 하나의 전체적 운동이다. 사물은 자기에게로 반성된(복귀된) 일자이다. 그것은 대자적(für sich)이면서 또 마찬가지로 대타적(für anderes)이다. 그것은 자신에 대해 타자이며, 타자에 대해 자신이다. 따라서 사물은 대자적이며 또 대타적이라는 두 가지 상이한 존재이며 동시에 일자이다.(97/161~162)

이렇게 해서 일자와 역시가 모두 대상 자체가 가지는 이중성으로 간주된다.

① 역시: 역시는 감각적 성질을 통해서 스스로를 표출하는 물성의 계기로서 사물의 대타적 존재의 측면을 이룬다. 사물은 속성을 통해 우리 의식에 들어온다는 의미에서 '의식에 대한 존재'로서의 대타적 존재이며, 또 속성을 통해 다른 것들과 관계되고 비교되고 부정되기도 하는 관계 내 존재이다.

② 일자: 일자는 자기 자신으로부터 모든 다양성을 배척하는 단일한 사물의 계기로서 사물의 대자적 측면이 된다. 사물은 일자로서 자신으로 복귀한 존재이며, 일자는 사물의 개체성의 측면이 된다.

지각의식	⇄		지각대상	
역시 ⇄ 일자			역시 ⇄ 일자	
일자	··········	역시: 대타존재(의식대상성)		
역시	··········	일자: 대자존재(자기복귀성)		

지각의 참된 대상은 대상과 의식으로 분할되는 운동 자체이다. 즉

양자 간의 상호이행작용이 바로 지각하는 의식의 운동이며, 지각의
대상 또한 지각과 마찬가지로 자기복귀적 운동성으로서 존재한다.

> 대상은 하나의 동일한 관점에서 자기 자신의 반대물이다. 즉 대타적인 한 대
> 자적이고, 대자적인 한 대타적이다.(99/165)

사물은 일자이고 동시에 역시이며, 대자존재이고 동시에 대타존
재이다. 이처럼 사물은 이것이면서 동시에 이것 아닌 것, 자기이면서
동시에 자기 아닌 것, 자기의 반대물이다. 여기에서 우리는 다시 '모
든 규정은 부정이다'라는 변증법의 논리를 확인하게 된다. 사물은 자
기 자신 안에 자기부정성을 품고 있으며, 따라서 스스로를 지양하면
서 그 다음 단계로 나아가게 된다. 사물 안의 이 자기부정성을 헤겔
은 사물 안에 내재된 "본질적인 차이"(98/163)라고 칭한다. 우리는
사물 자체 내의 이러한 차이와 대립을 사물과 그것 아닌 것의 대립으
로 간주하지만, "타자와의 본질적인 차이는 곧 사물 자체에 있는"
(98/163) 것이다. 헤겔 변증법의 논리는 이러한 사물의 자기부정성
을 따라 규정에서 부정으로, 다시 부정의 지양으로 나아간다.

이러한 사물의 양면성이 지각에서는 대타존재와 대자존재의 양면
성으로 등장한다. 지각은 그 양면성을 대상과 의식 각각에게 돌리지
만, 실제 대상이든 의식이든 모두 자기부정성을 자체 내에 지닌 운동
으로 존재한다. 스스로 차이를 만들고 다시 차이를 넘어서는 변증법
적 운동의 존재인 것이다. 이처럼 의식과 대상 둘 다가 역시에서 일
자로, 다시 일자에서 역시로 오가는 운동성의 존재이다.

4. 지각에서 오성으로

그러나 지각하는 의식에게는 지각활동이 담고 있는 운동 자체가 지각대상으로 떠오르지 않는다. 지각하는 의식은 그 운동 속에서 운동할 뿐, 운동을 자신의 대상으로 삼지는 않기 때문이다. 운동을 자신의 대상으로 경험하는 의식은 새로운 의식방식이며, 그것은 더 이상 지각이 아니라 그 다음 단계의 의식인 오성이다.

지각의 좌절과 실패는 한마디로 말해 지각이 그 스스로 자신 안에 포함되어 있는 양자인 역시와 일자를 동시에 함께 생각할 수 없다는 것이다. 그 양자를 자신의 계기로 자각하게 되면, 그것은 이미 지각이 아니다. 마치 어린아이가 자신의 의식방식을 반성하지 않고 그냥 그 의식을 따라 살아 나갈 때만 아이이고, 자신을 반성하여 알기 시작하면 더 이상 아이가 아닌 것과 같다. 슬퍼하는 의식은 그냥 슬퍼하고 있을 뿐이고, 자신이 슬퍼하고 있음을 알게 되면 그 의식은 더 이상 이전의 슬퍼하고 있는 의식과 동일한 의식이 아닌 것과 같다. 물론 그렇다고 그 두 의식이 서로를 배제하는 상충적인 의식은 아니다. 두 번째의 의식은 첫 번째 의식의 내용을 유지한 채, 슬픔을 간직한 채, 보다 심층으로 내려가서 자신의 내용을 바라다볼 뿐이다.

지각은 대상을 보편적 속성을 통해 인식하기는 하지만, 속성과 대상과의 관계를 지각의식 자신의 활동성으로 파악한 의식이 아니다. 따라서 지각 단계에서의 보편성은 아직 진정한 의미에서의 보편성이 아니라 단지 감각으로부터 추출된 감각적 보편성일 뿐이다. 다시 말해 개별성과 보편성이라는 양극의 분리 속에 놓여 있는 보편성, 즉 대립적 요소에 의해 제약된 보편성이다.

[지각에서] 대상은 감각적 존재에서 벗어나 보편자가 된다. 그러나 이 보편자는 감각적인 것에서 비롯된 것으로 본질적으로 감각적인 것에 제약되고 따라서 참되게 자기동일적인 것이 아니라 대립에 촉발된 보편성이다. 즉 개체성과 보편성의 극단, 속성들의 일자와 자유로운 질료들의 역시의 극단으로 분열된 것이다.(99~100/165)

실제로 개별성과 보편성은 본래 통일을 이루고 있다. 이 두 계기를 자체 내에 포괄하는 보편성을 헤겔은 "무제약적 절대적 보편성"(100/166)이라고 칭한다. 이런 보편성을 대상으로 삼는 의식은 더 이상 개별과 보편, 의식과 대상, 일자와 역시를 이원화하는 지각의식이 아니라, 그 둘을 이원화하지 않고 통일적으로 의식하는 오성이다. 오성에서 비로소 이 양자 간의 이행인 운동이 과연 어떤 운동인지, 무제약적 보편자가 과연 무엇인지가 밝혀지게 된다.

양자[개별성과 보편성 또는 대자와 대타]가 본질적으로 통일을 이루게 되면, 이제 무제약적이고 절대적인 보편성이 현전하게 되며, 이때 비로소 의식은 참되게 오성의 영역으로 나아가게 된다.(100/165~166)

III

힘과 오성:
현상과 초감각적 세계

1. 오성의 단계

지각은 즉자존재와 대타존재, 개별과 보편, 일(一)과 다(多)를 양극으로 분리시켜서 그 중 하나를 대상(객관)으로 다른 하나를 의식(주관)으로 이원화하여 의식할 뿐, 그 둘을 통합하여 하나로 의식하지는 못한다. 개별과 보편의 통합, 일과 다의 운동성을 헤겔은 개별에 의해 제약되지 않은 보편성이란 의미에서 '무제약적 보편자' 라고 부른다. 지각이 해명하지 못하고 남겨 놓은 이 무제약적 보편자를 자신의 대상으로 삼는 의식이 바로 오성이다. 오성은 무제약적 보편자를 대상으로 인식한다.[7]

지각에서 밝혀진 무제약적 보편자의 두 계기는 다양하게 존립하

---

7) 이 무제약적 보편자는 타자와의 관계를 벗어나 자체 내로 복귀하는 자기복귀적 운동성으로서의 "개념"(103/170)이다. 그런데 오성 단계에서는 오성이 개념을 대상으로 삼기는 하지만, 그 의식 자체가 아직 개념이 된 것은 아니다. 즉 오성의식은 대상 안에서 아직 자기를 발견하지 못한다. "의식은 아직 대자적으로 개념이 아니며, 따라서 자체 내로 복귀된 대상 안에서 자신을 인식하지 못한다."(103/170) 그러므로 개념인 무제약적 보편자가 의식에 대해 단지 대상으로 나타날 뿐이며, 따라서 오성의식은 아직도 대상의식이지 자기의식이 아닌 것이다.

는 속성들의 공통의 매개체(사물성: 대타존재)와 자신에게로 복귀한 일자존재(대자존재)이다. 이 두 계기는 "서로 분리된 채로 있는 것이 아니라, 본질적으로 양자가 서로를 지양하면서 상대에의 이행으로 존재할 뿐이다."(104/172) 이 일과 다로의 상호지양과 상호이행을 자체 내에 포괄하는 보편자가 바로 무제약적 보편자이다.

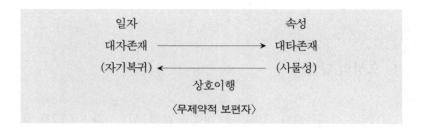

오성이 개념으로 포착하여 대상으로 삼고 사유하는 이 무제약적 보편자가 바로 '힘'이다. 속성의 다양성과 개체적 일자 간의 상호이행의 운동이 바로 힘이기 때문이다.

> 자립적으로 정립된 것들이 직접적으로 그들의 통일을 이루고 그들의 통일이 직접적으로 자기 전개를 하게 되면, 그 전개된 것은 다시 환원하여 되돌아간다. 이 운동이 바로 '힘'이라고 불리는 것이다.(105/172)

상호이행으로서의 힘은 양 방향으로 작용하는데, 외적 다양성의 방향으로 자신을 전개하는 힘과 다시 그것으로부터 일자의 방향으로 자체 내 복귀하는 힘이 그것이다. 자기를 전개하고 확산시키는 힘과 그 전개된 것으로부터 다시 내면으로 향하는 힘은 그 방향이 서로 다르지만 사물이 갖고 있는 하나의 힘의 양면이다. 전자를 '발현하는 힘', 후자를 '밀쳐진 힘' 또는 '본래적 힘'이라고 한다.

> 자립적인 물질들이 그들의 존재로 확산하는 운동은 '외화'이고, 확산을 멈
> 추고 외화로부터 자체 내로 복귀하는 운동은 '되돌아가는 힘' 또는 '본래적
> 인 힘'이다.(105/172~173)

일(一) ──── (자기 전개: 외화) ────→ · 다(多)　= 陽氣 / 伸(神)
　　　←──── (원점으로 환원) ────　　　　= 陰氣 / 歸(鬼)

〈힘의 양면성: 외화와 복귀〉

　힘의 양 방향으로의 상호이행적 운동은 "두 힘 사이에서 벌어지는
유희"(108/176)이다. 오성이 대상으로 삼는 힘은 이러한 양 방향의
두 힘을 통합적으로 포괄하는 보편자로서의 힘이다. 이처럼 무제약
적 보편자로서의 힘은 일(일자)과 다(매체) 사이에서 이행해 가는 운
동이며, 그 힘의 유희 안에서 드러나는 일자와 매체는 그러한 힘의
이행과정의 산물, 즉 힘의 자기 전개된 결과물 내지 힘의 자기복귀성
이외의 다른 것이 아니다.
　힘은 일에서 다로 상호이행해 가는 운동성이며, 일과 다는 그 힘
의 이행과정에서 드러나는 두 모습일 뿐이다. ① 힘을 내적 일자일
뿐으로 이해한다면, 내면을 외부로 표출시키고 전개시키는 것은 힘
외적인 것 같지만, 사실 그러한 표출 또한 힘 자체 안에 이미 갖추어
진 것이다. 일자로 정립된 힘이 표출되어 드러난 것이 다양한 성질들
로 표현되는 공통의 매개체인 것이다. ② 그래서 힘을 물질의 매개체
라고 정립하면 다시 일자는 그 힘 바깥의 것 같지만, 그렇게 표출된

힘이 지양되면서 자기복귀한 힘이 곧 일자를 이루는 것이다. 따라서 자기복귀된 힘이 곧 일자이다. ③ 그러므로 결국 힘이란 그 스스로 외화하고 또 내부로 복귀하는 운동 자체이다.

이처럼 외화된 사물의 모습이나 복귀된 일자가 모두 힘 이외의 다른 것이 아니다. 일과 다, 사물 자체와 속성이 두 극으로서 따로 존재하는 것이 아니라, 힘의 외화된 결과와 복귀된 힘으로서만 존재하는 것이다.

> [힘의 외부에 있는] 타자로서 등장하여 힘의 외화와 힘의 자체 내로의 복귀를 다 함께 유발하는 것은 그 자체가 곧 힘이다. 왜냐하면 타자는 공통의 매개체로서도 제시되고 일자로서도 제시되는데, 그 형태들은 모두 단지 사라져 가는 요소로서만 나타나기 때문이다.(107/175~176)

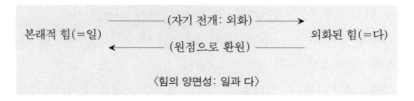

2. 오성적 사유: 현상계와 초감각계의 이원화

1) 사물의 현상과 사물의 내면

힘은 영향을 주고 자극을 가하는 쪽과 영향을 받고 자극을 받는 쪽이라는 두 계기로 구별할 수 있다. 이것은 힘의 계기에 있어 형식상의 구별이다.[8] 그렇지만 그 둘 중 하나는 다른 하나를 통해서만 가능한 것이므로, 하나는 결국 다른 하나로 이행해 간다. 즉 "대립된 것에로의 직접적 이행"(109/177)이 발생한다. 이렇게 힘은 형식상 독립적인 두 계기의 힘으로 구분되지만, 실제로는 하나에서 다른 하나로 이행해 가는 힘으로서만, 즉 양자 간의 운동으로서만 존재할 뿐이다.

> 힘의 개념은 두 개의 힘으로 나뉘는 이중화에 의해 현실적이 된다. … 두 개의 힘은 대자적인 것으로서 존재하지만, 그 존재는 오히려 타자에 의해 정립됨으로써만 있는 것이다. 다시 말해 그 존재가 오히려 순수한 소멸의 의미를 갖는 그런 상호 간의 운동일 뿐이다.(109/178)

유발하는 힘과 유발되는 힘, 능동적인 힘과 수동적인 힘이 서로가 상대에 의해 존재하면서 상대 속으로 이행해 간다는 것은 실제 힘이란 그 두 방향의 힘이 서로 부딪치고 갈라지며 구분되는 경계에서 비롯된다는 것을 뜻한다. 힘은 각각 분리된 별개의 힘으로 따로 존재하다가 유발하는 것과 유발되는 것으로서 만나는 것이 아니라, 바로 그 중간지점에서 두 힘으로 갈라지면서 서로 대립되는 것으로 존재하게 되는 것이다.

---

8) 헤겔은 힘에 있어서의 구별을 '내용상의 구별'과 '형식상의 구별' 둘로 구분하여 다음과 같이 설명한다. "운동의 개념에 대한 통찰을 완벽하게 하기 위해서는 힘의 구별 자체가 다시 이중의 구별로 나타난다는 것에 주목할 필요가 있다. 하나는 내용상의 구별로서 '자체 내로 복귀하는 힘의 극'〔일자〕과 '물질의 매체라는 극'〔매체〕의 구별이고, 다른 하나는 형식상의 구별로서 '능동적으로 유발하는 것'과 '수동적으로 유발되는 것'의 구별이다."(108/177) 형식상의 구별은 외화와 복귀라는 힘의 운동성의 양면을 뜻하고, 내용상의 구별은 일과 다라는 힘의 운동 결과의 양면을 뜻한다고 볼 수 있다.

두 개의 힘은 양쪽 극에서 각각 어떤 확고한 것을 간직한 채 단지 외적 속성
만을 서로 간의 중간에다 내보내서 서로 접촉하게 하는 그런 것이 아니다.
두 힘은 바로 그 중간과 접촉에 있다. 자체 내로 복귀한 힘의 대자존재도 힘
의 회화도, 힘의 유발하는 것도 유발된 것도 모두 다 그 중간지점에 있다. 이
두 계기들이 두 자립적 극단으로 나뉘어 서로 대립하는 일은 없다.(109/178)

외부로 발현하는 힘과 자기복귀하는 힘 또는 유발하는 힘과 유발
되는 힘의 상호이행과 접촉의 중간에 실제적 힘이 존재한다. 그런데
힘은 이행하는 운동성이므로 스스로 자기발현하여 공동의 매체를 형
성하기도 하고 자기복귀하여 본래적 힘으로 되돌아가기도 한다. 이
처럼 사물의 내면 주위에서 발생하게 되는 힘의 유희가 빚어 내는 힘
의 실현양태가 바로 "힘이 전개되는 장"으로서의 "현상"(Erschei-
nung)(110/180)이다. 지각되는 세계인 다양한 속성들과 그것의 매
체 또는 일자는 그 자체 실체가 아니라, 힘의 유희가 빚어 낸 모습,
즉 생겨났다가 소멸해 가는 현상이다.

오성은 힘의 유희의 현상을 관통하여 그 힘의 이행의 중심으로서
의 사물의 내면을 사물의 본질로 포착하고자 한다. 사물의 내면에서
사물의 법칙성을 발견하여 그것을 현상의 본질로 간주하는 것이다.
그렇게 해서 오성은 사물의 법칙성을 감각적인 현상계와 구분되는
초감각적 실재계, "초감각적 진리의 세계"(111/181)로 상정한다.

2) 초감각계의 상정

일자와 매체, 유발하는 것과 유발되는 것은 상호이행적인 힘의 유
희에 따라 발현되는 현상일 뿐이며, 오성은 그러한 현상 너머에서 무

제약적 보편자로서의 힘을 사물의 본질 내지 사물의 법칙으로 사유하며, 그렇게 함으로써 현상 이면의 초감각계를 설정한다.

> 보편과 개별의 대립을 벗어나서 오성에 대한 존재가 된 절대적 보편자로서의 내적 진리 안에 비로소 현상하는 감각적 세계 너머 초감각적 세계가, 즉 사라져 가는 차안 너머 항구적인 피안이 개시된다.(111/181)

감각적으로 드러난 개별 현상에만 주목하는 감각적 확신이나 지각과 달리 오성은 사물의 내면을 자기복귀적 힘으로 의식하지만, 그 사물의 내면을 자기 자신으로 자각하지는 못한다. 아직 스스로를 개념으로 자각하지 못하고 개념을 대상으로만 의식하기 때문이다. 따라서 오성에 있어 사물의 내면은 현상 너머의 피안이며, 오성의식 자신에 대해서도 자신 너머의 피안으로 간주된다.

> 의식은 아직 사물의 내면에서 자기 자신을 발견하고 있지 않으므로 내면은 의식에게 여전히 순수한 피안으로 남아 있다.(112/182)

오성은 사물의 내면을 끊임없이 생멸 변화하는 무상한 현상세계 너머의 피안적 실재, 현상독립적인 "힘의 법칙"(114/186)으로 간주하며, 이 법칙의 세계를 현상과 구분되는 또 하나의 영역으로 설정한다. 자기구별과 그 구별의 지양으로 진행되는 끝없는 변화의 현상영역에 대해 그것을 가능하게 하는 법칙을 초감각계로, "평온한 법칙의 영역"(115/186)으로 실체화하여 설정하면서, 그것만을 자신의 진리로 고집하는 것이다. 오성에게는 이러한 법칙의 세계만이 진리로 간주된다.

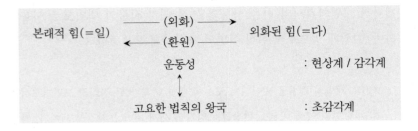

이와 같이 오성에 있어서는 힘에 따라 변화하는 현상세계와 다시 그러한 감각적 영역을 넘어선 초감각적 법칙의 세계가 이원화된다. 힘의 유희 결과인 생성과 소멸의 현상계에 대해 오성은 현상의 법칙을 실체화하며, 그러한 법칙세계를 현상 너머의 사물의 고요한 내면, 고요한 법칙의 왕국으로 정립하는 것이다.

3. 초감각계의 실상

1) 오성법칙의 한계

오성의 법칙의 세계를 현상계와 대립되는 초감각계로 실체화하는 것은 이원론을 야기하여 현상의 법칙연관성을 간과하면서 동시에 초감각계의 현상연관성도 간과하게 만든다. 반면 헤겔은 현상계와 초감각계가 별개의 것이 아니라는 것을 강조한다.

사물의 내면이나 초감각적 피안은 비로소 발생한 것이며 현상으로부터 생겨난 것이다. 그러므로 현상은 내면의 매개이다. 또는 현상은 내면의 본질이고 실제로 내면의 충족이다. 초감각적인 것은 그것이 참된 것인 한, 감각적인 것이고 지각된 것이다. 그러나 감각적인 것과 지각된 것의 진리는 현상이 된다는 데 있다. 결국 초감각적인 것은 현상으로서의 현상이다.(113/183)

초감각계와 현상을 이처럼 본질과 그것의 발현결과라는 긴밀한 관계로 이해하면, 현상은 단지 감각적인 것 또는 지각된 것에 그치는 것이 아니라, 오성법칙이 발현된 세계, 초감각계가 실현된 세계로서 진정한 의미의 내면적 세계가 된다.

현상과 오성계의 통일적 관계에 대한 이와 같은 헤겔의 강조는 근대의 과학주의 내지 근대의 오성 중심주의에 대한 비판을 내포한다. 오성법칙은 현상과 분리되어 그 자체로 존재하면서 현상에 외적으로 부과되는 것이 아니라는 것이다.[9] 오성법칙은 그 법칙을 구체적으로 현실화하는 현상세계를 배제하고서는 무의미할 뿐 아니라, 법칙 자체만으로는 현상계의 풍부성을 다 따라갈 수도 없다. 헤겔은 오성법

---

9) 헤겔은 플라톤의 동굴의 비유에 나타나는 이원론, 가시적 현상계와 비가시적 실재계(이데아계)의 구분을 이런 오성차원의 의식으로 간주한다. 나아가 잡다한 다양성의 요소들에 대해 그들의 관계 내지 법칙을 그러한 현상적 요소 외적인 것으로 여기는 흄이나 칸트의 철학 또한 오성의 철학으로 분류한다. 흄은 계기적이거나 병렬적으로 발생하는 감각인상들에 대해 그들의 관계성을 필연성 없는 주관적 상상으로 간주하였다면, 칸트는 상호 무관심한 감각적 표상들의 다양성에 대해 그들 다양한 표상들 간의 관계를 감성 외적인 오성으로부터 부과되는 보편적인 필연성의 법칙으로 간주하였다. 주관적 상상이든 상호주관적 법칙성이든 사물의 관계성이나 법칙성을 현상의 다양성 바깥에서부터 부과되는 법칙으로 간주했다는 점에서 그들의 사유는 다 현상계와 법칙계, 감성계와 오성계를 이원화하는 오성적 사유로 평가된다.
　이에 반해 헤겔은 표상들의 관계를 표상 외부에서 부과되는 것이 아니라 표상 자체의 본질로 간주한다. 그렇게 함으로써 헤겔은 구체적 현상에 대립적으로 이해된 추상적 법칙세계에다 다시 그러한 추상성이 아닌 활력과 생기를 넣어 주고자 하는 것이다. 사유에 활력을 부여하고, 경직되고 고정된 오성을 자발적 활동성의 이성으로 높이고자 함이라고 볼 수 있다.

칙이 현상세계의 풍부성을 다 담고 있지 못하다는 것을 강조한다.

> 법칙의 왕국은 오성에 의해 비로소 진리가 되며, 그것은 현상을 다 충족시키
> 지 못한다.(115/186)

법칙이 현상세계의 구체성과 풍부성을 다 드러내지 못한다는 것
은 예를 들어 어떤 현상도 갈릴레이 낙하법칙이 말해 주듯 그런 순수
한 단순 낙하가 아니라는 데에서도 확인할 수 있다. 낙하법칙에는 현
상세계에서 함께 작용하는 저항이나 마찰 등의 요소가 빠져 있기 때
문이다. 갈릴레이 낙하법칙은 이미 그 당시부터 아리스토텔레스주의
자들에 의해 그것이 현상을 포괄적으로 완전하게 설명해 내지 못한
다는 이유로 논박당했었다. 이처럼 오성법칙이 단순한 현상의 운동
을 완전하게 서술하지 못하기에 실제 하나의 현상을 설명하기 위해
서는 단 하나의 법칙이 아니라 많은 수의 법칙들이 동시에 동원되어
야 한다. 예를 들어 돌멩이의 낙하라는 단순한 하나의 현상을 설명하
기 위해서도 다양한 법칙, 낙하법칙과 더불어 저항법칙 등이 함께 언
급되어야 하는 것이다. 그런데 이런 다수성은 이미 결손을 의미한다.
오성법칙이 추구하는 것은 단순성과 통일성이기 때문이다.

오성은 통일성의 요구에 따라 많은 법칙을 하나의 법칙으로 귀결
시키고자 하며, 그렇기 때문에 오성법칙은 각각의 개별 법칙들이 지
니는 자기규정성을 상실하고 결국 피상적이 되어 버린다. 예를 들어
갈릴레이의 낙하 원칙과 케플러의 천체운동의 원칙이 뉴턴의 중력의
법칙, 즉 만유인력의 법칙으로 통일됨으로써, 만유인력의 법칙은 하
나의 보편적인 법칙이되 그 자체 아무런 규정적 내용을 갖지 못하고
단지 "법칙 자체의 개념"(116/187)만을 주장할 뿐이다. 즉 "모든 현

실성은 그 자체 법칙적이라고 언명"(116/187)함으로써 우연성의 사고에 대한 비판 역할만을 할 뿐이다. 다시 말해 그 법칙은 힘 간의 관계의 필연성만을 정립할 뿐 그 이상의 규정, 예를 들어 왜 힘이 이런저런 특수한 구별 속에 표출되는 것인지, 왜 중력은 물체로 하여금 일정한 규칙에 따라 낙하하게 만드는지 등을 설명하지는 못한다.

　이와 같이 현상계와 오성계를 변화하는 운동현상과 정지된 법칙계로 이원화해서 이해하면, 추상적 법칙은 구체적 현상을 다 포괄하지 못하며, 그렇게 이해된 법칙은 활력과 생기를 잃고 만다. 여기서 헤겔은 법칙과 현상의 이원화를 극복하고 오성에다 활력을 넣어 주기 위해서, 법칙의 운동성을 법칙적 설명의 운동성으로 해명하고 다시 그런 설명의 운동성을 오성의 자기운동성으로 밝힌다.

2) 오성적 설명의 구조

　헤겔에 따르면 오성이 현상의 법칙이라고 설명하는 것은 실제로 현상을 설명하는 오성 자체의 법칙성일 뿐이다. 즉 오성이 법칙의 형식으로 자체 내에 구별의 계기를 설정하고 다시 그렇게 설정된 구별을 법칙 자체로서 지양하는 것이다. 예를 들어 전기를 설명하면서 우리는 그 요소로서 양전기와 음전기를 구별해서 설명하지만, 실제 전기 자체에 있어 이런 두 요소의 구별은 없다. 그것은 설명을 하기 위해 요구된 필연성이지, 전기 자체가 가지는 필연성은 아닌 것이다. 실제 양전기에는 음전기가 함께 있으므로 그 둘의 구별은 결국 오성이 만든 구별이다. 또 다른 예를 들자면 사물의 운동 내지 중력을 설명하기 위해 도입되는 시간과 공간 또는 거리와 속도 등의 구별은 사물 자체가 갖는 구별이 아니라, 오성 자체가 사물 현상을 설명하기 위해 부과하는 구별일 뿐이다.

> [전기와 운동] 두 경우에 다 어떤 구별도 즉자적인 구별이 아니다. … 이 구
> 별을 내적 구별이라고 하는 것은 법칙이 단순한 힘 또는 법칙의 개념이라는
> 것, 즉 개념의 구별일 뿐이라는 것을 뜻한다. 내적 구별은 오직 오성 안에만
> 있을 뿐 사태 자체 안에 정립되는 것이 아니다.(118~119/191)

이와 같이 구별이 사태 자체의 구별이 아니므로 그 구별은 다시
지양되어야만 한다. 이처럼 구별을 만들고 다시 그 구별을 지양하는
과정이 곧 "설명"(119/192)이다.

> 요소들이 서로 구별된다고 해도 그 구별은 사태 자체의 구별이 아니므로, 표
> 현되면 곧 다시 지양되어 버린다. 이러한 운동이 '설명' 이라고 불린다.(119/
> 191~192)

말하자면 a가 b라는 것을 설명하기 위해 오성은 a, b, c가 서로 다
르다는 구분을 설정한다. 그리고는 a는 c이고 c는 b이므로 곧 a는 b
라고 설명한다. 이처럼 현상은 단순한 것인데, 설명을 위해 요소를
분리하고 구별하며 설명을 통해 다시 그 구별을 넘어서면서 요소들
을 결합하는 것이다. 예를 들어 잎은 왜 녹색인가? 잎과 구분되는 엽
록소를 설정함으로써 이 현상을 설명한다. 즉 잎이 곧 엽록소는 아니
다. 그런데 잎에 엽록소가 있고 엽록소가 녹색이므로, 잎은 녹색이
다. 그러나 실제 현상세계에 있어서는 처음부터 끝까지 잎과 엽록소
그리고 녹색은 서로 구별되지 않고 잎의 엽록소의 녹색으로서 함께
존재한다. 이처럼 오성은 현상을 설명하기 위해 현상의 요소를 구별

하며 다시 그 구별을 지양한다.

또 다른 예로 번개를 들 수 있다. 우리는 번개란 무엇인가를 설명하기 위해 번개와 구분되는 전기를 가져와 번개를 설명한다. 즉 일단 전기적 힘의 표출로서의 번개 현상과 그 현상의 근거로서의 전기의 법칙이 서로 구별된다는 것을 전제한다. 만약 그렇지 않다면, 즉 설명항인 전기와 피설명항인 번개가 다르지 않다면, 설명항에 이미 피설명항이 들어 있어 바른 설명이 아니게 되기 때문이다. 그렇지만 설명은 그렇게 설정된 그 구분을 다시 지양함으로써 완성된다. 즉 피설명항인 번개가 사실은 전기와 다를 바 없다고, 즉 번개는 전기 방전 이외의 다른 것이 아니라고 설명하는 것이다.

```
        피설명항: 현상  ⟷  설명항: 법칙
  설명과정  ① 현상과 구분되는 법칙을 설정: 현상과 법칙의 구별
         ② 그 법칙에 따라 현상을 설명: 구별의 지양

    예1)      잎  ⟷  엽록소
           잎과 구별되는 엽록소를 도입
           잎의 녹색을 엽록소의 녹색으로 설명

    예2)     번개  ⟷  전기방전
           번개와 전기를 구별
           번개가 전기방전과 다르지 않다고 설명
```

이처럼 구별을 정립하고 다시 그 구별을 지양하는 운동은 바로 오성의 운동이다. 그러므로 오성은 법칙을 통한 현상의 설명구조 속에서 결국 자기 자신을 발견하게 된다. 현상세계를 설명하는 오성의 법칙이 곧 오성 자신의 운동인 것이다.

설명의 운동을 통해 사태 자체에는 어떤 새로운 것도 생겨나지 않고, 운동은 오직 오성의 운동으로만 고찰될 뿐이다.(120/192)

이처럼 구별을 형성하고 다시 그 구별을 지양하는 설명의 운동성은 곧 오성 자신의 운동이다. 생성과 변화의 운동은 현상계의 운동이면서 동시에 초감각적 세계의 법칙이며, 그 법칙은 곧 법칙을 설명하는 오성 자신의 운동의 법칙인 것이다. 이로써 오성이 포착하는 초감각계의 실상은 다시 전도된다.

3) 전도된 세계

설명이 오성 자신의 설명과정이라는 것은 곧 변화하고 운동하는 것은 현상이 아니라 오히려 설명하는 오성일 뿐이라는 것을 의미한다. 따라서 추상화된 고요한 오성법칙의 세계와 변화하는 현상계와의 이원성은 지양된다. 우리의 사유가 머무는 오성세계는 생명 없이 정지한 고요한 세계 또는 현상의 피안이 아니다. 초감각적 세계의 본질은 고요한 사물의 내면, 고요한 법칙의 왕국이 아니라 오히려 변화하는 운동의 세계이다.[10]

---

10) 이처럼 사물의 내면을 현상의 피안이 아닌 현상과의 연관하에서 현상화의 핵으로 간주함으로써, 헤겔은 칸트가 소극적 의미의 누메논(가지계)에 대해 우리가 아무것도 알 수 없다는 불가지론을 주장한 것을 비판한다. 칸트에서처럼 초감각계가 현상 피안의 어떤 것, 사물 자체, "사물의 내면"으로서 정립되면, 거기에는 "공허"만이 남겨질 뿐이며, 따라서 아무것도 인식될 것이 없게 된다. 따라서 그것에 대한 인식이 우리에게 없는 것은 오히려 당연한 것이 된다. 그런데 그러한 내면세계에 대한 지식이 우리에게 별도로 있지 않음을 보고, 그것을 인간의 인식능력인 이성의 한계인 듯이 설명하는 것은 마치 깜깜한 밤이나 백야 상태에서 아무것도 볼 수 없는 것을 가지고, 그것을 보는

이전에는 내면의 바깥인 현상에만 있었던 변천과 변화가 이제 설명에 의해서 초감각적인 것 자체에까지 침투해 들어간다. 우리의 의식이 대상으로서의 내면으로부터 벗어나 반대 측면인 오성으로 이행해 가면서 오성 안에서 변화를 갖는 것이다.(120/193)

이렇게 해서 변화하는 현상계의 피안으로 생각되던 고요한 법칙의 왕국으로서의 초감각적 오성계가 오히려 그 자체 스스로 구별을 만들고 다시 그 구별을 지양하는 운동성의 세계로 밝혀진다. 최초의 초감각적 세계는 현상계 너머의 정지의 세계로 여겨졌지만, 이제 운동의 실상을 통해 드러난 제2의 초감각적 세계는 스스로 변화와 변천을 갖춘 세계로서, 최초의 초감각적 세계에 대해 전도된 세계가 된다.

지각된 세계의 직접적 모상으로서의 평온한 법칙의 왕국인 최초의 초감각적 세계는 이제 그의 대립물로 역전된다. … 제2의 초감각적 세계는 그것의 한

자가 맹인이기에 아무것도 볼 수 없다는 듯이 말하는 것처럼 사태의 정확한 이해가 아니라는 것이다.

헤겔에 따르면 우리가 현상만을 인식한다는 것은 우리의 인식의 한계를 말해 주는 것이 아니라, 우리가 대상적으로 인식하고자 하는 실재 자체가 현상이라는 실상을 보여 주는 것이다. "우리가 직접적으로 아는 사물은 우리에 대해서 뿐만이 아니라 그 자체로도 단지 현상일 뿐이다."(헤겔, 『대논리학』, 45절 부록) 그런데도 칸트가 현상 너머 물자체를 한계개념으로 떠올린 것은 인식자와 인식대상을 이원화해서 생각했기 때문이다. 이는 칸트가 사물의 내면을 현상의 피안, 불가지의 대상으로 설정했기 때문이며, 결국 자연인식에 함의된 자기인식을 깨닫지 못했기 때문이라는 것이다. 현상지가 결국은 자기라는 것을 깨닫지 못함으로써, 의식이 대상의 반성과 자신의 반성을 구분했기 때문이다. 그리고는 오성이 자신의 반성을 실체화시킨 탓이다. 그러므로 헤겔은 칸트가 그 자신의 비판철학에서 사용했던 반성이 보다 철저하게 자기 스스로를 반성했어야만 했다고 지적한다.

94

측면이 이미 최초의 초감각적 세계에 현존하였으므로 결국 최초의 초감각적 세계의 전도된 세계가 된다. 그렇게 해서 내면은 곧 현상으로서 완성된다. ··· 최초의 법칙의 왕국은 변천과 변화의 원리를 결여하고 있지만, 전도된 세계로서의 법칙의 왕국은 그것을 가지고 있다.(121/194~195)

오성의 운동성을 통해 밝혀진 바, 최초의 초감각적 세계와 제2의 초감각적 세계 간의 전도성을 헤겔은 다음과 같이 설명한다.

전도된 세계의 법칙에 따르면 첫 번째 세계에서 동일류의 것이 자기 자신과 비동일적인 것이고, 비동일적인 것이 그 자체와 비동일적이거나 아니면 〔그래서 결국〕 자신과 동일적인 것이 된다. 특정한 요소로서 보면 첫 번째 세계의 법칙에서 단 것이 전도된 즉자에서는 시고, 저기에서 검은 것이 여기에서는 회다.(122/195)

이처럼 전도된 세계는 이전의 동일성이 비동일성으로, 비동일성이 동일성으로 바뀌고, 신맛이 단맛이 되고 검은 색이 흰색이 되며, 북극이 남극이 되고 수소전극이 산소전극이 되는 세계이다. 범죄자에게 상해를 입히는 형벌이 오히려 그의 본질을 보존함으로써 그에게 영광을 주는 사면으로 해석되는 세계가 바로 전도된 세계이다.

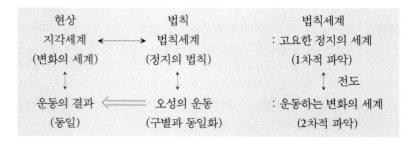

이렇게 해서 전도된 세계에서는 내면과 외면, 정지와 운동이 더 이상 이원화되지 않고 하나로 통합된다.

> 두 개의 현실성으로서 내면과 외면의 대립, 현상과 초감각적인 것의 대립은 이제 더 이상 존립하지 않는다.(123/196~197)

전도된 세계를 통해 헤겔이 말하고자 한 것은 무엇인가? 그것은 이질적인 두 사물 간에 존재한다고 여겨지는 대립과 구별이 실제로는 각각의 사물 자체의 내적 차이라는 것이다. 표면상의 외적 구별과 대립은 실제로 내적인 구별에 근거한다.

> 초감각적 세계의 한 측면의 본질을 이루는 전도의 표상을 통해서 이제 감각적 표상은 차이를 존립하는 상이한 요소들 안에 확립하려는 것으로부터 멀어져야 한다. 그리고 내적 차이로서의 차이의 절대적 개념, 동질적인 것의 자기 자신으로부터의 반발, 그리고 비동일적인 것으로서의 비동일적인 것의 동일함이 순수하게 기술되고 파악되어야 한다.(124/198)

대립항은 그 자신 바깥에 있는 것이 아니라 그 자신 안에 함께 하는 대립항이다. 외적 차이와 대립은 본질적으로 내적 차이인 것이다. 이렇게 해서 오성은 자신의 대상 또는 자신의 대립을 자신 안에서 발견하며, 결국 구분된 둘은 하나로 통합된다.

> 초감각적 세계는 그 자체 전도된 세계, 즉 자기 자신의 뒤바뀐 세계이다. 그 세계는 자기 자신이며 자신의 대립과 더불어 하나의 통일성을 이룬다. 그럼으로써 세계는 내적 차이로서의 차이이며, 자기 자신과의 차이이고, 무한성

으로서의 차이이다.(124/198~199)

자신의 반대와 대립을 자신 안에 자신의 구별로서 포함하고 있는
것, 자신 안에 동일성과 비동일성, 긍정과 부정을 동시에 포괄하고
있는 것, 따라서 스스로 자신을 자기 아닌 것과 구별하되 다시 그 구별
을 지양해 나가는 것, 이러한 무한자를 우리는 '생명'으로 발견한다.

4) 무한성과 생명

무한성은 한계를 갖지 않는 것, 자기 한계 바깥에 자신의 대립물
을 갖지 않는 것, 즉 대립물을 자신 안에 지니는 것이다. 자신의 한계
를 스스로 설정하되 다시 그 한계를 스스로 넘어서는 것은 그것이 자
기 한계에 갇힌 유한한 것이 아니라 자체 내에 한계를 넘어서는 무한
성을 지님으로써만 가능하다. 한계를 설정하고 다시 그것을 넘어서
는 것은 곧 한계의 부정이며, 한계 없음인 무한이다.

두 구별되는 것이 있는데, 그들은 그 자체 즉자적이며 또 대립물로서도 즉자
적이다. 다시 말해 그들은 자기 자신의 대립물이다. 그들은 자신 안에 자신
의 타자를 지니며, 하나의 통일성을 이룬다.(125/199~200)

이처럼 구별과 대립을 자체 안에 포함하면서 스스로 구별하고 다
시 그 구별을 넘어서는 무한운동은 과연 어떻게 가능한 것인가? 이
무한운동의 정체는 과연 무엇인가? 헤겔은 이 무한운동자를 '생명',
'세계의 영혼' 또는 '만물 안의 혈기'라고 부른다.

단순한 무한성 또는 절대적 개념이 생명의 단순한 본질이고 세계의 영혼이며 또 어떤 차이에 의해서도 흐려지거나 단절되지 않은 채 두루 편재하는 보편적 피로 불리는 것이다.(125/200)

생명은 자신 안에 온갖 구별 요소를 간직하고 있기에 끊임없이 자기 아닌 것으로 변화해 가며, 그러면서도 언제나 자기동일성을 유지한다. 생명체의 양분화는 곧 자기이분화이며, 생명체가 행하는 구별은 곧 자기 자신과의 관계인 내적 구별일 뿐이다.

4. 의식에서 자기의식으로

그런데 오성은 무한성을 자신의 활동으로 자각하지 못한다. 오성은 동일자가 자기 자신을 대립으로 구별하는 행위와 비동일자가 다시 그 대립을 지양하는 행위를 두 개의 세계 또는 두 개의 실체적 요소로 분할하는 것이다.

스스로 구분을 설정하고 다시 그것을 지양하는 운동성을 의식 자신의 운동성으로 자각하는 의식은 더 이상 오성의 의식이 아니고 그 다음 단계의 의식이다. 그것은 자신이 설정한 구별과 대립이 바로 자기 자신의 내적 구별이고 대립이라는 것, 자신의 대상이 바로 자기 자신이라는 것을 자각한 의식, 즉 대상 안에서 자기 자신을 발견하며 그것을 바로 자기 자신으로 자각하는 의식인 '자기의식'이다.

무한성의 운동이 바로 그런 것으로서 마침내 의식의 대상이 될 때, 의식은 '자기의식'이 된다.(126/202)

무한성의 개념이 의식에게 대상이 됨으로써, 의식은 차이의 의식이면서 동시에 직접적으로 차이의 지양의 의식이기도 하다. 의식은 그 자체 대자적이다. 의식은 차이나지 않는 것의 차이 또는 자기의식이다. 나는 나를 나 자신으로부터 구분하며, 그럼으로써 그 구별된 것이 구별되는 것이 아니라는 것을 직접적으로 의식하게 된다.(128/203)

자기의 구별인 자기 대상 안에서 다시 자기를 발견하는 의식, 따라서 모든 구별이 내적 구별이며 사실은 구별이 아니라는 것을 알게된 의식이 바로 자기의식이다. 스스로 구별하고 그 구별을 지양하면서 "자체 내로 복귀하는 가운데 자신의 타자 속에서 자기 자신을 의식하는"(128/204) 의식이다.

이처럼 오성은 오성 자신의 자기운동성, 즉 스스로를 구별하고 다시 그 구별을 지양하는 자기활동성의 실상을 자각함으로써, 대상의식에서 벗어나 그 다음 단계의 의식인 자기의식으로 나아가게 된다. 자기를 분열시켰다가 분열된 타자에서 자기를 반성함으로써 다시 자기에게로 복귀하는 것, 이것이 자기의식의 근본적 특징이다.

02

자기의식

자기의식은

실천적 자기의식으로서의 욕구에서

주인과 노예의 의식을 거쳐

금욕주의와

회의주의의 의식

그리고

다시 불행한 의식으로

나아간다.

　　대상의식에서 인식되는 대상이 그렇게 대상을 인식하는 의식 자신의 활동성을 떠나 있는 것이 아니라는 것을 자각함으로써, 대상의식은 이제 자기의식이 된다. 자기의식은 실천적 자기의식으로서의 욕구에서 주인과 노예의 의식을 거쳐 금욕주의와 회의주의의 의식 그리고 다시 불행한 의식으로 나아간다.

1. 욕구의 의식

　　1) 단순한 동어반복적 동일성에 머무르는 이론적 자기의식과 달리 실천적 자기의식으로서의 욕구는 대상을 부정함으로써 자기 자신에게로 복귀하려는 의식이다. 자신에로 복귀하기 위해 대상을 부정하고 지양하면서 자신의 자립성을 확인하려는 의식이 바로 욕구이다. 2) 그러나 대상을 부정하는 과정 및 그 결과에서 욕구의 의식이 확인하게 되는 것은 자신의 자립성이 아니라 오히려 자신의 대상의존성이며 자신이 끊임없이 새로운 욕구대상을 따라 생의 원환성으로 말려들고 있다는 사실이다. 따라서 욕구는 진정한 자기의식의 만족에 이르지 못한다. 3) 욕구의 실패를 자각한 자기의식은 더 이상 욕구의 의식이 아니다. 참된 자기의식은 완전히 부정되고 지양될 수 있는 욕구대상을 통해서가 아니라 자신과 마찬가지의 또 다른 자기의식을 통해서만 가능하다는 것을 자각하게 된다.

2. 주인과 노예의 의식

　　1) 참된 자기의식에 이르기 위해 자기의식이 요구하는 것은 다른 자기의식으로부터의 인정이다. 자신을 생의 원환성으로부터 자유로운 자립적 존재로 인정받는 것이다. 자신의 자립성을 인정받기 위해 두 자기의식은 생사를 건 투쟁을 하며, 그 중 목숨을 내놓고 투쟁하는

자는 살아남을 경우 주인이 되고, 반대로 죽음을 겁내 패배하여도 목숨만은 유지하고자 하는 자는 살아남아 노예가 된다. 주인은 자신의 자립성을 지키며 자기의식으로 인정받고, 노예는 자립성을 상실하여 자신은 인정받지 못한 채 주인을 인정할 뿐이다. 2) 그러나 주인과 노예는 자립성에 있어 그 관계가 역전된다. 주인이 비자립적 노예로부터 받는 일방적인 인정 자체가 무의미할 뿐 아니라, 주인의 사물에의 향락은 오직 노예의 노동에 의존한 것이기에 오히려 노예보다 더 의존적 존재가 될 뿐이다. 노예는 죽음의 공포 때문에 노예가 되긴 하였지만, 바로 그 죽음의 공포가 스스로의 절대적 부정성, 즉 순수한 대자적 존재로서의 자기의식을 유지하게 해 주며 삶의 무상성을 자각하게 해 준다. 나아가 노예가 행하는 저지된 욕구로서의 노동은 자연을 변형하는 활동으로서, 자신의 대자성을 즉자적 현실로 옮겨 놓는 의미를 갖는다. 3) 그러나 노예의식의 의미를 자각한 의식은 더 이상 노예의 의식이 아니다. 실제 노예는 단지 타성화된 노동을 행할 뿐이어서 부정성의 자각이나 노동의 의미에 대한 자각이 없다. 죽음의 공포와 노동을 통해 절대적 부정성, 자립성과 자유를 자신의 본질로 자각한 의식은 주종의 대립을 자신의 의식 안에서 화해시킨 새로운 자기의식이다.

3-1. 금욕주의의 의식

1) 노예의식의 본질을 자각한 의식, 즉 사물의 형식과 사유일반의 형식이 동일하다는 것을 자각한 의식은 금욕주의적 의식이다. 이는 주인적 자기의식의 자유를 자신의 본질로 삼는 의식이다. 2) 그러나 금욕주의의 자유는 단지 사유 안에 머무르는 추상적 자유, 의식 안에서 선취된 자유일 뿐, 구체적으로 실현된 자유가 아니다. 자신의 사유

속 자유에만 머무르는 금욕주의의 의식은 권태에 빠질 만큼 현실성과 구체성을 갖추지 못한 것이다. 3) 금욕주의의 추상적 자유의 한계를 자각하며, 그 자유를 구체적으로 실행하려는 의식은 더 이상 금욕주의의 의식에 머무르지 않고 회의주의의 의식으로 나아가게 된다.

3-2. 회의주의의 의식

1) 금욕주의적 자유의 추상성을 자각하면서 그 자유를 구체적 현실세계에서 실현하고자 노예적 노동을 실행하는 의식이 회의주의의 의식이다. 이는 세계와 의식 간의 동일성을 확인하기 위해 세계에 형식을 부여하면서 세계를 의식의 형식대로 무화시키는 노동의 작업을 수행한다. 2) 그러나 세계를 부정하기 위해 세계를 형상화하는 노동은 그 자체 자기모순적이다. 회의주의의 노동은 타자를 소멸시킴으로써 자신의 자유의 확실성을 확인하는 과정이고, 결국 부정되어 사라질 것을 향한 노동이며, 이는 곧 스스로 부정하기 위해 부정될 생의 방식을 취하는 것과 다를 바 없다. 생의 다양성과 분주함을 부정하고 벗어나기 위해 거기 휘말려드는 셈이다. 이처럼 회의주의의 의식은 자유와 비자유, 본질과 비본질, 순수의식과 경험적 의식 사이를 오가는 자기모순적 의식이다. 3) 이 모순을 자각한 의식은 더 이상 회의주의의 의식이 아니라 불행한 의식이다.

3-3. 불행한 의식

1) 개체적인 경험적 의식의 다양성과 보편적인 순수의식의 단일성 사이에서 그 양극단을 오가는 불행을 자신의 실상으로 자각한 의식이 불행한 의식이다. 불행한 의식은 ① 보편자(본질)와 특수자(비본질)를 대립으로 느끼다가, ② 그리스도의 육화를 통해 보편자와 특수자가

화해되는 것을 느끼지만, 그것이 역사적 우연성을 벗어나지 못함을 의식한다. ③ 다음 단계에서 불행한 의식은 보편성을 개체의 내면에서 느낌으로 느끼며 동경하기도 하고, 내적 본질로 느끼며 감사하기도 한다. 궁극적으로는 개체가 체념이나 소외를 통해 자신을 부정하고 자신을 비움으로써 자신 안에서 보편을 실현하여 보편과 개체성의 화해를 시도한다. 2) 불행한 의식은 끊임없이 자기부정을 통해 보편으로 나아간다. 그리하여 자신의 본질을 불변자 자신의 보편의지로 자각하며, 결국 '나 즉 우리'로 나아가고자 한다. 3) 그러나 실제로 불행한 의식이 극복되고 개별의지와 보편의지, 특수와 보편이 하나로 합일되기 위해서는 모든 실재성이 정신과 다름 아니라는 것이 자각되어야 한다. 자신이 모든 실재성임을 자각한 의식은 더 이상 불행한 의식이 아니라 이성이다. 이렇게 해서 불행한 의식은 그 다음 단계인 이성으로 이행해 간다.

욕구의 자기의식

1. 의식과 자기의식의 관계

1) 의식에서 자기의식으로 나아감

감각적 확신에서는 사념(思念)된 개별존재자가, 지각에서는 속성을 수반하는 구체적 사물이, 오성에서는 사물내면의 힘의 법칙성이 각각 의식의 대상 내지 의식의 타자로 등장한다. 의식은 그처럼 의식 자신과 구분되는 것으로 여겨지는 대상 자체의 출현과 더불어 의식으로 성립하지만, 각 의식 단계에서 대상의 의식과 대상 자체의 구분, 인식과 대상의 불일치로 인해 의식은 다시 그 다음 단계의 의식으로 나아가게 된다.

이처럼 의식을 성립시키고 다시 그 의식을 지양하게 만드는 대상 자체와 대상의 의식의 구분은 실제로 의식 자체의 무한한 활동성, 생 또는 영혼의 운동의 표현이다. 즉 의식에 나타나는 현상의 모든 분별 및 분별의 극복은 스스로 자신을 분화하고 구분하며 다시 그것을 넘어서는 영혼 내지 생의 활동성의 산물인 것이다. 의식의 마지막 단계인 오성적 대상의식에 이르면, 의식은 대상과 대상의식으로 스스로

를 분화하는 활동적 생 자체를 개념으로 포착하여 자신의 의식대상
으로 삼지만, 그럼에도 불구하고 그 활동성을 자기 자신으로 자각하
지 못한 채 법칙으로 대상화하여 인식할 뿐이다.

　의식의 대상으로 등장하는 생의 활동성이 바로 자기 자신의 활동
성임을 자각한 의식은 더 이상 대상의식인 오성이 아니라 대상을 자
기 자신으로 의식하는 자기의식이다. 자기의식은 일체 대상의식의
근저에서 작용하고 있는 의식 자신의 활동성을 자기 자신으로 자각
하는 의식이다. 대상이 자기 자신임을 자각함으로써, 자기의식에 있
어서는 대상과 대상의 의식과의 구분이 지양된다. 의식이 만든 구별
을 의식 스스로 지양하면서 의식은 자기의식이 된다.

> 의식은 구별하기는 하지만, 그러나 의식 자신에 대해 구별되지 않는 것을 구
> 별한다.(133/209)

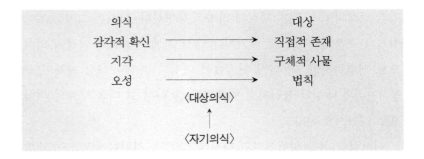

　대상과 의식의 구분이 지양됨으로써 지금까지 의식 바깥의 대상
으로 간주되던 것들이 이제 모두 의식 자신의 계기들로 보존된다. 대
상의식에서 의식 바깥의 실재로 간주되던 대상들이 자기의식의 단계
에 오면 자기의식의 계기로서 자기의식 안에 포섭되는 것이다.

자기 자신에 대한 앎인 이 앎의 새로운 형태[자기의식]를 타자에 대한 앎인 이전 단계의 앎의 형태[의식]와 비교해 보면, 타자는 사라졌지만 그러나 타자의 계기들은 여전히 보존되고 있다. 손실되는 것은 단지 그것들이 즉자적으로 현존한다는 생각뿐이다. 사념[감각]에서의 존재나 지각에서의 개체성과 그에 대립된 보편성 그리고 오성에서의 공허한 내면 등은 더 이상 본질이 아니라 오직 자기의식의 계기들일 뿐이다. 그것들은 의식 자체에 대해 무의미한 것 또는 아무 차이도 아닌 것으로서 순수하게 사라져 버릴 차이나 추상일 뿐이다. 결국 의식에 대해서는 단순하게 자립적 존립이라는 생각만이 손실되는 것처럼 보인다.(134/210~211)

2) 자기의식의 두 양상

자기의식은 대상의식의 기저에 이미 존재하는 것이지만, 그것이 의식으로 활성화되고 자각되기 위해서는 대상의식으로부터 자기 자신에로 복귀하는 의식활동이 요구된다. 따라서 자기의식은 반성적 운동의 의식으로 존재한다.

> 자기의식은 감각적 세계 존재와 지각된 세계 존재로부터의 반성이며 본질적으로 타자로부터의 복귀이다.(134/211)

이러한 반성적 복귀운동으로서의 자기의식은 그 복귀의 방식에 따라 두 가지 서로 다른 양상을 띠게 된다. 자신으로부터 대상을 구별하였다가 다시 자기에게로 복귀하는 과정에서 대상에 아무 작용도 가하지 않고 복귀하는 '이론적 자기의식'과 대상에 작용을 가하고 복귀하는 '실천적 자기의식'이 그것이다. 이론적 자기의식의 동일성은 복귀과정에서 대상에 아무 변화도 일으키지 않고 그대로 자신에게 복귀하여 얻어진 동일성이기에 단순한 동어반복적 동일성일 뿐이다.

〔자기의식은〕 '나는 나다' 라는 아무 운동 없는 동어반복일 뿐이다.(134/211)

반면 실천적 자기의식에서는 의식이 자신으로 복귀하기 위해 대상을 부정하는 행위가 행해지며, 따라서 그렇게 얻어진 동일성은 단순한 동어반복적 동일성에 머무르지 않는다. 대상을 부정함으로써 자기 자신으로 복귀하고자 하는 실천적 자기의식을 '욕구'라고 한다.

> 자기의식의 두 양상
> ① 이론적 자기의식: 대상의 구별과 구별의 지양: 동어반복적 동일성
> ② 실천적 자기의식: 구별의 지양에서 대상을 부정함 = 욕구

2. 욕구의 분석

1) 욕구의 의식

세계와 의식, 현상과 진리의 대립을 자기의식의 통일성 속에서 지양하고자 하는 욕구(Begierde)의 자기의식은 의식에 등장하는 두 개의 대상 간의 관계에서 성립한다.

현상과 진리의 대립은 진리를, 즉 자기의식의 자기 자신과의 통일성을 본질로 삼는다. 이 통일성은 자기의식에 대해 본질적이며, 따라서 자기의식은 곧

욕구이다. 의식은 자기의식으로서 두 가지 대상이며. 하나는 감각적 확실성과 지각의 대상인 직접적 대상이며 이것은 자기의식에 대해 부정의 특징으로 제시된다. 다른 하나는 자기 자신이며 이것은 처음에는 앞의 대상의 대립으로 나타나지만 그 자체가 참된 본질이다.(135/211~212)

욕구의 자기의식에 나타나는 두 개의 대상은 감각 내지 지각의 대상과 자기 자신인데, 이 둘은 서로 대립적 관계로 등장한다. 자기의식은 이 둘 간의 대립 안에서 대상을 부정함으로써 자기의식의 통일성으로 복귀하고자 하는 의식이다.

자기의식은 그 안에서 대립이 지양되고 자기 자신과의 동일성이 확립되어 가는 그런 운동으로 제시된다.(135/212)

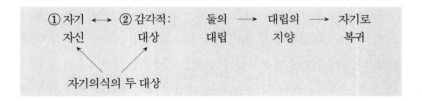

자기의식 안에 대립으로 등장하는 두 대상인 자기 자신과 감각적 대상은 둘 다 자기복귀성을 지닌 "생명"(135/212)이다. 대상이 자기 부정성을 포함하는 생명인 한에서만 그것이 의식에 의해 부정될 수 있고 그 구별이 지양될 수 있기 때문이다. 다만 자기의식은 자신의 통일성과 생명성을 자각한 의식인데 반해, 감각적 대상인 생명은 그 통일성과 생명성에 대한 자각이 결여되어 있다는 차이가 있을 뿐이다.

통일성은 자기 자신과의 반발이며, 이 개념은 자기의식과 생명의 대립으로 이원화된다. 이 중 자기의식은 무한한 통일성을 차이로 의식하는 통일성인데 반해, 생명은 단지 무한한 통일성 자체일 뿐 그것을 대자적으로 의식하지는 못한다.(135/213)

욕구로서의 자기의식은 자신의 자각성에 기반해서 자신의 통일성을 유지하면서 대상을 부정하고 지양하여 참된 자기의식에 도달하고자 한다. 이처럼 대상을 부정하고 자기복귀된 자기의식에 있어서는 앞서의 대상의식에서와 같은 주와 객, 인식과 대상의 이원성이 지양된다. 의식이 세계를 일단 자기와 구별되는 대상으로 간주하지만 그 구별이 결국 의식 자신의 구별이기에, 다시 대상의 존립성을 부정함으로써 그 구별을 무화시키는 것이다. 욕구란 이처럼 자기복귀를 위해 대상의 자립성을 무화시키는 활동이다.

내가 무엇을 욕구하게 되면, 그 욕구대상이 되는 것은 결국 나 자신에 의해 그 대상성이 부정된다. 그것은 항구적 대상이 아니라 나에 의해 나와의 구별이 부정되는 현상으로 간주되는 것이다. 예를 들어 내가 빵을 욕구한다는 것은 곧 빵의 대상성 내지 빵의 존립성을 부정하겠다는 의지이다. 나는 그것을 먹고자 한다. 그것은 내게 먹힘으로써 내 앞에서 자신의 대상성을 잃게 되고, 그것과 대면해 있던 나는 결국 다시 나 자신으로 되돌아온다. 욕구가 욕구대상에 대해 가하는 행위는 결국 그 욕구대상의 부정이다.

여기서 욕구의 대상은 욕구의 목적과 구분된다. 예를 들어 배고픔으로부터 빵을 먹고자 하는 욕구인 식욕이 생겼다고 할 때, 빵은 욕구의 대상이지만 욕구의 목적은 아니다. 욕구가 궁극적으로 지향하는 것은 배부름이다. 욕구대상은 그 목적에 이르기 위한 수단일 뿐이

다. 그런데 배부름은 배고픔의 소멸이므로, 욕구의 목적은 곧 그 욕
구의 사라짐이라고 볼 수 있다. 이렇게 보면 욕구는 욕구의 끝을 지
향하는 것이다. 이 과정에서 욕구의 대상은 욕구를 충족시키기 위해,
욕구를 끝내기 위해 지양되고 부정된다. 나는 배부름에 이르기 위해,
배고픔을 끝내기 위해 빵을 먹어 치운다. 즉 빵을 부정한다. 나는 욕
구를 갖고 대상을 향하지만, 그 대상을 보존하고 긍정하기 위해서가
아니라 그 대상을 부정하고 없애기 위해서 그럴 뿐이다.

　이처럼 욕구의 자기의식에 있어 대상은 지양되고 부정되어야 할
현상으로 간주된다. 욕구의 실현에서 자기의식은 욕구대상을 부정하
므로, 욕구의 주체인 나는 그냥 '나는 나다' 라는 동어반복에 머무는
것이 아니라 대상세계인 비아와 투쟁하여 비아를 자아화하는 실천적
자아이다.[1]

2) 욕구의 대상

　자기의식의 단계에서 욕구의 대상으로 의식된 대상은 오성에서
밝혀진 것처럼 자체 내로의 복귀성을 가진 대상, 즉 스스로 활동하여
자기 구분과 자기 지양을 거듭하는 생명적인 것, 살아 있는 것이다.

　자기의식에 대해 부정적인 것으로 등장하는 대상은 우리〔반성자〕에 대해서
든 또는 그 자체로서든 의식과 마찬가지로 자체 내로 복귀한 것이다. 그것은

---

[1]　이런 의미에서 욕구의 자기의식은 피히테의 제1원리로부터가 아니라 제3원리로부
터 출발하는 것이며, 이 점에서 이 자기의식은 절대자아의 자기의식이 아니라 실천적
자기의식이다.

이러한 자체로의 복귀[반성]를 통해 생명이 된다.(135/212)

직접적인 욕구의 대상은 생명있는 것이다.(135/212)

이처럼 욕구의 대상은 더 이상 우리의 사념이 생각하듯 고정적인 사물 내지 자립적 존재가 아니라, 자기의식에 의해 지양되어야 할 것으로서 자체 내에 스스로 자기부정성을 지닌 존재, 즉 자기부정성인 죽음을 담고 있는 존재이다. 그것은 죽을 수 있는 존재인 생명적인 것, 즉 생명체이다. 욕구는 그러한 생명적인 것인 욕구대상을 부정하고 지양함으로써 자기 자신에로 복귀하여 참된 자기의식에 이르고자 한다.

그렇다면 욕구의 의식이나 욕구대상이 갖고 있는 자기복귀적 운동성, 생명의 운동성은 과연 어떤 것인가? 여기서 생명이 의미하는 바는 무엇인가?

3. 생명의 분석

1) 생명의 원환운동

헤겔은 생명의 본질을 스스로 구별을 만들고 다시 구별을 지양하는 무한한 순환운동으로 설명한다.

생명의 본질은 모든 차이의 지양으로서의 무한성이며, 끊임없이 순환하는 순수한 운동성이다.(136/213)

생명이 이루어 가는 무한의 순환운동은 끊임없는 개체화과정과 다시 그 개체성을 해체시켜 보편적 흐름으로 유동화하는 그런 원환운동을 뜻한다. 이 원환운동 안에서 욕구자나 욕구대상은 둘 다 생명을 가진 '개체적 생'으로서 등장하지만, 그 개체성은 결국 그것을 하나의 구분이나 계기 또는 하나의 항이나 형태로서 지양하면서 포괄하는 '보편적 생'의 한 단면일 뿐이다. 개별 생명체는 생명의 보편적 유동성, 절대적 순수 운동성, 무한성 안에 등장하는 서로 구분되는 계기들일 뿐이다. 이런 유동적 보편성을 희생하고 소모하면서 자립적 형태화로서 산출된 개별자는 생으로서의 타자를 지양하여 자기통일성을 찾으려고 하지만(보편성의 부정), 그 자체 개별적 계기로서 그 다음의 개체화에 의해 다시 지양된다. 즉 하나의 개체적 생의 자기 구분에 의해 산출된 개별적 생의 개체성과 자립성은 다시 지양되고, 그를 포괄하는 보편적 생 속에 융해되어 버린다(개별성의 부정). 그리고 그 보편성 또한 구별되는 개체적 생의 끊임없는 자기생성과 소멸의 과정, 즉 생의 과정일 뿐이다. 보편적 생으로부터 분화되고 개체화되어 성립한 개별적 생이 다시금 보편적 생으로 융해되어 사라지는 과정이 바로 생의 원환성을 형성한다.

개체	← 개체화	보편
(자기보존본능 = 생존본능)		(종족보존본능 = 성본능)
개별적 생	→ 회귀 / 유동화	보편적 생

〈생의 원환성〉

이러한 원환과정을 헤겔은 단일한 매체로서의 생명체를 성립시키

114

는 구별화작용과 다시 그 구별을 부정하고 개체적 경계를 유동화하는 생명의 운동으로 설명한다.

> 차이들은 단순하고 보편적인 매체에 있어서도 차이로서 존재한다. 왜냐하면 보편적 유동성은 차이를 지양하는 한에서만 자신의 부정적 본성을 유지하기 때문이다.(136/213)

단일한 생명체로의 개별화는 곧 "자립적 형태로의 분열"(136/214)이며, 개별화의 해체와 소멸은 곧 분열의 극복이며 통일화과정이 된다. 구별과 분열을 통해 개별적인 자립적 생명체가 생성되지만, 이 구별과 분열은 보편적인 생명의 힘에 의해 다시 부정되고 유동화되며 해체된다.

개별적 자립적 형태	← 분열 / 구별화 → 통일 / 유동화	보편적 생명의 힘

2) 유(類)로서의 생명과 자기의식

전체로서의 생명은 생명의 원환구조 안에서 구별과 구별의 지양을 통해 각 단계마다 도달되는 단계적 통일성과 달리 그 원환구조 전체를 통해 실현되는 전체적 통일성 안에서 찾아진다. 생명 자체 또는 전체로서의 생명은 단계마다의 요소들의 취합을 넘어선 전체적인 보편적 통일이다.

〔생명은〕 자신을 전개하면서 또 자신의 전개를 해체하면서 그 운동 안에서
자신을 단순하게 유지해 나가는 전체이다.(138/216)

원환구조 안에서 도달되는 각 단계마다의 요소들의 총합이 아니
라, 근원적 단일성에서 출발해서 원환구조 전체를 거쳐 다시 그 근원
으로 복귀하여 하나로 통일되는 그 과정 전체가 곧 하나의 보편적 생
이다. 그리고 여기에서 성립하는 보편적 통일성이 바로 "유로서의 생
명"(138/217)이다.

최초의 직접적인 통일성에서 나와서 형태화와 과정의 계기들을 거쳐 다시
그 두 계기의 통일성으로 따라서 최초의 단순한 실체로 복귀한 그 복귀된 통
일성은 최초의 통일성과는 다른 통일성이다. 최초의 직접적 통일성 또는 존
재로서 언급되는 통일성과 달리 두 번째 통일성은 보편적 통일성으로서 모
든 계기들을 자신 안에 지양된 것으로서 간직한 통일성이다. 이 보편적 통일
성이 곧 유(類)이다.(138/216~217)

그렇다면 유로서의 생명은 어디에 어떤 방식으로 존재하는가? 그
스스로 생명이면서 그것에 대해서만 생명이 유로서 존재할 수 있는
것, 그것은 바로 유로서의 생명을 자각하는 자기의식일 뿐이다. 유로
서의 생명은 생명을 생명으로 자각할 수 있는 자각적 생명, 즉 자기
의식에 대해서만 존재한다.

자기의식만이 그것에 대해 유가 유로서 존재하고 또 그 자체 유를 자각할 수
있는 그런 생명이다. 이 자기의식은 단지 그런 단순한 본질로서만 존재하며
순수 자아로서의 자신을 대상으로 삼는다.(138/217)

생명을 자각하는 자기의식이 곧 단일한 자아이며 유로서의 보편적 존재이다. 이 자기의식이 자신 앞에 등장하는 다른 대상을 자립적 존재로 인정하지 않고 부정하고 무화하려는 것이 곧 욕구이다.

> 단순한 자아는 유 또는 단순한 보편자이며, 그것이 형태화된 자립적 계기들의 부정적 본질인 한, 그것에 대해 차이는 아무 차이도 아니게 된다. 이로써 자기의식은 오직 그에게 자립적인 생으로 나타나는 타자를 지양함으로써만 자신을 확신하게 된다. 이 자기의식이 곧 욕구이다.(139/217)

형태를 지닌 즉자존재로 등장하는 타자적 대상을 부정하고 지양함으로써 대자적 자기존재를 확인하려고 하는 욕구의 활동은 그러나 실패하고 만다. 즉 참된 자기존재의 확신, 참된 자기의식에 도달하지 못한다. 왜 자기의식은 욕구활동을 통해 참된 자기의식에 이르지 못하는가?

4. 욕구의 실패와 진정한 자기의식

1) 욕구의 실패: 의식의 대상의존성

욕구로서의 자기의식은 자기반성의 출발점이 되는 대상에 의존하는 의식이다. 즉 욕구는 욕구대상을 통해서 비로소 구체적인 욕구로 작동하게 되며, 욕구의 전 과정에 걸쳐 그 욕구를 이끌어 가는 것은 욕구자의 의식이 아니라 오히려 욕구의 대상이다. 내가 빵을 먹고자 욕구하는 동안 그리고 또 빵을 먹는 동안 내가 확인하는 것은 빵의 존립이지 나의 존립이 아닌 것이다. 결국 욕구를 통해 내가 확인하게 되는 것은 욕구대상의 자립성이며, 욕구하는 의식의 대상의존성일 뿐이다. 이는 욕구과정에서뿐 아니라 욕구충족의 순간에도 마찬가지 이다.

> 욕구의 충족 속에서 자기의식은 오히려 자신의 대상의 자립성을 경험하게 된다.(139/217)

욕구충족의 순간 욕구는 욕구대상을 부정함으로써 자기의식에 도 달하고자 하지만, 그 순간 욕구대상이 무화됨으로써 욕구의 의식도 함께 사라지게 된다. 즉 개체적 욕구대상의 지양 내지 무화의 순간, 한마디로 욕구충족의 순간은 그것이 곧 최대의 자기의식을 산출해야 함에도 불구하고 실제로는 그 반대가 귀결될 뿐이다. 대상이 부정되 는 순간이 곧 욕구가 충족되는 순간이고, 욕구가 충족되는 순간은 곧 욕구가 끝나는 순간이므로 더 이상 욕구로서의 자기의식이 존재하지 않게 되기 때문이다. 대상의 지양에 의해 대상으로부터의 복귀로서 의 자기의식이 가능해야 하지만, 실제로는 오히려 자기의식 자체가 상실되고 마는 것이다. 그러므로 욕구는 한 욕구대상의 지양을 통해 만족되려는 순간 자기의식에 이르는 것이 아니라, 오히려 그 대상의 소멸과 더불어 곧 다른 욕구대상에로 옮겨 감으로써만 욕구로서의 자신을 유지하게 된다.

욕구의 충족 속에서 자기의식은 오히려 자신의 대상의 자립성을 경험하게 된다. 욕구와 그 충족에서 얻어지는 자기확실성은 대상에 의해 제약된 것이 다. 왜냐하면 그 확실성은 타자의 지양을 통해서만 성립하며, 지양이 있기 위해서는 타자가 존재해야 하기 때문이다. 그러므로 자기의식은 그의 부정적 관계를 통해서도 대상을 아주 지양할 수가 없으며, 욕구와 마찬가지로 욕구의 대상을 다시 생산해 낸다.(139/217-218)

이처럼 욕구는 욕구대상의 부정을 통해 진정한 자기의식에 이르는 것이 아니라 오히려 욕구대상과 순환관계 속으로 말려들어 감으로써, 의도했던 바의 "자기의식의 독립성과 자유"를 되찾는 것이 아니라 오히려 대상에 자신을 상실해 버리고 만다. 즉 욕구충족의 순간 욕구대상이 무화되는 순간, 욕구 자체가 없어진다. 따라서 욕구로서만 자기를 확인하려는 자기의식은 곧 다른 욕구대상으로 향하게 된다. 이처럼 대상을 욕구하고 그 욕구대상을 부정함으로써 욕구충족하고, 다시 또 다른 대상을 욕구하고 또 충족하고, 또 다시 다른 대상을 욕구하면서 끊임없이 그 과정을 반복하는 것이 바로 생의 원환성이다.

욕구가 이러한 생의 원환운동 속에 빠져 있는 한, 욕구를 통한 진정한 자기의식의 성취는 이루어지지 않는다. 욕구대상과 마찬가지로 욕구자 또한 생의 원환 속의 하나의 계기로서 그 다음 과정에서 부정되기 때문이다. 생의 원환성에 말려들어 간 채, 욕구의 의식은 한 대상에서 그 다음 대상으로 이행해 갈 뿐이다. 빵을 먹고 난 후, 나는 곧 다른 것을 욕구함으로써만 욕구의 자기의식을 유지하게 된다. 우리 욕구의 끝없음은 바로 이 때문이다.[2]

---

2) 현대철학은 욕구에 대해 그 욕구를 충족시켜 줄 것으로서 특정 대상을 선택하는 것을 '은유'로 해석하고, 한 대상에서 다시 그 다음의 대상으로 나아가는 것은 '환유'로 해석한다. 은유와 환유로서 우리의 욕구는 끊임없이 반복되는 구조를 갖고 있다.

2) 진정한 자기의식의 길

욕구가 실패하게 되는 것은 욕구가 욕구대상을 완전하게 지양함으로써 욕구 자체의 가능근거를 말살하기 때문이다. 대상이 완전 지양되면 자기의식은 곧 다른 대상을 욕구하게 되어, 결국 욕구의식 자체가 욕구대상과 마찬가지로 생의 원환성 안에 빠져 들게 되며, 참된 자기의식에 이르지 못하는 것이다.

그러므로 진정한 자기의식에 이르기 위해서는 대상이 의식에 의해 완전하게 지양되는 것이 아니라, 대상 자체가 자신 안에 자기부정성을 담지하고 있어 의식에 의한 부정을 거쳐서도 대상 자체가 완전하게 소멸하지 않고 자기 존재를 유지할 수 있는 그런 존재이어야만 한다.

> 대상의 자립성 때문에 대상 자체가 자신에 대한 부정을 스스로 수행할 경우에만 자기의식은 만족에 이를 수 있다. 대상은 자기 자신의 부정을 스스로 수행해야만 한다. 왜냐하면 대상은 그 자체 부정적인 것이며 대타적으로만 어떤 것이기 때문이다.(139/218)

이렇게 스스로 부정을 수행하면서도 자기 자립성을 유지하는 존재는 헤겔에 따르면 바로 자기의식이다. 스스로 생명이 지닌 자기부정성을 갖고 있되, 그 자기부정성에 의해 완전 소멸되지 않고 자기를 유지할 수 있는 것, 그것은 그 자체 생의 순환과정을 넘어서 있는 것이어야 한다. 자기복귀적 운동성을 지닌 생명이되, 스스로 그 생명의 자기복귀적 운동성, 생명의 원환운동 자체를 자각하는 자기의식이어야 하는 것이다.

그 부정이 절대적 부정이 되는 보편적인 자립적 존재는 유(類)로서의 유 또
는 자기의식으로서의 유이다.(139/218)

따라서 진정한 자기만족에 이를 수 있기 위해서 자기의식은 또 다
른 자기의식, 즉 개체적 생명의 한계를 넘어서서 유로서의 생명을 자
각할 수 있는 그런 자기의식을 대상으로 삼지 않을 수 없다.

자기의식은 오직 또 다른 자기의식 안에서만 자기만족에 이른다.(139/218)

참된 의미의 자기의식의 자기만족인 자기동일성의 의식은 그 반
성의 계기가 될 대상이 의식 상관자로서 존재하여서, 비록 내가 그것
을 부정하고 지양함으로써 나의 만족에 이르러도 그 대상이 그것으
로 인해 완전히 소멸되어 무로 바뀌지 않고 그렇게 부정된 채로 남아
있는 존재자이어야 한다. 그러기 위해서 대상 자체가 스스로에 대한
부정을 수행해야 하며 동시에 부정성 속에서도 자립성을 유지하며
존립해야 한다. 이처럼 자기부정성 속에서도 자립성을 유지하며 존
립할 수 있는 존재가 곧 개별 생명체의 한계를 넘어서서 유로서의 생
을 자각하는 자기의식이다.

그러한 자기의식의 대상은 자신의 부정성 속에서도 여전히 자립적이다. 따
라서 그것은 스스로를 유로서 자각하며, 자신의 구별화된 특징 안에서도 보
편적 유동성을 자각한다. 그것은 생명적인 자기의식이다.(140/219)

참된 자기의식은 개별 생명체에 대한 욕구가 아니라, 그 생명체가
속해 있는 생의 원환성 전체에 대한 의식이다. 즉 단순한 욕망의 의

식인 개체적이고 즉자적인 생의 의식이 아니라, 스스로 유로서의 생을 의식하는 대자적 자기의식이다. 다시 말해 형태화된 개체적 생과 유동적인 보편적 생의 원환성 안에 휘말려 있는 존재가 아니라, 그 양 계기의 구체적 통일성, 즉 반성적 통일성으로서의 생, 유로서의 생을 스스로 자각하는 의식이다. 전체 생을 자각하는 의식, 전체 생의 대자적 존재로서의 자기의식이다.

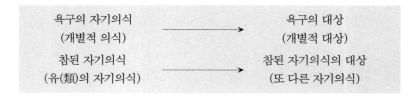

유로서의 생은 자기의식에 대해서만 유로서 존재한다. 즉 형태화된 개체적 삶을 지양하고 포괄하는 전체 생은 우리의 자기의식에 대해서만 존재하는 것이다. 이러한 자기의식은 생의 원환성의 고리 안의 한 항이 아니라, 그 전체인 유이며, 그 유의 의식이다. 이 자기의식은 개체적 생의 부정성을 함축한다. 이것은 유로서의 생의 의식이고 전체 생의 의식이며, 따라서 대자적 존재로서 개체적 생 너머의 것, 죽음의 의식이라고 할 수 있다.

이러한 참된 자기의식이 가능하기 위해서는 그 대상 역시 자기의식으로 존재하여야 한다. 대상이 유이어야 하는데, 그 유는 자기의식에 대해서만, 그리고 자기의식으로서만 존재하기 때문이다. 그러므로 참된 자기의식의 조건은 또 다른 자기의식이다. 즉 나를 전체 생의 대자적 존재인 자기의식으로 인정해 주는 또 다른 자기의식이다. 결국 나는 다른 자기의식을 통해서만 참된 자기의식에 이를 수 있다.

그러므로 참된 의미의 자기의식은 다른 자기의식과 더불어 있는
자기의식이다. 이것이 곧 자기의 타재성 내에서의 자기와의 동일성
의 의식이며, 한마디로 "나 즉 우리, 우리 즉 나"(140/ 220)의 정신을
의미한다. 서로가 서로를 생의 대자적 존재인 자기의식으로 인정해
주는 것이다. 이처럼 내가 자기의식이 되기 위해 필요한 것이 바로
'타인의 인정'이다.

자기의식의 자립성과 비자립성: 주인과 노예

1. 인정의 논리

참된 자기의식에 이르기 위해 요구되는 것은 자기의식과 마찬가지의 또 다른 자기의식이다.

자기의식은 그것이 또 다른 자기의식에 대해 즉자대자적인 경우에만 즉자대자적이 된다.(141/220)

의식이 사물과 마주하게 되면, 의식은 그 사물을 의식하는 대상의식이 된다. 반면 의식이 다른 자기의식을 만나게 되면, 그 다른 의식에 의해 대상화됨으로써 스스로를 대자적 의식이 아닌 즉자적 사물로 느끼게 된다. 그러나 그 다른 자기의식이 나를 대상적 사물이 아닌 대자적 자기의식으로 인정해 주면, 그 때 비로소 나는 나 자신을 자기의식으로 의식하게 된다. 다른 자기의식의 인정을 통해 나의 의식이 비로소 자기의식으로 자각되고 확인되는 것이다.

자기의식은 오직 인정된 것으로서만 존재할 뿐이다.(141/220)

그런데 나를 자기의식으로 인정해 주는 또 다른 자기의식은 어떤 존재이어야 하는가? 그 또 다른 자기의식이 단지 나를 인정해 줄 뿐, 그 자신은 나에 의해 자기의식으로 인정받지 못한다면, 그것은 나의 자기의식에 대해 사물과 마찬가지일 뿐이며, 따라서 그로부터 받는 인정이 아무 의미도 갖지 못하게 된다. 그러므로 그의 인정이 진정한 인정이고, 그 인정을 통한 나의 자기의식이 진정한 자기의식일 수 있으려면, 나 또한 그를 자기의식으로 인정하고 있어야 한다. 그 다른 자기의식이 나의 인정에 의해 진정한 자기의식으로 존재하는 것이 아닌 한, 그의 인정은 진정한 인정이 아니며, 따라서 나의 자기의식 또한 진정한 자기의식이 아니게 되는 것이다. 결국 나의 자기의식은 다른 자기의식의 인정을 통해 진정한 자기의식에 이르고, 그 다른 자기의식은 나의 인정을 통해 진정한 자기의식에 이른다. 이처럼 두 자기의식 간에는 동등한 이중적 관계가 성립한다.

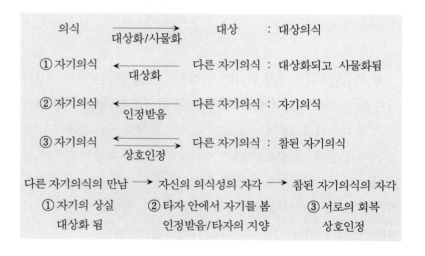

① 자기의식에 대해 어떤 다른 자기의식이 등장하게 되면, 자기의

식은 그 다른 의식에 의해 대상화됨으로써 대자성을 상실하게 된다. 즉 자기 자신을 상실한다. 자신 안에 타자가 들어와, 자신을 타자로서 발견하는 셈이다. ② 그러나 타자의 인정을 통해 나는 다시 나의 의식성을 자각하게 된다. 결국 타자 안에서 자기 자신을 보게 되며, 그렇게 해서 타자를 지양하게 된다. ③ 그러나 나 또한 그 타자를 인정함으로써 상호인정에 이르면, 두 자기의식은 동시에 진정한 자기의식이 된다.

이와 같은 자기 자신으로의 복귀는 이중의 의미를 갖게 된다. 하나는 스스로 자신의 자기의식의 동일성을 확보하는 것이며, 다른 하나는 타자를 자기의식으로 되돌려 놓고, 타자를 자유롭게 하는 것이다. 따라서 이러한 행위는 나의 행위이며 동시에 타자의 행위이다. 즉 상호적인 이중적 운동이다.

> 한쪽만의 행위는 쓸모가 없다. 왜냐하면 발생해야 하는 것은 오직 양쪽에 의해서만 일어날 수 있기 때문이다.(142/222)

이처럼 각 의식은 상대에 의해 매개됨으로써 자기의식이 된다. 즉 상대를 인정하고 동시에 인정받음으로써 공동적 중심의 일반적 진리로 고양되는 것이다. 이처럼 서로를 대자적인 자기의식으로 인정해주는 상호인정이 이루어지면, 행복한 상태가 된다. 이러한 중심에서의 결합을 가능하게 하는 상호인정의 원리는 곧 사랑이다.

나1 ←————(중심)————→ 나2

〈중심의 확보를 통해 서로를 인정〉

2. 주종관계의 성립

현실적으로 개체들 간의 관계는 평등한 상호인정이기보다 불평등한 관계이기 쉽다. 개체적 자기의식이 진정한 사랑보다는 욕구의 방식으로 타자를 대하기 때문이다. 다만 욕구가 사물이 아닌 타인에 대한 욕구라는 점에서 물리적 내지 생리적 욕구가 아닌 '사회적 욕구'라고 할 수 있을 것이다. 이런 경우에는 서로가 서로를 매개된 것으로서 서로의 본질을 우리로서의 중심에 정립하지 않고, 오히려 서로 자신을 둘 간의 관계의 본질로 정립하면서 타자를 인정하지 않은 채 자기만 다른 자기의식에 의해 인정받고자 할 뿐이다. 이로써 인정싸움이 벌어지게 된다.

개체적 자기의식은 대자적 존재로서 인정받고 싶어 한다. 대자적 존재란 어떤 존재인가? 순수 대자존재인 자기의식으로 되기 위해서는 대상적이고 즉자적인 직접적 존재성을 벗어나야 한다. 즉자적 사물성뿐 아니라, 개체존재와 보편존재, 개별 생명체와 유(類)사이의 순환 속에 매여 있는 즉자적 존재성으로부터도 자유로워야 한다. 더 이상 존재와 생에 매이지 않은 상태, 소위 즉자적 존재성인 생의 원환성으로부터 자유로운 상태에 이르러야 하는 것이다. 이러한 자기의식의 활동을 "절대적 추상"(143/220)이라고 한다. 순수한 대자적 존재가 되기 위해서는 존재와 생의 매임으로부터 스스로를 자유로운 존재로 추상해 낼 수 있어야 한다.

자기의식의 순수 추상으로서의 서술은 그의 대상적 방식의 순수 부정으로서 자신을 제시하는 것 또는 어떤 특정한 현존에도 매이지 않고, 현존 일반의 보편적 개체성에도 매이지 않고, 생명에도 매이지 않는 것으로서 자신을 제

시하는 것으로 나타난다.(144/225)

즉자적 존재성으로부터의 순수 추상은 두 가지 방식으로 표현된다. 하나는 나를 즉자적 존재로 사물화하려는 타인의 존재를 부정하는 것이며, 다른 하나는 나의 자유를 위해 나의 모든 것, 나의 생명까지를 내거는 것이다. 이는 결국 절대적 추상을 위해서는 나를 사물화하려는 타인을 죽여서라도 나의 대자성을 지키는 것이며, 그러기 위해 나의 생명을 내걸고 타인과 투쟁하는 것이다. 이렇게 해서 나는 생으로부터 자유로운 대자존재, 즉 대자적 자기의식으로 인정받기 위해, 타인과 생명을 내건 투쟁관계에 들어서게 된다.

> 두 자기의식의 관계는 그들이 서로 생과 사의 투쟁을 통해 자기 자신을 지키려는 것으로 규정된다.(144/225~226)

이처럼 생사를 걸고 인정을 받으려고 하는 것은 그 과정에서만 나의 순수 추상이 실행되며, 나의 자기의식의 대자적 존재성이 진리로 확인되기 때문이다.

> 그들은 이런 투쟁을 할 수밖에 없다. 왜냐하면 그들이 그들 자신의 대자존재로서의 확실성을 타자에 대해 그리고 그들 자신에 대해 진리로 고양시켜야 하기 때문이다. 오직 생의 내검을 통해서만 자유가 확증될 수 있고, 생의 내검을 통해서만 존재나 존재가 드러나는 직접적 방식 또는 생의 확장에로의 매몰됨이 자기의식에 대해 본질이 아니라는 것, 오히려 자기의식에 대해 사라지지 않는 계기란 존재하지 않는다는 것, 자기의식은 오직 순수 대자존재라는 것이 확증된다.(144/226)

나는 내가 생에 매이지 않고 일체를 부정할 수 있는 순수 부정성 내지 순수 자유로서 존재한다는 것을 보이기 위해 나의 생명까지도 기꺼이 버릴 수 있다. 생명을 내거는 것은 나의 본질인 자유를 지키기 위함이며, 타자로부터의 인정을 쟁취하기 위함이다.

그러나 인정싸움의 과정에서 둘 중 어느 하나가 실제로 죽음에 이르러 버리면 인정은 발생할 수가 없다. 인정받기 위해서는 인정하는 자가 살아남아야 하기 때문이다.

> 생이 의식의 자연적 긍정이고 절대적 부정성 없는 자립성이듯이, 죽음은 의식의 자연적 부정이며 자립성 없는 부정성이다.(145/226)

인정싸움에서는 한쪽이 죽으면 안 된다. 둘 간의 관계에서 한쪽 극이 사라지면 중심도 무너지고, "추상적 부정성" 밖에 남지 않게 되므로, 결국 남아 있는 다른 하나마저도 순수 자기의식에 이를 수 없게 되기 때문이다. 그러므로 인정싸움에서 패한 쪽은 그 자유가 지양될지라도 상대를 인정하는 존재로서 살아남아야 한다.

> 의식은 지양된 것을 유지하고 보존하여야 하며, 따라서 지양된 것으로서도 살아남아야 한다.(145/227)

이처럼 양쪽 모두의 생은 자기의식에 이르기 위한 절대적 매개로서 필수적인 것이다. 결국 생사를 건 투쟁은 실제 어느 한편도 죽지 않고 둘 다 살아남으면서, 그 중 한 명은 인정받는 자로, 다른 한 명은 인정하는 자로서 끝나게 된다. 한 명은 상대로부터 자유로운 대자존재로서 인정받게 되지만, 다른 한 명은 상대를 인정할 뿐 자신은 인정받지 못한 채 자유를 상실하고 살아가게 된다.

〔생을 건 투쟁을 통해서〕순수 자기의식과 그렇지 않은 의식이 정립되는데,
후자는 순수하게 대자적이 아니고 오히려 대타적이다. 즉 즉자적인 의식 또
는 사물 형태의 의식이다. … 이 둘은 서로 다르고 대립되어 있으며, 그들의
반성이 아직 통일성에 이르지 못했기에 의식의 두 대립된 형태로 존재한다.
하나는 대자적 존재를 본질로 삼는 자립적인 의식이고, 다른 하나는 생과 대
타적 존재가 본질이 되는 비자립적 의식이다. 전자가 주인이고, 후자가 노예
이다.(145~146/227~228)

생명을 내검이 타자로부터 인정을 쟁취하기 위한 것, 나의 자유를
지키기 위한 것인 만큼, 그렇게 자기의식이고자 하는 자는 생사를 건
투쟁을 회피하지 않고 거기에 기꺼이 자신을 내맡겨서 결국 살아 있
는 한 존재와 생을 넘어선 자유로운 자기의식으로 존재하거나 그것
이 불가능한 경우 죽고 말아야 한다. 이것이 바로 생사를 건 싸움에
서 승리하여 지배자가 되는 주인의 의식이다. 반면 죽음을 겁내서 패
배 속에서라도 생명만은 유지하기를 원하는 자는 결국 패자로 남아
더 이상 자신의 본질을 자유로서 주장하지 못하고 타자인 주인을 위
한 생을 보내야 한다. 이것이 바로 투쟁에서 패하고도 살아남은 노예
의 의식이다. 주인은 스스로를 자립적이고 자유로운 존재라고 생각
하고 또 다른 자기의식에 의해서도 그렇게 인정받는데 반해, 노예는
주인으로부터 자유로운 자기의식으로 인정받지 못하고 그의 존재 역
시 생에 얽매인 부자유한 것이 된다.

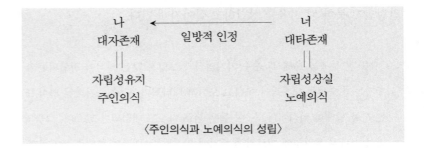

〈주인의식과 노예의식의 성립〉

3. 주종관계의 전도

1) 주인 편에서의 전도

인정싸움에서 승리한 주인은 사물을 매개로 하여 노예와 힘의 관계를 맺게 된다. 순수 추상을 행한 주인은 자립적 존재인 사물에 대해 자유롭게 그 자립성을 부정하며 지배할 수 있다. 그러나 노예는 사물존재를 부정하거나 지배할 수 없으며, 오히려 그것에 의해 지배받게 된다. 주인과의 투쟁에서 끝까지 살아남고자 한 노예는 자신을 생의 조건으로부터 추상화시킬 수 없었으므로, 결국 노예는 그 생의 조건으로부터, 자신을 둘러싼 사물존재로부터 자유롭지 못한 채 살아가게 된다. 그렇게 해서 사물존재는 노예를 부자유하게 얽어매는 사슬이나 굴레로 작용하게 된다. 결국 주인은 사물을 부정하지만, 노예는 사물을 부정할 수가 없다.

주인은 자립적 존재[사물]를 매개로 하여 노예와 관계한다. 노예는 투쟁에서 자신이 추상할 수 없었던 굴레인 사물에 속박되어 있다. … 반면 주인은 사물존재에 대한 지배력을 가진다. 왜냐하면 그는 투쟁에서 사물존재란 그에게 오직 부정적인 것에 지나지 않는다는 것을 입증했기 때문이다. 그가 사물에 대한 지배력을 갖고, 사물존재는 타자[노예]에 대한 지배력을 가짐으로써, 주인은 결국 그 연결에 따라 타자[노예]를 그의 지배하에 두게 된다. (146/228)

주인 ───── (사물) ─────▶ 노예

〈주인이 사물을 매개로 노예를 지배〉

나아가 주인은 노예를 매개로 하여 사물과 관계를 맺는다. 생의 굴레를 벗어난 주인은 살기 위한 노동을 더 이상 자신이 하지 않아도 되며, 그 노동을 노예에게 떠맡긴다. 주인은 살기 위해, 생명을 유지하기 위해 노동하는 것으로부터 자유롭다. 그는 먹기 위해 입기 위해 집을 갖기 위해 노동하지 않아도 된다. 그만큼 그는 삶의 조건으로부터 자유롭다. 그런데 주인이 살기 위해 노동하지 않아도 되는 것은 노예가 그를 위해 노동하기 때문이다. 노예는 사물을 전적으로 부정할 수가 없다. 즉 사물을 무화할 수가 없고 단지 그것을 변경시키는 가공을 행할 뿐이다. 이것이 노예의 노동이다. 노예는 사물의 독립성을 무력화하여, 즉 가공하여 주인에게 바친다. 예를 들어 밀을 빵으로 가공하고, 곰을 가죽옷으로 가공하고, 숲의 나무를 집으로 만들어 주인에게 바친다. 그러면 주인은 이 가공된 대상을 손쉽게 부정하면서, 즉 그것들을 먹고 입고 사용하면서 노동의 고통 없이 사물의 지양에서 오는 향락만을 누릴 뿐이다.

사물은 노예에 대해 자립적이므로, 노예는 부정을 통해 사물을 아예 무화시키는 데까지 이를 수는 없다. 그는 사물을 단지 가공할 뿐이다. 반면 이러한 매개를 통해서 주인에게는 사물의 순수한 부정으로서의 직접적 관계, 즉 향유가 가능해진다.(146/228~229)

주인 ———— (노예) ———→ 사물

〈주인이 노예를 매개로 사물을 향유〉

그런데 이러한 주인도 진정한 자기의식의 만족에 이른다고 볼 수가 없다. 두 자기의식 간의 인정투쟁이 상호인정이 아니고 일방적인 인정으로 끝나버리고 만다면, 어느 자기의식도 진정한 자기의식의 만족에 이른다고 볼 수 없기 때문이다. 한편이 패배하여 다른 자기의식으로부터 자기의식으로 인정받지 못한다면, 그는 그 관계에 있어 자기의식으로 존재하는 것이 아니다. 노예는 주인에 대해 다른 자기의식이 아니라, 단지 주인을 위해 노동하는 일개 사물일 뿐이다. 따라서 그렇게 사물화된 노예의 인정은 더 이상 하나의 자기의식이 진정한 자기의식으로 성립하기 위해 필요로 하는 인정의 역할을 하지 못한다. 자신의 대자성을 확인해 주고 인정해 주는 것이 또 다른 자기의식이 아니라면, 그의 인정은 진정한 인정이 아닌 것이다. 결국 일방적인 인정이란 진정한 인정이 아니며, 따라서 노예와의 관계에서는 주인의 대자성도 붕괴되고 만다.

〔주종관계가 실패하게 되는 것은〕 본래적인 상호인정에 이르기 위해서는 주인이 타자에 대해 행하는 것을 자기 자신에 대해서도 행해야 하고, 노예가

자기 자신에 대해 행하는 것을 타자에 대해서도 행해야 하는 그런 계기가 빠져 있기 때문이다. 그럼으로써 그 관계가 일방적이고 불평등한 인정에 그치고 만다.(147/229~230)

나아가 주인의 향락가능성 내지 생의 가능성은 전적으로 노예의 노동에 의존한 것이다. 주인은 자신의 자립성을 인정받고 싶어 하지만 그러나 주인으로서의 그의 존재는 실제로 자립적인 것이 아니라 오히려 노예의 노동에 의존하고 노예에 매개됨으로써만 생을 유지할 수 있는 비자립적인 것이다. 그러므로 자립적 의식의 진리는 오히려 노예의 의식 편으로 바뀌게 된다. 이와 같이 주인 편에서 이미 주종관계의 전도가 발생한다.

2) 노예 편에서의 전도

전도는 주인 편에서뿐 아니라 노예 편에서도 일어나는데, 노예 편에서 전도를 이끌어 오는 계기는 '죽음의 공포'와 '노동'이다. 헤겔의 분석에 따르면 이 둘은 애당초 노예를 노예이게 한 것이면서 또 동시에 바로 노예를 노예상태로부터 벗어나게 하는 것이기도 하다.

인정투쟁에서 패하여 노예가 된 자는 정확히 무엇의 노예 또는 누구의 노예인가? 외적으로는 그는 그의 주인을 위해 사는 노예이지만 실제로 그를 지배하는 주인은 그의 주인이 아니라 그가 투쟁과정에서 체험했던 죽음의 공포이다. 바로 죽음의 공포가 세상 모든 것의 가치를 뒤흔들어 놓고, 그로 하여금 그 모든 것을 포기하고 단지 그 자신의 생명만을 선택하도록 한 것이다. 즉 노예는 죽음의 공포를 통해 모든 존재하는 것들의 가치가 그 앞에서 무로 화하는 초탈, 모든 존립하는 것들의 절대적 유동화 내지 융해를 의식하면서 생의 무상성을 경험한 것이다.

> 죽음의 공포 속에서 [노예의] 의식은 내적으로 해체되고 철저하게 전율하면서 그 안의 모든 확고한 것이 동요하게 된다. 모든 존립하는 것의 절대적 유동화인 이 순수한 보편적 운동이 바로 자기의식의 단순한 본질인 절대적 부정성이며, 노예의 의식에 나타나는 순수한 대자존재이다.(148/231)

이 죽음의 공포가 바로 절대적 부정성이며, 순수한 대자적 존재로서의 자기의식의 본질이다. 다시 말해 노예는 비록 자기 본질을 스스로를 자각하는 대자적 존재로 깨달아 알지는 못하지만, 그럼에도 불구하고 그 본질을 자기의 의식 안에 갖고 있다. 주인의 이상인 절대적 부정성 내지 순수 대자적 존재가 사실은 노예의 의식 안에 있는 것이다. 노예는 자신의 존재가 단지 '보존된 죽음'에 불과하다는 것, 부정성이고 시간성이며 유한성이라는 것, 존재 가운데 있는 무라는 것을 인지하게 되며, 그럼으로써 서서히 대자존재가 되어 의식의 자유를 획득하게 된다.

나아가 노예는 강요된 노동을 수행해 나감으로써 실제적으로 사물에의 의존성을 지양하기에 이른다. 주인의 사물에 대한 향락은 그 대상의 소멸과 함께 향락도 소멸해 버리고 마는 순간적인 것이다. 그러므로 주인의식은 결국 이전의 욕구단계로 되돌아가 버리고 만다. 반면 노예의 노동은 사물의 직접적 부정이 아니라 사물에 대한 "저지된 욕구, 억제당한 소멸"(149/232)이며 사물의 가공이고 변형일 뿐이다. 사물존재를 보존하면서 그 형태를 변경하여 형상화하는 형성 행위인 것이다. 이처럼 노예는 노동과 더불어 자신을 형성하고 세계

를 형성한다. 그러므로 노예는 자신의 노동의 산물인 사물의 형상에
서 다시 자기 자신을 발견하게 된다. 즉 노예의 활동성이 사물 속에
남겨져 즉자존재의 형태로 드러나게 된다.

> 노동은 저지된 욕구이고 억제된 소멸이며, 사물을 형성할 뿐이다. … 따라서
> 노동하는 의식은 자립적 존재를 자기 자신의 것으로 직관하기에 이른다.
> (149/232)

이와 같이 노예의 노동은 대상 자체의 대상성의 형식을 지양하고
그 타존재성을 붕괴시킨다. 노동의 활동 속에서 노예의 의식은 자기
자신을 타자 안에 정립하여 형상화함으로써 결국 즉자대자적 존재의
의식에 도달하게 된다. 사물은 노예의 노동을 통해 새롭게 산출되며,
따라서 노예는 더 이상 사물에 종속되지 않고, 나아가 사물을 매개로
노예를 지배하던 주인에게도 더 이상 종속되지 않게 된다.

또한 노예는 가공의 노동을 하기 위해 자연필연성을 깨우쳐야만
한다. 그리고 그 원리에 따르는 노동을 통해 자연사물을 변경시키고
자연을 자신의 이념에 따라 형태부여하게 된다. 이것이 바로 인간 노
동이 갖는 자유의 측면이다. 이처럼 노동의 본질은 정신이 그 자체
내에 머물러 있지 않고 자연으로 자기외화하여 자신을 대상화하는
데에 있다. 노동을 통해 정신이 자연이 되며, 대자존재가 즉자존재의
형식으로 전개된다. 이런 의미에서 노동은 자기소외이기도 하다. 그
런데 정신은 노동을 통해 외화된 그 자연 안에서 다시 자기 자신을
발견한다. 그래서 주체의 대상화(소외)와 더불어 대상의 주체화(되
돌아옴)가 동시에 발생하게 된다.

이처럼 스스로 대자적 존재인 자기의식 내지 자유를 즉자적 존재

인 대상 내지 자연으로 나타나게 하는 것, 자기외화하고 자기 전개하는 것이 인간 생의 운명이다. 본질적이고 비가시적인 마음속의 의도는 가시적이고 우연적이고 비본질적인 행위로서 표현되어야만 한다. 이념이 현실화되어야 하는 것이다. 바로 이런 작업을 하는 자는 순수하게 추상적 자유에 머물러 있는 주인이 아니라, 구체적 노동을 통해 자기외화하는 노예이다.

이와 같이 노예를 노예로 전락시켰던 두 가지 요소인 죽음의 공포와 노동은 다시금 노예를 생의 구속으로부터 벗어나 자립적이고 자유로운 상태로 이끌어 가는 원동력이 된다. 그 둘 중에서 가장 중요한 것은 철저한 죽음의 공포의 체험, 즉 삶의 무상성의 체험, 존재 일반의 부정성의 체험이다. 그것이 없이 행해지는 노동은 대상적 존재 일반에 대한 보편적 형성이 아니라, 단지 제한된 존재자들에만 형태를 부여하는 기술(技術)에 그치기 때문이다. 그렇게 노동하는 의식은 아직도 존재 전체를 초탈하지 못한 아집(我執)일 뿐, 참다운 의미의 노동을 수행하는 자유로운 의식이 아니다. 모든 존재하는 것들이 유동화되는 죽음의 공포를 통해서만 아집을 벗어나 참다운 자유에 이르게 된다.

4. 주종의 자기의식에서 금욕주의로

참된 정신에 이르는 길은 노동을 배척하는 주인의식을 통해서가 아니라 지속적으로 죽음의 공포를 지닌 채 노동하며 살아가는 노예를 통해서 달성된다. 그렇지만 실제 노예의식은 자기 한계를 가진다. 노예의식이 갖는 첫 번째 한계는 대개 노예의 노동은 철저한 죽음의 공포 없이 타성화된 노동이고 아집의 노동이라는 것이다. 노예의 노동은 존재자 전체에 대한 보편적 형성 내지 절대적 개념의 차원으로까지 이르지 못하고 단순히 개별 존재자에 대해서만 작업하는 기술로 그치고 만다. 또 다른 한계는 노예는 죽음의 공포를 경험하고 자연을 변형하는 노동을 행함으로써 자기의식의 본질을 갖고 있기는 하지만, 그것을 자기 자신의 본질로 자각하지는 못한다는 것이다.

참된 정신으로 나아가기 위해서는 본래 주인의 이상으로서 설정된 대자적 존재의 본질인 자유를 자기 자신의 본질로 자각하여 주종의 관계를 극복해 나가는 노예의식의 해방이 요구된다. 그러나 주인적 자유를 자신의 본질로 자각한 노예의 의식은 더 이상 노예의식이 아니라 주종의 대립을 자신의 의식 안에서 화해시킨 새로운 자기의식이다. 그 첫 번째 단계가 바로 금욕주의의 의식이다.

III
자기의식의 자유:
금욕주의, 회의주의 그리고 불행한 의식

1. 금욕주의

1) 금욕주의의 생성

주인의 자기의식은 "자아의 순수 추상을 그의 본질로 삼음으로써"
(151/234) 구체적 현실을 떠나 추상적 단순성과 추상적 동일성에만
머무를 뿐이다. 그러므로 스스로를 대상화하지도 않고, 따라서 자기
외화와 구별을 통한 자기동일성의 확립 내지 자기실현을 이루지도
못한다.

반면 노예는 형상화하는 노동을 통해 사물의 형상으로 자기 자신
을 대상화하고 또 다시 그 대상화된 객체 안에서 자기 자신을 발견함
으로써 자기동일성을 유지하면서 자기를 실현해 나간다. 그러나 노
예 자신에게는 그 자신의 본질인 대자적 계기가 자신의 본질로서 자
각되지 않는다. 왜냐하면 노예에게는 노동이 자율적인 자기실현의
노동으로 의식되는 것이 아니라, 주인이 시킨 노동 또는 사역당한 노
동으로만 의식되기 때문이다. 그러므로 노예의식에는 사물형식의 즉
자적 계기와 노동하는 자기의식의 대자적 계기가 서로 분리되어 나

타난다. 다시 말해 존재와 사유, 즉자와 대자가 서로 분리되어 나타나며, 따라서 노예는 자신을 형성의 주체로, 진정한 대자존재로 자각하지 못한다.

그러나 노예의식을 반성하는 우리, 즉 자연에 형식을 부여하는 노예의 노동의 본질을 자각한 우리에게는 이제 사물의 형식인 존재구조와 대자적 존재인 사유구조가 분리되지 않은 하나로 자각된다.

> 노동을 통해 형식을 부여받은 즉자존재 내지 사물성의 측면은 이제 더 이상 의식 이외의 다른 실체가 아니다. (151/235)

이처럼 즉자적 존재구조와 대자적 사유구조의 일치를 깨달은 반성자의 의식은 더 이상 노예의 의식이 아니라, 자기 자신의 자각을 통해 노예의식으로부터 풀려난 해방된 의식이다. 이렇게 사유와 존재의 동일성의 자각을 통해 존재의 속박으로부터 해방된 자기의식을 헤겔은 "금욕주의"의 자기의식이라고 부른다. 금욕주의는 자신을 자유로운 사유활동으로 자각하는 의식이며, 그러한 의식의 사유활동을 모든 여타 가치의 근본으로 삼는 의식이다.

> 자기의식의 자유는 그것이 의식화한 현상으로 정신의 역사 속에 등장함으로써 알려진 바대로 '금욕주의'라고 불린다. 의식은 사유하는 것이며, 어떤 것이 의식에 대해 본질성을 갖거나 의식에 대해 참이거나 선일 수 있는 것은 오직 의식이 사유하는 것으로서 그것과 관계함으로써만 그러하다는 것이 바로 금욕주의의 원리이다. (152/236)

금욕주의의 의식에게는 존재일반의 형식과 사유일반의 형식이 일치한다. 따라서 금욕주의의 의식은 스스로 대상과 의식, 즉자존재와 대자존재의 통일 속에서 사유하며, 자신의 규정성을 자체 내에 지니고 타자에 의해 제약받지 않음으로써 '자유로운 의식'으로 남는다.

여기서 자유로운 자기의식의 활동성은 곧 형식부여의 사유인데, 이 사유 속에 주어지는 것은 의식과 다른 존재로서 표상되는 개별 존재자가 아니라, 바로 사유 자체를 구성하는 '개념'이다. 개념은 의식과 구분되는 즉자존재성을 띠면서도 동시에 그 내용이 의식과 구분되지 않는 의식 자체의 규정이며 내용이다. 이처럼 금욕주의의 자기의식은 자신과 개념과의 직접적 통일성을 의식하며, 그렇게 함으로써 개별적인 감각적 사물이 아닌 일반적인 개념과만 관계하게 된다. 따라서 이 자기의식은 순수 자아의 차원에 머무르면서 감각화와 개별화 내지 구체화를 거부한다. 그러므로 생생한 개별자의 세계가 단지 일반적인 사유의 체계로서만 파악될 뿐이다.

즉자존재와 대자존재, 세계와 의식의 동일성을 사유 속에서 선취한 금욕주의의 핵심은 무엇인가? 즉자를 대자화하는 노동의 본질을 깨달은 의식, 보편적인 형식부여를 통해 사유와 존재의 동일성을 깨달은 의식, 이러한 금욕주의의 의식은 결국 인간 역사의 끝, 인류의 노동을 통해 완성될 동일성을 개념적으로 미리 선취한 의식이다. 이는 곧 삶으로써 많은 것을 이루어도 삶의 끝인 죽음은 다시 삶의 시작과 맞닿아 있다는 것, 모든 노동이 결국은 자기동일성으로 회귀한다는 것을 깨달은 의식이다. 그래서 결국 하늘 아래 새로운 것은 없다는 것, 헛되고 헛되나니 모든 것이 헛되다는 것, 해서 얻을 것도 없고 하지 않아서 잃을 것도 없다는 것을 미리 아는 의식이다. 블록을 쌓아 일을 해도 그것은 결국 다시 부서지고, 다음 세대는 다시 또 블록을 쌓고 부수고, 그렇게 반복할 뿐이라는 것을 아는 것이다. 그러

한 노동의 본질을 깨달음으로써 노동의 강압으로부터 자유로운 의식
이다.

금욕주의: 의식(형식의 부여)과 세계(부여된 형식)의 동일성을 개념적으로 선취함
            || ||
        대자존재   즉자존재
          || ||
         인식   존재

이 자유로운 자기의식은 선행했던 모든 구별 내지 관계의 계기를
사유 속에서 자신의 사유의 내용으로서 부정하는데, 그 유일한 목적
은 자기 자신과의 동일성의 확인일 뿐이다. 여기에서 자기의식은 모
든 구체적 활동성을 부질없는 것으로 부정하고 예상된 또는 선취된
형식에서의 자유, 즉 사유에서의 자유에만 안착한다.

사유 속에서 나는 자유롭다.(152/235)

2) 금욕주의적 자유

금욕주의적 자기의식이 통찰하는 것은 의식은 사유하는 본질이고
그 외의 다른 것은 오직 그 의식을 위해서만 본질성을 지닐 수 있다
는 것이다. 의식은 사유함으로써만 자유로우며, 이때의 자유는 내가
나 자신 안에 머물러 있기에 가능한 자유이다.

사유 속에서 나는 자유롭다. 왜냐하면 나는 타자 안에 있지 않고 단적으로
나 자신에 머무르며, 나에게 본질이 되는 대상이 나의 대자존재와 불가분의

통일 속에 있기 때문이다. 개념 안에서의 나의 운동은 나 자신 안의 운동이다.(152/235~236)

이처럼 금욕주의적 자기의식은 다양한 생의 활동성에서의 구분을 사유 자체의 구분 또는 사고된 구분으로서만 의식하며, 따라서 세계와 자아의 선취된 동일성에 머무른다. 아우렐리우스 같은 주인이든 에피데투스 같은 노예이든 모두 개체적 의존성에서 해방된 채 선취된 자기동일성 안에서 금욕주의적 자유를 누린다.

> 금욕주의의 자유는 언제나 직접적으로 개체성으로부터 벗어나 사유의 순수한 보편성으로 되돌아가는 자유이다.(153/237)

금욕주의자의 자유는 차이와 구별성 또는 운동성으로 특징지어지는 개체성에서 풀려나서 사유의 보편성과 동일성에 머무르는 자유이다. 그러므로 이 자유는 개체적 사물에 매여 있는 노예의 자유인 아집과는 구분되는 자유이다.

3) 금욕주의의 한계

그러나 금욕주의자의 자유는 생동적 자유가 아닌 단지 자유의 개념일 뿐이다. 금욕주의자의 자유의식이 생의 규정성들을 단순히 사유 안에서 지양하였기에, 그 자유는 순수한 사유로만 머무를 뿐이며 생의 충족성을 결여하고 있다. 이런 자유는 자유의 개념일 뿐이지 생동적 자유 자체가 아니다.

사유 속의 자유는 단지 순수사유만을 진리로 가질 뿐 어떠한 생의 충족도 지니지 못한다. 따라서 그것은 단지 자유의 개념일 뿐 생동하는 자유 자체가 아니다.(153/238)

금욕주의의 태도는 생으로부터 사유에로의 물러남, 내용으로부터 형식에로의 복귀일 뿐이다. 금욕주의적 자기의식은 생의 다양한 규정성으로부터 자신을 추상하고 분리하여 자신의 사유로 복귀하며, 결국 존재하는 사물의 다양성인 내용으로부터 벗어나 형식만을 취할 뿐이다. 그러므로 생의 경험의 규정들을 떠난 사유형식으로만 남게 된다.

금욕주의:　　의식(형식의 부여)　　　　　세계(부여된 형식)
　　　　　　　　　　동일성의 선취
　　　　　　　　추상적 자유/자유의 개념
　　　　　　　　　(주인의 자유에 머무름)

따라서 금욕주의자의 자기의식이 안게 되는 심각한 문제는 그 의식이 자기의 내용적 전개와 확장을 제거한 의식이기에 결국 권태에 빠지고 만다는 것이다. 이는 반복적 쾌락이 그 끝을 의식함으로써 결국은 권태에 빠지게 되는 것과 마찬가지이다. 이것은 금욕주의의 의식이 절대적 부정성의 활동을 구체적으로 완수한 것이 아니기 때문이다.

추상적 자유로서만 사유하는 [금욕주의의] 의식은 타자존재에 대한 불완전한 부정일 뿐이다. 현존으로부터 오직 자기 안으로만 되돌아가는 이 의식은

자신을 절대적 부정성으로 완성한 것이 아니다.(154/239)

자신의 추상적 자유의 한계를 자각하게 되면, 의식은 더 이상 그러한 추상적 자유의 개념에 머무르지 않고, 그 개념을 실현시키고 구체화하려고 노력하게 된다. 이처럼 금욕주의적 자유의 한계를 깨닫고 그 자유를 실현시키려고 시도하는 의식은 더 이상 금욕주의의 의식이 아니고, 그 다음 단계의 자기의식인 회의주의의 의식이다.

2. 회의주의

1) 회의주의의 생성

금욕주의가 생의 다양한 차별성으로부터 벗어나 자기 자신의 통일성을 단지 그 형식 안에서만 구함으로써 추상적 자유 내지 자유의 개념에만 머물러 있다면, 회의주의는 금욕주의에서 단지 개념일 뿐인 자유를 구체적 현실에서 실현시키고자 하는 의식이다. 사고에서의 자유를 현실적으로 구체화하려는 자기의식이다.

회의주의는 금욕주의에게서 단지 개념이었던 것을 현실화하는 것이다. 즉 사유의 자유가 무엇인지를 현실적으로 경험하는 것이다.(154/239)

따라서 금욕주의가 선취된 자유에 머무르며 추상적 사유의 동일성에만 안착한 주인의 이상(자유)에 해당한다면, 회의주의는 그 이상을 구체적으로 실현하고자 하는 노예의 노동에 상응한다.

146

금욕주의가 주인과 노예의 관계로 나타났던 자립적 의식의 개념에 상응하듯
이, 회의주의는 타자 존재에 대한 부정적 방향으로서 그 개념의 현실화에 상
응한다. 즉 욕구와 노동에 상응한다.(155/240)

금욕주의가 선취된 동일성의 사유에 머물러 있다면, 회의주의는
그 사유된 동일성을 실제로 확인하기 위해 현상적 차이를 부정하고
사유의 동일성으로 다시 복귀하는 활동을 수행한다. 그렇게 해서 금
욕주의의 추상적 자유를 구체적으로 실현하는 것이다. 다시 말해 금
욕주의에서 단순히 형식적 통일성으로 사고되었던 나의 통일성이 실
제적으로 타자의 부정이라는 변증법적 운동, 즉 감각과 지각과 오성
의 변증법적 운동을 거쳐 도달된 실제적 자유라는 것을 다시 한번 더
확인하는 의식이다.

        회의주의: 의식(형식의 부여)   세계(부여된 형식)
                      └────────────┘   └──────┘
                          동일성의 확인
                          차이의 부정
                       (노예의 노동에 해당)

2) 회의주의 의식의 활동

금욕주의에서는 형식과 내용(규정성)이 대립으로 남아 있다면, 회
의주의의 의식은 이 타자(내용규정성)의 비본질성과 비독립성을 철
저하게 간파하는 의식이다. 그러므로 금욕주의의 자유가 '자립적 의
식의 개념'으로서 사유된 결과의 추상이라면, 회의주의는 '자립적 의
식의 실현'으로서 다양하게 규정된 세계 존재를 무화시키는 사유의

활동성 자체이다. 금욕주의가 사유된 것으로서 사유의 결과물이라면, 회의주의는 그 결과에 이르기까지의 사유 과정이다.

회의주의 의식의 실제적 운동은 의식 자신의 자유의 확실성 속에서 다른 타자성을 사라지게끔 소멸시켜 버리는 적극적 행위이다. 즉 회의주의의 사유는 타자를 소멸시킴으로써 자기 자유의 확실성을 확인한다. 생 속에서 생의 조건인 노동을 통해 타자의 자립성과 존립성을 부정함으로써 적극적으로 자신의 자유의 확실성을 확인해가는 것이다. 그러므로 회의주의 의식은 금욕주의에서처럼 추상적 자기정립이 아니라, 타규정성의 무화를 통해 주관성의 심연에서 자기확신에 이른 의식이다. 경험과 생의 모든 규정에 침투해서 그것들을 자기의식 속에서 해체하여 그것이 무(無)임을 입증하고자 하며, 이와 같이 추상적 자기정립을 넘어서서 타자를 현실적으로 부정함으로써 확실한 자기정립 또는 자신에 대한 절대적 확신에 도달한다.

> 회의주의적 자기의식은 그 자기의식에 대해 견고하고자 하는 모든 것들의 변화 안에서 자기 자신의 자유를 자신에 의해 획득되고 유지되는 것으로서 경험한다. 그것은 자기 자신의 사유의 부동심(Ataraxie)이며 자기 자신에 대한 불변하는 참된 확실성이다.(156/242)

이와 같이 하여 감성적 확신과 지각과 오성이라는 의식의 장에서 의식활동의 기반으로서 밝혀진 자기의식이 결국은 이처럼 노동하는 자기의식, 즉 회의주의의 의식이었음이 판명된다. 회의주의의 노동이 바로 오성형식 아래 현상을 포섭시키는 노동, 사유의 동일성 아래 현실의 다양성을 무화시키는 노동이다.

3) 회의주의의 한계

회의주의적 자아는 특수한 내용에 대한 부정적 작용 속에서만 자신을 드러내는 주관성의 심연이다. 이 자아는 타자를 부정함으로써만 자기확신을 정립하는 만큼 타자에 얽매여 있다고 볼 수 있다. 다시 말해 생의 다양성의 부정이라는 회의주의의 노동은 처음부터 부정되어 사라질 것을 향한 노동이다. 생의 다양성을 부정하기 위해 그 생의 다양성으로 추락하고 거기 휩싸이는 것이다. 부정하기 위해 부정될 생의 방식을 취하는 것이다. 그러기 위해 비실재성으로 향하고 비본질에 굴하고 비진리를 진리로 여기는 우연적이고 개별적인 경험적 의식의 방식, 동물적인 생의 방식을 취하고 결국은 자유로운 자기의식을 상실한 상태로 추락하게 된다. 그러다가 이 개별적인 우연적 의식으로부터 다시 자기의식의 본질로, 즉 개별성과 구별성의 부정인 보편적 자기의식으로 복귀한다.

> [회의주의의 의식은] 그 자신 안의 자기동일성으로부터 다시 우연성과 혼란 속으로 추락한다. 왜냐하면 스스로 운동하는 부정성은 단지 개체와만 관계하며 우연적인 것과 함께 하기 때문이다. 그러므로 그 의식은 자기동일적인 자기의식의 한쪽 극과 우연적이며 혼란스럽고 혼란을 만드는 의식의 다른 한쪽 극 사이를 왔다 갔다 하는 무의식적 방황이다.(157/243)

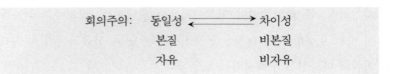

회의주의: 동일성 ←——→ 차이성
          본질   비본질
          자유   비자유

이처럼 회의주의는 생의 혼탁과 분주함에 휘말려 지내면서 다시금 그곳으로부터 빠져나와 본래적 자기의식에로 되돌아갔다가 다시 또 우연적 의식에로 돌아가는 방황하는 의식이다. 한마디로 자유와 비자유, 본질과 비본질, 순수의식과 경험적 의식 간을 오가는 자기모순적 의식이다. 생의 활동인 보고 들음을 행하되, 근본적으로는 그것이 무의미하고 비본질적이라는 것을 알기 때문에 생의 의미에 대해 회의적인 의식이다.

〔회의주의자로서의〕 그의 행위와 그의 말은 언제나 서로 모순된다.(157/243)

이러한 회의주의적 의식이 갖고 있는 내적 모순을 의식 및 생의 모순으로 스스로 자각하게 된 의식은 더 이상 회의주의의 의식이 아니라 그로부터 한 단계 나아간 불행한 의식이다.

3. 불행한 의식

금욕주의에서는 주인의 자유의식이 단지 추상적 자유로서 사고될 뿐인데 반해, 회의주의에서는 사물을 변형시키는 노예의 노동이 대상의 부정을 통해 자기 자유를 실현해 가는 의식의 활동성으로 전개된다. 그러나 그러한 회의주의적 활동에는 자기분열적이고 자기모순적인 계기가 남아 있는데, 그 모순적 계기를 자신의 계기로 자각한 의식이 바로 자기모순을 자각한 의식, 그래서 불행한 의식이다.

불행한 의식은 자기 자신을 모순적인 이중적 존재로 아는 의식이다.(158/
244)

본질과 비본질의 모순은 곧 불변자와 개별자의 모순이기도 하다.
불행한 의식은 이러한 자체 내의 모순을 화해시키고 조화시켜 나감
으로써 자신의 불행을 극복하게 되는데, 이 과정을 거쳐 자기의식은
비로소 정신이 된다. 자신의 내면에서 자체 내의 분열과 모순, 자신
의 운명적 불행을 극복한 정신이 바로 '나 즉 우리, 우리 즉 나'로 승
화된 상호인정의 정신이다. 자신 안의 모순을 극복하는 과정이 곧 불
행한 의식에서 '나 즉 우리'의 정신으로 이행해 가는 과정인 것이다.
헤겔은 이 과정을 불변자가 이해되는 세 단계로 구분하여 설명한다.

첫 번째 단계에서 불변자는 의식에 낯선 자로서 개체성을 비판하는 존재이
다. 〔두 번째 단계에서〕 그 타자가 의식이 그렇듯 개체성의 형태가 되면, 그
것은 세 번째 단계에서 정신이 되어 자기 자신을 그 안에서 기쁨으로 발견하
며, 그의 개체성이 보편자와 화해되었음을 의식하게 된다.(160/247)[3]

이와 같이 불행한 의식은 내가 곧 우리가 되고, 개체가 곧 보편이
되는 정신으로 나아가기까지 세 단계를 거치게 된다.

---

3) 이러한 의식의 세 단계는 각각 기독교에서 성부와 성자와 성령이 강조되는 단계에
상응한다. 역사적으로 연결시키면 첫 단계는 신의 육화로서의 예수로 나아가기 이전
단계인 유대교, 두 번째 단계는 성자인 예수에 입각한 중세 기독교, 세 번째 단계는 그
이후의 기독교이다.

1) 1단계: 보편자와 특수자의 대립

이 단계는 불행한 의식의 절정으로 여기에서는 본질과 비본질, 불변적인 것과 가변적인 것이 절대적 대립으로 나타난다. 물론 이 둘 다 하나의 자기의식의 두 계기라는 점에서 직접적 통일성 아래 있기는 하지만, 그럼에도 불구하고 이 단계에서 이 둘은 일단 절대적 대립으로 등장하여 고통스런 의식의 분열을 낳는다. 단일하고 불변적인 것은 본질, 즉 생을 넘어서서 존재하는 본질로 나타나고, 다양하고 가변적이며 우연적인 것은 비본질, 즉 생의 무상함이나 무가치함에 굴복한 비본질로 나타난다.

절대적 대립:	단일, 불변 ←——→	다양, 가변, 우연
	본질	비본질

의식은 양자를 포괄하며 그 둘 간의 관계로 존재하는데, 그 관계 자체는 본질과 비본질을 오가는 운동일 뿐이다. 즉 반대에 부딪쳐 정지에 이르는 것이 아니라 반대로서 항상 다시금 반대를 생성하는 모순적인 운동으로 남아 있을 뿐이다.

불행한 의식은 처음에는 단지 양자의 직접적 통일성일 뿐이며, 그 양자는 의식에 대해 같은 것이 아니고 서로 대립되는 것으로 존재한다. 그중 하나인 단순한 불변적인 것은 본질로서 존재하고, 다른 하나인 복잡하고 가변적인 것은 비본질로서 존재한다. … 그 안에서 의식은 한 대립이 자신의 대립 안에서 안정에 이르는 것이 아니라, 오히려 대립으로서의 자신을 새롭게 낳는 그런 자기모순적인 운동일 뿐이다.(159/245~246)

이렇게 해서 의식의 본질은 내 안에서 포착되지 않는다. 나의 의식의 본질은 나의 비본질성 때문에 나의 내부가 아닌 외부에 정립되며, 따라서 나는 그 본질을 나의 본질로 획득하지 못하고, 스스로를 본질을 상실한 비본질 또는 본질과 비본질 사이의 분열적 존재로만 자각하는 불행한 의식이 된다. 생의 비본질성과 모순성에 빠져 있는 이 불행한 의식은 따라서 고통의 의식이다.[4]

생명의 의식, 즉 생명의 현존이나 행위에 대한 의식은 오직 그 현존이나 행위에 대한 고통의 의식일 뿐이다. 왜냐하면 여기서 의식은 단지 자신의 대립물을 본질로 의식하며 자기 자신은 무상할 뿐이라고 의식하기 때문이다. (160/246)

2) 2단계: 보편자와 특수자의 통일

그러나 절대적 본질이 무상한 비본질인 나와 단절되어 있다는 고통의 의식 한 가운데에 하나의 새로운 의식이 등장한다. 즉 이 둘의 관계가 절대적 단절이 아니며 불변자가 개별자에 의해 접촉되고 개별자 안에 현재화되어 있다는 의식이 생겨나는 것이다. 이로써 본질

---

4) 헤겔은 칸트와 피히테의 철학을 모두 이러한 불행한 의식 단계의 철학으로 평가한다. 칸트철학 안에 남아 있는 자유와 필연성, 의무와 경향성의 이원론이 곧 자아 안에 남아 있는 주인과 노예의 이원성을 뜻하며, 이 점에서 불행한 의식과 다르지 않다고 보는 것이다. 피히테에게서도 그의 『전체 지식론의 기초』에서 처음 정립된 절대적 자아는 단지 이상일 뿐이고, 절대자를 향한 유한한 실천적 자아의 종합은 마지막까지도 완성되지 않으므로, 피히테철학 역시 불행한 의식의 표현이라고 간주한다.

칸트철학:　　　자유 ↔ 경향성　　　: 주인과 노예의 이원성: 불행한 의식
피히테철학: 절대자아 ↔ 실천적 자아　 : 종합되지 못함　　 : 불행한 의식

의 의식과 비본질의 의식의 하나됨, '이중적 의식의 하나됨'이 앞 단계의 생의 모순적 운동성의 진리로서 자각된다.

　이러한 [모순적] 운동 속에서 의식은 개체성이 불변자 곁에 그리고 불변자가 개체성 곁에 함께 등장하는 것을 경험하게 된다. 의식에 대해서는 모든 개체성이 불변적 존재와 함께 하므로, 그의 개체성도 불변자와 함께 하게 된다. 이 운동의 진리가 이중적 의식의 하나됨이기 때문이다.(160/247)

　그러므로 이제 불변자는 더 이상 생과 대립된 외적 초월로 존재하는 것이 아니라, 생과 결합되어 있는 하나의 형태로서 제시된다. 이처럼 불변자가 형태화된 존재, 즉 신이 성육화된 존재가 바로 그리스도이다.

　그러나 그리스도가 나 자신의 존재와 본질적으로 연관지어지지 않는 한, 그러한 불변자의 형태화는 오히려 더욱더 피안적 요소가 되어 나의 본질로부터 멀어지게 될 뿐이다. 불변자 자체가 형태화를 통해 개별자로 나타났다고 해도, 그러한 형태화가 나와 상관없는 우연적이고 역사적인 일회적 사건에 그치고 마는 것이라면, 그 개별 존재인 그리스도와 그 이외의 다른 모든 개별자 간의 구별과 대립이 아직 극복된 것이 아니기 때문이다.

　불변자가 개체성의 형태를 띠는 것은 개별 의식 일반에는 하나의 사건일 뿐이다. … 사실 불변자의 형태화를 통하더라도 피안적 계기는 그대로 남겨질 뿐 아니라 오히려 더 강화된다.(161/248~249)

　이렇게 되면 절대적 본질과 하나가 되고 싶은 바람은 끝내 충족될 수 없는 소망으로만 남겨질 뿐이다. 그리스도의 출현이 단지 일회적인 역사적 사실로서만 파악된다면, 그 사건은 절대적 우연성을 벗어나지 못하는 것이다. 절대자의 형태화가 단순한 역사적 사실로만 그친다면, 그 육화된 개별자는 그가 지상적 존재로 출현하기 위해 취해야만 했던 물질성과 현실성에 의해 어쩔 수 없이 시간성에 따라 사라져 가고 공간상으로 멀어 떨어져 있는 존재일 뿐이다.

> 존재하는 일자의 본성에 의해, 즉 그가 취한 현실성에 의해, 그 일자가 시간 안에서 사라진다는 것, 그리고 공간 안에서 떨어져 있었으며 또 단적으로 멀리 있다는 것이 필연적이 된다.(162/249)

시공간상의 제한성을 극복하지 못한 단순한 역사성은 필연적으로 소멸성 아래 있게 된다. 시간 안에서 출현한 신은 시간을 따라 소멸할 수밖에 없는 것이다. 결국 단순한 역사성이라는 외적 관계로서는 형태화된 불변자와 내가 본질적 하나로 고양될 수가 없다.

3) 3단계: 보편의 내재화

개별적 의식이 그런 역사성을 극복하고 외적 관계를 넘어서서 불변자를 개별 자아 내에서 자기 자신의 본질로 파악하게 되면, 이때 비로소 개별자와 보편자와의 진정한 화해가 이루어지게 된다. 그리하여 본질로부터 유리됨으로써 느껴지던 생의 고통은 생의 환희로 바뀌게 되고, 불행한 의식은 불변자 내지 보편자와 화해한 정신으로 고양된다. 이처럼 형태화된 개별자와 하나가 되는 내적 관계지움의 운동을 헤겔은 다시 세 단계로 나누어 설명한다.

첫째가 순수의식으로서의 운동이고, 다음은 현실성에 대해 욕구나 노동으로
관계하는 개체 존재로서의 운동이며, 셋째는 그의 대자존재의 의식으로서의
운동이다(162/250)

(1) 3-1단계: 느낌상의 심정적 내면화의 단계

이 단계에서는 의식의 개별성과 순수사유(본질)와의 화해가 아직
그런 것으로서 사고되지 못하고 단지 느낌으로만 느껴질 뿐이다. 동
일성이 미처 자각되지 않아 아직은 불행한 의식으로 남아 있다. 둘이
중간에서 접촉하고 있지만, 그 접촉이 스스로에게 자각되거나 사유
되지 않은 단계이다. 즉 개별자로 형태화된 불변자가 의식 자체라는
것, 의식의 개별성 자체라는 것이 아직 자각되지 않은 상태이다.

이것은 불행한 의식이 그 둘의 통일적 관계를 스스로의 사유를 통
해 개념적으로 파악하려 하지 않고, 단지 순수한 내적 느낌 또는 사
모의 감정으로써만 다가가려 하기 때문이다. 헤겔은 이를 일종의 '음
악적 사유'라고 부른다.

> 의식은 순수사유와 개체성을 통합하지만, 그러나 그 의식의 개체성을 순수
> 사유 자체와 화해시키는 사유로까지 고양시키지는 못한다. … 그의 사유는
> 개념에까지 이르지는 못한 음악적 사유이다. … 무한하고 순수한 내적 느낌
> 안에 그의 대상이 등장하지만, 그 대상은 개념적으로 파악되지 않음으로써
> 낯선 것으로 등장한다.(163/251~252)

불변자와 개체의 통일성은 개념적으로 사유되지 않은 채 단순한
심정의 내적 움직임으로만 느껴질 뿐이다. 개체 의식은 분열의 고통
속에 머무르고 합일에 대한 무한한 동경만을 간직할 뿐이며, 불변자

156

는 단지 기도의 대상이고 동경의 대상일 뿐이다. 본질은 추구되기는 하지만, 아직 다가설 수 없는 피안으로 여겨지고 있을 뿐이다.

> 의식은 불변자를 개념적으로 포착하기보다는 단지 느낄 뿐이며, 결국 자기 자신에게로 되돌아올 뿐이다.(164/252)

이렇게 해서 불변자와 본질은 나 자신과 분리된 직접적 감성적 확신의 대상으로서의 개별자로 여겨지고 사라져 버리는 피안으로 간주된다. 인간이 그 피안과 하나가 되고자 하는 희망은 사라진 개별자의 무덤을 오히려 현실성으로 느끼게 하며, 결국 사라져 버린 육화된 개별자의 무덤과 자기 자신의 무덤만을 현실적 존재로 받아들이게 한다.

> 의식에 대해서는 오직 그[형태화된 불변자]의 생의 무덤만이 현재적으로 등장할 뿐이다.(164/253)

그러나 참된 의식은 그러한 피안적 무덤이 실은 아무런 현실성이 없다는 것을 자각하게 되고, 따라서 사라져 버린 개별성은 역사적이고 시간적으로 제한된 것으로서 참된 개별성이 아니라는 것을 체득하게 된다. 그리하여 불변자의 표출인 개체성을 우연적이 아닌 참된 보편적 개체성으로서 추구하게 된다.

(2) 3-2단계: 감사와 자기포기의 단계

첫 단계의 좌절을 통해 심정은 자신의 본질을 더 이상 자신의 외부에서 추구하지 않고, 자기 자신에게로 복귀하여 자신이 자신과 분리된 본질로 느꼈던 대상적 본질의 느낌을 자기 자신의 느낌으로 확

인 하고자 한다. 그렇게 해서 불변자를 자기 내면 가까이서 느끼게
된다. 여기에서 욕구와 노동이라는 불행한 의식의 활동이 다시 한번
더 전개된다. 욕구와 노동의 의식에서 불변자는 피안의 존재로 추구
되는 것이 아니다. 오히려 현실성 자체가 한편으로는 그 자체 무상하
고 무의미함에도 불구하고 또 다른 한편으로는 절대자의 자기 전개
로서 형태화된 성스러운 세계로 나타난다. 따라서 이제 세계 자체가
불변자의 형태로 받아들여진다.

> 욕구와 노동이 대면하게 되는 현실성은 이 의식에게는 더 이상 의식에 의해
> 지양되고 소모되어 버릴 그 자체 아무것도 아닌 것이 아니라, 오히려 그 자
> 체가 둘로 분열된 현실성으로서 한편으로는 그 자체 아무것도 아니지만 다
> 른 한편으로는 신성한 세계인 그런 현실성이다. 신성한 세계로서 그것은 불
> 변자의 형태이다.(165/254)

이제 세계는 내게 불변자의 형태인 성스러운 세계로 드러난다. 향
락이나 노동에서는 자립적 의식에 대해 현실계가 무가치한 것으로
나타나므로 의식이 스스로 그런 현실성을 지양할 수 있었지만, 현실
성이 불변자 자신의 형태로 나타나는 지금의 단계에서는 의식이 스
스로 그 현실성을 지양할 수가 없다. 다시 말해 의식이 현실성의 무
화(無化)와 향락에 이른다고 해도, 그것은 본질적으로 의식 스스로의
힘에 의한 것이 아니라, 불변자가 의식으로 하여금 그것을 향유할 수
있도록 위임하기에 가능한 것이다. 즉 수동적 현실성의 극단을 지양
할 수 있는 활동성의 극단은 나의 대자적 의식 너머에 있는 피안의
활동적 힘으로 등장한다.

158

현실성이 의식에 대해 불변자의 형태이기에, 의식은 이 현실성을 자기 힘으로 지양할 수가 없다. 오히려 의식이 현실성의 무화에 이르고 향유에 이른다고 해도, 이것은 의식에게 본질적으로 오직 불변자 자신이 자기 형태를 포기하고 의식에게 향유하도록 넘겨줌으로써 비로소 가능한 것이다.(165~166 /255)

여기서 불변자에 대한 개별 의식의 관계는 주인에 대한 노예의 관계와 같다. 실제로 불변자와 개별적 자기의식의 관계는 상호적인 자기포기이다. 즉 의식에 대해 불변자는 스스로의 형태를 거두어서 의식에게 그 활동성을 부여하며, 개별적 의식은 그 양도된 힘을 사용하면서 그 본질적 힘에 감사하고, 자기 행위의 본질을 피안적 절대자에게 돌린다.

불변적 의식은 자신의 형태를 단념하고 포기하며, 개별 의식은 이에 감사하며 자신의 자립성에 대한 의식의 만족을 포기하고 행위의 본질을 자신이 아닌 피안에 설정한다. 이러한 양 측면의 상호적 지양의 두 계기를 통해 의식에게는 불변자와 의식 자신의 통일성이 등장한다.(166~167/256~257)

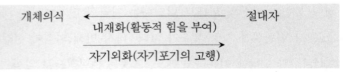

이와 같이 인간이 자신의 무상성과 비자립성을 인정하고 자신의 본질적 힘의 원천을 신 내지 불변자에게로 돌릴 때, 이러한 자기비하의 인간은 자신을 피동적인 존재로 인정하는 것이다. 그렇지만 이러한 자기비하는 바로 자기고양이다. 왜냐하면 그런 방식으로 신을 정립하는 자가 바로 인간 자신이기 때문이다. 이처럼 의식은 끝까지 자신을 지켜 나간다.

> 의식은 결코 자기 자신을 포기하지 않는다.(167/257)

의식은 자기비하를 통해 자신을 낮추면서 동시에 본래적 힘으로서의 자기초월적 신을 정립하며, 결국은 그처럼 신을 정립하는 자가 곧 인간 자신이라는 것을 자각하게 된다. 이것은 자신의 고유한 개별성을 무화시켜 좀 더 심원한 자기의식이 되고자 하는 성자적 고행의 의식이다. 그러나 이러한 고행과 금욕에는 아직도 갈등이 남아 있으며, 이 갈등이 곧 죄책감과 죄의식으로 표현된다.

(3) 3-3단계: 완전한 자기비움을 통한 절대자와의 합일

자기비하를 거쳐 보편적 개별자인 불변자를 자기 행위의 본질적 주체로 정립하는 불행한 의식은 스스로 자기 자신이 현실적으로 작용하는 불변자의 의식임을 자각하게 된다. 즉 자기 행위의 가난함을 인정하는 속에서 불행한 의식은 자신이 불변자와 통일되어 있음을 의식한다. 왜냐하면 불행한 의식의 현실성의 무화 그리고 끝없는 자기비하는 오직 불변자의 사고에 의해서만, 즉 불변자와의 관계를 매개해서만 가능하기 때문이다. 여기서 매개란 성직자와 교회이다.

개별적 의식은 그 중간 매개자에게로 자신의 행위 및 향유의 근원을 돌리고 그렇게 함으로써 자기 자신을 자기 의지의 본질, 결단의 자유, 자기 행위의 책임과 죄로부터 해방시켜 버린다. 자기 본질을 절대자와의 매개에로 넘겨 버림으로써 자신을 철저히 외화하고 사물화 내지 대상화하는 것이다.

160

> 개별 의식은 중간의 봉사자[성직자]에게 결단의 의지와 자유를, 따라서 행
> 위의 책임을 넘겨준다. 불변적 존재와 직접적 관계에 있는 이 매개자는 옳음
> 에 대한 충고로써 봉사한다.(169/260)

그러나 이와 같은 자신의 희생, 고유의지의 포기는 부정적 의미뿐
아니라 긍정적 의미도 지닌다. 즉 자기 의지를 자기 고유의 의지가
아닌 타자의 의지로 규정함으로써, 스스로 자신의 개별적 의지를 지
양하고 보편적 의지에로 고양되어 가는 것이다.

> 자기 자신의 의지의 포기는 한편으로는 부정적이지만, 그러나 다른 한편으
> 로는 그 개념에 따라 또는 그 자체로 보면 긍정적이다. 왜냐하면 이는 의지
> 를 타자의 의지로 정립하는 것이며, 그렇게 함으로써 자기의지를 개별의지
> 가 아닌 보편의지로 정립하는 것이기 때문이다.(170~171/262)

이와 같이 개체적 의식의 자기포기를 통해 자기라는 대자적 존재
는 소외되고 지양되며, 보편적 자기, 보편적 의지가 회복된다. 불변
자의 매개에 입각해서 보면 세계의 현실성은 더 이상 부정되어야 할
의식 투쟁의 대상이 아니다. 보편화된 의지로서 이성은 그 스스로 모
든 현실성이 된다. 이 이성의 단계에서 비로소 자기의식과 그 대상인
세계와의 부정적 관계가 해소되고, 이성은 자연에서 자기 자신을 발
견하게 된다.

이처럼 불행한 의식을 넘어서서 개체와 보편, 의식과 존재, 본질
과 현실을 통합하여 자기 자신을 자각하기에 이른 의식이 곧 이성이
다. 이제 불행한 의식은 이성으로 나아간다.

03

이성

이성은

관찰하는 이성으로 작용하다가

다시 행위하는 이성으로

그리고

다시 즉자대자적으로 실재하는 개체성으로

나아간다.

'나 즉 우리'는 나의 자기의식과 또 다른 자기의식이 결국은 하나라는 것, 특수와 보편은 개체 안에서 화해된다는 것을 의미한다. 이렇게 해서 이성은 모든 실재성을 이성 자신이라고 확신하게 되며, 이로써 관념론이 성립한다. 그러나 이러한 이성의 확신이 아직 진리로서 확인되지 않은 한, 그 관념론은 불완전한 관념론이다. 즉 이성이 모든 실재라고 주장하면서도 또 다른 한편으로 대상세계 자체를 이성 너머의 실재로 인정함으로써 오히려 의식세계와 실재세계를 이원화하는 오류를 범하며 절대적 경험론이 되는 것이다. 불완전한 관념론의 문제를 자각하고 이를 극복하여 완전한 관념론을 완성하기 위해서는 이성이 모든 실재성이라는 것이 진리로 확인되어야 한다. 이를 위해 이성은 관찰하는 이성으로 작용하다가 다시 행위하는 이성으로 그리고 다시 즉자대자적으로 실재하는 개체성으로 나아간다.

1. 관찰하는 이성

1) 이성은 즉자적 대상세계인 자연에서 자기 자신을 직접 발견함으로써 이성이 모든 실재성임을 확인하고자 한다. 1-1) 이성은 우선 개별 사물인 무기물의 관찰에서 자기 자신을 발견하려고 한다. 그러나 무기물의 관찰을 통한 징표나 법칙 안에서 이성이 발견하는 것은 이성 자신의 활동성이 아니라 오히려 이성의 활동성이 고정화되고 화석화된 결과물일 뿐이다. 1-2) 고정화되지 않은 대자적 유기체에서 자신을 발견하고자 하는 이성은 '외면은 내면의 표현'이라는 법칙에 따라 유기체를 관찰한다. 그러나 해부학적 외면과 유기체적 내면이 서로 대응하지 않기에 이 법칙도 한계가 있음을 알게 된다. 2) 대상세계의 구체적 개별사물에서 이성 자신을 발견하기에 실패한 이성은 이제 자기의식의 일반 구조 내지 법칙 안에서 자기 자신을 발견하고자 한다.

2-1) 이성은 우선 실재를 파악하는 인간의 논리법칙을 관찰하지만, 형식논리가 사유의 형식만을 다룰 뿐 내용을 배제함으로써 이성 자신이 아니라 이성의 활동결과로서의 형식만 제시할 뿐임을 알게 된다. 이는 외면이 배제된 내면의 논리일 뿐이다. 2-2) 이성은 다시 외면을 포섭하기 위해 자연환경으로부터 자기의식의 심리법칙이 어떻게 형성되는가를 밝히는 경험심리학적 법칙에서 이성 자신을 발견하려고 한다. 그러나 이것 또한 자기의식을 자연필연성으로 규정하는 불합리성을 보인다. 3) 이성은 자기의식의 일반 구조를 추상화해서 고찰하는 대신 의식 스스로 자기구조화한 인간 신체 안에서 이성 자신을 발견하고자 한다. 3-1) 그래서 이성은 보이지 않는 정신이 얼굴표정에 드러난다고 여겨 관상학에 몰두한다. 그러나 마음과 표정의 연결은 필연적이 아니고 거짓가능성도 남아 있으며, 또한 신체적 모습은 이성 활동의 흔적일 뿐 이성 자체가 아니다. 3-2) 이에 이성은 개인의 의도나 거짓가능성이 배제된 두개골의 모습에서 이성 자신을 관찰하는 골상학에 몰두한다. 그러나 활동성의 이성은 이미 굳어 버린 뼈와 동일시될 수 없다. 이처럼 자연이나 인간의 의식구조나 외적 표현에서 이성 자체를 발견하기에 실패한 이성은 이제 자신을 관찰하는 이성으로가 아니라 행위하는 이성으로 자각하게 된다. 이상 관찰하는 이성의 활동은 다음과 같이 정리될 수 있다.

1. 자연의 관찰
  1-1. 무기물(물리)의 관찰
  1-2. 유기체(생리)의 관찰
2. 의식의 활동 법칙의 관찰
  2-1. 논리법칙의 관찰

2. 행위하는 이성

1) 쾌락적 자기의식: 행위하는 활동 주체로서 이성은 자기 자신을 개별적인 쾌락을 지향하는 욕구주체로 의식한다. 여기서 타자를 자기 쾌락의 수단으로 여기는 한, 쾌락적 자기의식은 스스로 욕망의 필연성에 굴복하며 좌절하게 된다. 이를 넘어서서 타자를 자기를 비추는 거울로 자각하면, 이성은 욕망에서 마음으로 나아가게 된다. 2) 심정적 자기의식: 이성은 개인적 쾌락이 아닌 보편적 쾌락을 지향하는 마음으로 작용하여 보편적인 마음의 법칙을 의식하게 된다. 그러나 현실의 법칙이 마음의 법칙에 대립된다는 것을 알게 되면서 마음은 갈등과 모순 속에서 광란과 자만의 망상에 빠지게 된다. 3) 도덕적 자기의식: 개체적인 마음의 법칙과 보편적인 현실의 법칙과의 갈등을 덕성으로 종합해 가는 단계이다. 그런데 보편적 덕성을 받아들일 경우, 덕성은 다시 개체성에 의해 좌지우지되는 세계행로와 모순으로 비춰지게 된다. 이를 조화시키기 위해서는 개체성의 운동이 곧 보편자의 실현이라는 것을 자각해야 한다.

3. 즉자대자적으로 실재하는 개체성의 이성

1) 개체성의 진리로서의 작품: 이제 이성은 세계를 개체성을 통해 보편성이 실현된 작품 내지 사태 자체로 간주한다. 그렇지만 작품은 결국 그 이외의 것(다른 작품이나 다른 주체)들과 대립된다는 점에서

보편성 자체는 아니다. 개체성과 보편성의 갈등을 궁극적으로 해결하기 위해서는 인륜적 실체성이 확보되어야 하며, 보편성의 사태 자체가 더 이상 작업결과의 술어로서가 아니라 주어 내지 주체로서 간주될 수 있어야 한다. 2) 법칙 제정자로서의 이성: 주어화된 사태 자체가 인륜적 실체인 인륜적 법칙이다. 이성은 자신을 인륜적 법칙의 제정자로서 의식한다. 그렇지만 이성이 제시하는 도덕은 단지 추상적이고 형식적인 계율일 뿐, 정신의 보편성에 입각한 인륜적 법칙이 아니다. 3) 법칙 검증자로서의 이성: 법칙 제정에 실패한 이성은 자신을 법칙 검증자로서 확인하려 하지만, 그 검증기준인 보편화가능성은 단지 추상적이고 형식적일 뿐이며 구체적 내용을 결여하고 있어, 이성을 보편적 인륜성으로 나아가게 하지 못한다. 결국 보편적 인륜성은 단순한 이성의 형식에서가 아니라, 현실적이고 구체적인 정신 안에서 찾아져야 한다. 이로써 "나 즉 우리"의 진리를 향한 의식은 이성에서 정신으로 나아가게 된다.

서론:
이성의 확실성과 진리

1) 이성과 관념론

불행한 의식에서 갈등으로 남아 있던 개체적 자기의식과 보편적 불변자는 그 마지막 단계에서 둘 다 자기포기를 행함으로써 서로 통일된다.

> [의식의 운동은] 현실적 의식인 개체성을 자기 자신의 부정적인 것인 대상적 극단으로 정립하거나 아니면 그의 대자존재를 그 자신으로부터 끌어내어 존재로 만든다. 그렇게 해서 의식에 대해 보편자와 의식과의 통일성이 주어진다.(175/267)

이렇게 하여 개체성과 보편성은 서로 화해하게 된다. 개체와 보편, 개별자와 불변자가 극단으로부터 벗어나 중간에서 만나 서로 화해하게 되는 매개의 중심은 그 양자를 간직한 통일자로서의 의식인데, 이처럼 양 극단을 통일한 의식이 바로 이성이다. 개체는 서로를 연결시키고 통일시키는 중심인 이성을 통해 다른 개체 및 세계와 하나가 된다. 이리하여 이성 안에서 '나 즉 우리'가 성립하게 된다.

자기의식이 곧 이성이기에, 지금까지 타자에 대한 자기의식의 부정적 관계
는 긍정적인 관계로 바뀌게 된다.(175~176/268)

지금까지 자기의식이 자신의 대자성을 위해 세계를 욕구대상과
가공대상으로서 부정하였고, 다시 자기 자신까지도 그런 세계의 무
상하고 무의미한 의식으로서 부정하여 온 데 반해, 이제 이성은 새로
운 의미로 변환된 세계를 발견하게 된다. 그리하여 모든 실재성이 곧
이성 자신이라는 것을 확신하게 된다.

이성은 자신이 모든 실재성이라는 의식의 확신이다.(176/269)

이제 이성은 대상을 부정하는 것이 아니라 세계나 현실에 대해 그
것이 의식 이외의 다른 것이 아니라는 확신을 갖게 되며, 이로써 일
체 현실을 이성 자신으로 간주하는 관념론적 태도를 갖게 된다.

의식은 자기 자신을 실재성으로 확신하게 된다. 또는 모든 현실성이 의식 이외
의 다른 것이 아니라는 것을 확신하게 된다. 그의 사유는 직접적으로 그 자체
현실성이며, 따라서 의식은 현실성에 대해 관념론으로 관계한다. (176/268)

이성은 일체 존재가 바로 이성 자신에 대해서만 존재한다는 관념
론을 표방한다. 관념론은 존재하는 것은 오직 의식에 대해서만 존재하
며, 또 그러는 한 그것이 즉자적 상태에서 존재한다는 것을 주장한다.

즉자적인 것은 오직 그것이 의식에 대해 있는 것인 한 존재하고, 또 의식에
대해 있는 것은 즉자적이기도 하다.(177/270)

그러나 이성이 이러한 이성의 확신을 그 자체로 분명하게 자각하고 있는 것은 아니다. 이를 자각하기 전에 대상이 즉자적 존재성으로 부각되면 이성은 불완전한 관념론으로 빠져 들고 만다.

2) 불완전한 관념론 비판

(1) 불완전한 관념론의 첫 번째 입장: 소박한 관념론
불완전한 관념론의 첫 번째 형태는 소박한 관념론이다. 이 불완전한 관념론은 지금까지의 의식의 과정인 사념과 지각과 오성의 전체 과정을 개념적으로 파악하지 못하고 모두 다 망각한 채, 단적으로 이성의 형식으로 나타나서 '이성이 곧 실재'라는 관념론을 단언적으로 주장할 뿐이다. 즉 지금까지의 전체 의식과정이 모두 다 이성의 개념적 파악양식인데, 그 과정을 개념적으로 파악하지 못하므로, 결국 이성이 어떻게 해서 실재가 되는지를 개념적으로 알지 못하는 것이다.

> 관념론은 [의식이 이성에 이르기까지 거쳐 온] 과정을 서술하지 않은 채 [자신이 모든 실재성이라는] 주장만으로 시작하기 때문에, 그 주장은 스스로도 파악하지 못하고 다른 사람도 이해시키지도 못하는 단순한 단정에 그치고 만다.(177/271)

(2) 불완전한 관념론의 두 번째 입장: 비판적 관념론
불완전한 관념론에서는 의식의 과정이 망각되어 있으므로, 타자가 나에 대한 즉자적 대상이나 실재로 등장한다. 관념론은 "자기의식과 존재의 … 즉자대자적인 완전한 동일성"(178/273)을 주장하는데, 이에 대해 일면적인 관념론은 그 통일을 "한편으로는 의식으로 받아들이면서 또 다른 한편으로는 그 너머에 즉자존재를 등장시킨다."
(178/273) 그리하여 의식을 단순한 통일성 내지 단일성으로 간주하면
서, 다수성을 의식 바깥의 실재로 여긴다. 그러나 이것은 통일 안에 담
겨 있는 구별인 통일의 부정적 본질을 제대로 파악하지 못함으로써 다
수성의 범주를 통일적 의식 바깥의 것으로 간주하게 된 것이다.

> 다수의 범주는 그의 다수성으로 인해 자체 내에 순수 범주에 대한 타자존재
> 를 가지게 된다.(179/274)

다수성을 배제한 순수범주는 구별의 부정적 통일로서 성립한다.
부정적 통일의 순수범주는 구별된 요소와 최초의 직접적 순수통일
자체를 배제함으로써 개별성의 형태를 띠게 되는데, 이 때 개별성은
다수성과 구별을 배제한 통일일 뿐이기에 다수의 현실 앞에서 타자
존재를 받아들이지 않을 수 없게 된다.

> 개별성[의 범주]은 그것의 개념으로부터 외적 실재성에로의 이행이며, 순수
> 도식이다.(179/274)

통일성과 다수성이 의식에서 개념적으로 포착되지 않은 채, 범주
는 통일성 또는 순수 형식으로만 간주되므로, 결국 다수성이나 내용
은 통일적 의식에 포함되지 않는 타자로서 등장하게 되는 것이다. 이
는 곧 비동일성을 배제한 동일성은 순수 형식적인 동일성일 뿐이며
공허한 동일성이라는 말이다. 칸트에서 범주의 통일성이나 피히테에
서 절대자아의 동일성이 결국 이와 같이 그 통일성 바깥에다 실재를
설정하게 되는 불완전한 관념론이라는 것이 헤겔의 관념론 비판의

요지이다.[1]

(3) 공허한 관념론에서 절대적 경험론으로

불완전한 관념론은 의식 또는 이성의 통일을 다수성을 포괄하는
것으로서 파악하지 못하기에 불완전한 것이다. 따라서 그런 불완전
한 관념론은 다수성을 객관적 실재로 간주하는 경험론과 맞물리게
된다. 여기에서는 의식과 대상이 서로를 규정하는 대립적 양극으로
등장한다.

> 의식과 대상은 그들의 상호적인 규정에 있어 서로 교체된다.(180/275)

의식과 대상이 서로를 규정하게 됨으로써, 대상이 즉자체가 되면
의식이 운동이 되고, 대상이 구별운동이 되면 의식은 고요한 정지가
된다. 이렇게 해서 의식이 모든 존재라는 추상적 주장은 공허한 관념
론의 주장이 되며, 이러한 공허한 관념론은 곧 "절대적 경험론"(180/
276)과 일치하게 된다.[2]

---

1) 이는 곧 칸트철학에서 '오성의 통일성'과 '순수 다양성'이 서로에게 환원될 수 없
는 각각의 대립항으로 남겨지는 것을 비판하는 것이다.
2) 이것은 칸트가 자신이 주장하는 "초월적 관념론"과 반대되는 "경험적 관념론", 즉
불완전한 관념론은 곧 "초월적 실재론"이라고 말하는 것과 일치한다. 초월적 실재론은
우리가 경험하는 세계를 그 자체 실재하는 물자체로 간주하는 관점으로 헤겔이 말하는
"절대적 경험론"이다.

	완전한 관념론	불완전한 관념론
칸트	초월적 관념론(=경험적 실재론)	경험적 관념론(=초월적 실재론)
헤겔	완전한 관념론	공허한 관념론(=절대적 경험론)

172

〔공허한〕 관념론은 곧 절대적 경험론이다. 왜냐하면 공허한 나의 것의 충족을 위해, 즉 그것의 차이와 모든 전개와 형태화를 위해 이성은 감각이나 표상의 다양성이 거기 있게 될 그런 낯선 충격을 필요로 하기 때문이다.(180~181/276)

3) 이성의 불안정성과 그 극복의 길

이렇게 해서 이성은 "실재가 곧 이성"이라는 관념론적 통찰을 가짐에도 불구하고 실제로는 절대적 경험론에 빠지는 양극을 배회하게 된다. 이것이 의식의 전 과정을 개념으로 포착하지 못하는 이성이 갖는 한계이다.

관념론은 하나〔순수의식〕에서 다른 하나〔낯선 충격〕에로 왔다 갔다 하며, 결국 악무한, 즉 감각적 무한에 빠져 들게 된다.(181/276)

이성은 '통각의 통일'과 '사물'로 이원화되어 단적으로 서로 대립되는 것을 본질이라고 주장하는 직접적 모순에 처하게 된다. 이때 사물은 그것이 낯선 충격, 경험적 본질, 감성, 물자체 등 무엇이라고 불리든지 그 개념에 있어 통각의 통일성에는 낯선 것으로 남게 된다.(181/277)

이것은 관념론이 이성의 추상적 개념을 진리로 여기기 때문에 발생하는 것이다. 그 자신이 실재라고 확신하는 이성은 그것이 단순한 확신에 그치며 진정한 실재에 도달해 있지 못하다는 것을 자각함으로써, 자기의 확신을 진리로 고양시키고자 지금까지 공허한 주장에 지나지 않던 것을 구체적으로 충족시키는 방향으로 나아가게 된다.

이처럼 이성이 모든 실재성이라는 것을 확인해 나가는 과정이 본 이
성의 장에서 전개되어야 할 것이다.

I
관찰하는 이성

이성은 그 자신이 모든 실재성이라는 것을 확증하기 위해서 모든 것을 관찰하여 그 안에서 이성 자신을 발견하려고 한다.

이성은 진리를 인식하고자 하며, 사념이나 지각에 있어 사물인 것을 개념으로 발견하고자 한다. 즉 사물성 안에서 이성 자신의 의식만을 갖고자 한다. 따라서 이제 이성은 세계에 대한 보편적 관심을 갖게 된다. 왜냐하면 이성은 자신 안에 현재가 있다는 확신 또는 현재가 곧 이성적이라는 확신을 갖기 때문이다.(183/278~279)

자연 안에서 이성 자신이 발견되면 자연이 곧 이성이고 이성이 곧 자연이며 결국 이성이 모든 실재성이라는 것을 확인할 수 있으므로, 이성은 자연을 관찰한다.

의식이 관찰한다는 것은 곧 이성이 자기 자신을 존재하는 대상으로 발견한다는 것, 즉 현실적이고 감각적이며 현재적인 방식으로 발견한다는 것을 의미한다.(184/280)

이성은 자연을 실제적이고 감각적으로 현전하는 대상으로 발견하려고 한다. 그렇게 함으로써 관찰하는 이성은 사물의 본질을 경험한다고 생각한다. 그러나 헤겔은 이성이 사물을 관찰함에 있어 이성이 자신을 이해하는 것과 이성이 실제로 행하는 것은 서로 일치하지 않는다는 것을 강조한다. 즉 이성은 스스로 자신의 관찰대상을 감각적 사물이라고 여기고 있지만, 이성이 실제로 관찰하는 것은 감각적 요소가 아닌 개념이라는 것이다.

> 관찰의 의식은 자기 자신이 아니라 오히려 사물 자체의 본질을 경험하고자 한다고 생각하고 또 그렇게 말한다. … 그러나 이성의 실제적 행위는 그 생각과는 모순된다. 왜냐하면 이성은 사물을 인식하면서 사물의 감각적인 것을 개념으로 바꾸기 때문이다.(184/280)

따라서 이성의 자연 관찰을 통해 실질적으로 해명되는 것은 이성이 자연에서 포착하는 것은 실제 자연 자체가 아니라 오직 자연의 개념일 뿐이라는 것이다.

> 이성은 사물은 오직 개념으로서만 진리를 가진다는 것을 주장한다.(185/281)

> 관찰하는 의식에게는 사물이 무엇인가가 문제이지만, 우리〔반성자〕에게는 관찰하는 의식 자체가 무엇인가가 문제이다.(185/281)

관찰하는 의식에 있어 이성은 아직 이성으로서 대상화되어 있지 않다. 즉 이성은 이성으로서 활동할 뿐, 스스로 그 활동성을 자신의 활동성으로 자각하지는 못한다. 이성은 우선 무기물인 물리적 자연을 관찰하기 시작한다.

1. 자연의 관찰

1-1. 무기물의 관찰

1) 자연 관찰의 단계

이성은 자연 안에서 자신을 발견하기 위해 다음과 같은 방식으로 자연을 관찰한다.

① 관찰 기술하기: 자연을 기술한다는 것은 자연 안에서 일반적인 것을 찾아 나가는 것이다. 사유보다는 관찰이나 경험을 진리의 원천으로 간주하여 지각을 중요하게 여겨도, 그 지각된 바를 기술함에 있어 "지각된 것은 적어도 감각적 이것이 아닌 보편자의 의미를 지녀야 한다."(185/282) 기술에 사용되는 언어는 정신의 현존이며, 사물은 개념으로 파악된다.

② 징표 찾아 분류하기: 기술은 단순히 감각적 지각작용에 그치지 않고, 사물을 서로 구분 짓는 징표인 사물의 종차적 특징을 찾아내기에 이른다. 징표를 통해 사물은 존재의 원초적 연속성으로부터 벗어나 특수화되고 개별화된다. 그리고 다시 징표의 관계를 따라 사물들은 종합되고 통합된다. 이와 같이 사물들은 유로 통합되고 유형화되기도 하며 종차를 따라 종으로 분류되기도 한다.

③ 법칙 찾기: 종과 유의 관계의 질서는 법칙화된다. 이성은 경험 속에서 법칙을 발견한다고 생각하지만, 실제로 이성은 "감각적 현실

의 존립을 파괴하며" 그런 감성적 규정을 추상적인 것으로 바꿔 놓는다. 귀납이나 유추에 의한 법칙의 확립방식은 경험적이기에 단지 개연성밖에 주지 않는데도 이성은 법칙의 필연성을 인식하고자 한다. 예를 들어 어떠한 구체적 돌도 실제 법칙대로 낙하하지 않는데도, 이성은 본능적으로 낙하의 법칙을 진리로 받아들인다. 결국 낙하법칙은 돌의 낙하현상 자체에서 찾아진다기보다는 돌이라는 개념 안에 '무게 있는 것, 지구로 떨어지는 것'이 포함되어 있기에 그 개념에 따라 필연적인 법칙으로 간주되는 것이다.

> 법칙이 법칙으로서 타당한 이유는 그것이 현상 자체 안에서 서술되면서 또 동시에 그것이 그 자체 개념이기 때문이다.(191/289)

2) 자연의 개념화

이성이 법칙을 찾는 과정에서 실험이 갖는 의미는 법칙에서의 감각적 조건을 개념화한다는 것이다. 즉 감각적인 것 속에서 개념의 필연성이 드러나도록 하는 감각의 개념화작용이 곧 실험이다. 그러므로 실험을 통해 확증되는 자연의 법칙은 결국 개념으로서 존재하는 것이다. 이처럼 관찰하는 이성을 통해서 자연사물은 감각대상이 아닌 개념으로 파악된다. 일반적 언어로서 기술되며 징표를 통해 분류되고 법칙의 지배하에 있는 존재, 한마디로 개념적으로 이해된 존재로 바뀌는 것이다.

> 이성은 사물을 인식하면서 사물의 감각적인 것을 개념으로 전환시킨다. (184/280)

이와 같이 이성이 자연을 감각적 대상으로서가 아니라 개념으로 고찰하는 과정에서 이성은 자연 안에서 오직 자기 자신을 관찰한다고 말할 수 있다. 이성의 자연관찰을 통해 파악된 것들은 법칙화되고 개념화된 보편적인 것들이며, 이것들이 자연의 술어로서 표현된다. 예를 들어 산성, 양전기, 음전기, 열 등의 술어가 그것이다. 그러나 이것은 보편적이고 추상적인 물질이지, 구체적인 감각대상으로서의 물체도 아니고 속성도 아니다.

> 물질은 존재하는 사물이 아니라 보편자로서의 존재 또는 개념 방식의 존재일 뿐이다. 이성은 본능적으로 모든 감각적 존재에서 법칙을 찾음으로써 결국 감각적 존재를 지양할 뿐이라는 것을 의식하지 못한 채, 이런 구분을 행하고 있다.(192/290)

3) 무기물 관찰의 한계

이성은 무기물적 자연을 관찰하고 분류하고 법칙을 찾아내면서 자연을 개념으로 파악한다. 그러나 법칙에 따라 물질로서 파악된 무기물 그리고 그런 무기물을 파악하는 법칙은 그 자체는 개념이지만, 스스로 대자화되어 있지는 않다. 무기물로서의 자연이 대자적이 아니라는 말은 자기관계적이지 않고 자기반성적이지 않다는 말이다.

그러므로 무기물을 관찰하는 이성은 무기물로서의 자연을 관찰하되, 아직 자연을 자기 자신으로 의식하지는 못한다. 무기물의 법칙이 의식에게 대상으로만 나타날 뿐, 의식이 그 법칙을 자신의 활동성으로 자각하지는 못하기 때문이다. 따라서 이성은 무기물적 자연 안에서 자신을 발견하지 못한다.

무기물의 본질이 대자화되지 않은 개념인데 반해, 그런 개념이 대자화되고, 자기관계적으로 된 것이 유기체이다. 유기체는 자체 반성적이고 관계 속의 통일이며 타재화 속에서의 자기보존자이다. 따라서 반성이 결여된 무기물 안에서는 자신을 발견할 수 없었던 이성은 이제 자기관계적인 유기물에게로 관찰의 시선을 돌리게 된다.

1-2. 유기체의 관찰

모든 실재성을 이성 자신으로 확인하고자 하는 이성은 이제 유기체 안에서 자신을 발견하고자 유기체를 관찰하여 유기체의 법칙을 찾아내려고 한다. 유기체에서 법칙을 찾아내려고 할 때, 이성의 맹목적 원리는 "외면은 내면의 표현"(199/299)이라는 원리이다.

1) 유기체와 목적론

이성은 유기체적 존재가 그 환경인 비유기적 자연, 예를 들어 공기, 물, 땅, 기후 등에 대해 갖는 관계를 기술하는 법칙을 발견하여, 유기체의 환경에 대한 적응을 밝히고자 하지만, 그러나 그들 간에 기계적인 필연적 법칙은 존재하지 않는다. 유기체와 비유기적 자연 간에 필연적인 법칙적 관계가 있지 않은 것은 유기체가 환경에 의해 기계적 내지 필연적으로 규정되는 것이 아니기 때문이다.

유기체와 〔무기적〕 요소들과의 관계는 사실 법칙이라고 할 수가 없다.(194/ 293)

유기체는 외부 환경과 관계하지만 그 관계 안에서도 자기 자신을 견지할 수 있으며, 자기 내부에서 모든 규정성을 해소시켜 버리는 "절대적 유동성"(193/291)으로 존재한다. 이러한 유기물이 자연적 조건에 대해 갖는 관계는 필연적이고 법칙적 관계가 아니라 오히려 "목적론적 관계"(195/293)이며, 그 관계의 본질은 "목적개념"(195/294) 속에 내포되어 있다.

이로써 헤겔은 헤겔 이전의 기계론적 자연관을 비판하면서 목적론을 주장한다.[3] 목적론에 따르면 유기체를 규정하는 것은 기계론적 법칙을 따르는 작용인이 아니고 과거 원인으로 환원될 수 없는 미래적 목적인이다. 유기체는 과거 원인에 의해 규정되는 것이 아니라 오히려 그것이 지향하는 미래적 목적에 따라 현재적 활동이 가능해지는 것이다.

> [유기체에서는] 무엇이든 단지 필연성의 결과로 나타나는 것이 아니라, 오히려 유기체가 자체 내로 복귀한 것이기에, 최종적 결과가 곧 운동의 시작이 되는 최초의 것이며, 또 동시에 그것이 실현시키고자 하는 목적이기도 하다. 그러므로 유기체는 뭔가를 새로 산출하기보다는 단지 자기를 보존할 뿐이다. 또는 뭔가가 산출되었다고 해도 이미 현존하던 것이 산출된 것일 뿐이다.(195/294)

이처럼 자신이 실현하고자 지향하는 목적이 자신의 활동의 원인으로 작용하므로, 유기체에 있어서는 운동의 시작과 끝이 일치하게

---

3) 헤겔이 비판하는 헤겔 이전의 기계론적 자연관은 데카르트나 뉴턴 식의 자연관이다. 이에 따르면 자연은 연장적 실체이며 인과필연성의 지배하에 있다. 칸트가 『순수이성비판』에서 논한 자연관 또한 이러한 인과필연성의 기계론적 자연관이다.

된다. 이것이 유기체의 자기관계성이나 자기복귀성 또는 자기보존성
을 의미한다.

> 유기체는 자기 자신을 보존하면서 자기 자신에게로 복귀하고 또 복귀된 것
> 으로 제시된다.(197/297)

유기체의 이러한 자기복귀성은 칸트가 '자연목적'이라고 부른 것
과 일치한다. 사물이 자신의 원인이며 동시에 결과인 것이 자연목적
이다. 다시 말해 자신이 되어야 할 바를 이미 목적인으로서 자체 내
에 지니고 있는 것이다. 그러므로 유기체는 새롭게 산출된 것 안에서
도 자기보존을 유지해 나간다.

> 자신의 행위의 운동을 통해 도달한 것이 자기 자신인 것, 오직 자기 자신에
> 만 도달하는 것이 유기체의 '자기감정'이다. 그것의 현재 상태와 그것이 추
> 구하는 것 사이에는 차이가 있긴 하지만, 그러나 그것은 단지 차이의 가상일
> 뿐이고 결국 그 자신이 갖는 개념일 뿐이다.(196/295)

유기체의 자기보존과 자기복귀를 통해 얻어지는 자기발견이 동물
에게서는 "자기감정"이 되고 이성에게서는 "자기의식"(196/295)이
된다.

그런데 헤겔에 따르면 유기체의 목적은 자연 자체에 내재적인 것
이지 단지 자연을 바라보는 인간 주관에만 속하는 것이 아니다.[4] 목

---

4)   이는 칸트가 『판단력비판』에서 논의한 목적론적 자연관에 대한 비판이다. 칸트는
『판단력비판』에서 자신이 『순수이성비판』에서 논한 기계론적 자연관의 한계를 제시하

적 개념은 유기적 자연에 내재한다. 이는 자연 자체를 단순한 오성 대상 또는 잡다한 감각으로 여기는 것이 아니라, 그 자체 유한성 너머로 고양된 자기목적의 활동성으로 간주하는 것이다.

사물은 자기 자신을 목적으로 제시한다.(196/296)

그러면서도 헤겔은 이성이 자연에서 관찰하는 것은 이성의 한 부분적 계기에 지나지 않는다는 것을 강조한다.[5] 자연은 정신 자체가 아니라 오히려 정신의 타자인 것이다. 헤겔은 자연에서 개념과 자기성을 발견하고자 하며, 유기적 자연과 비유기적 자연, 식물적 생과 동물적 생 간의 질적인 구별을 강조하지만, 그러면서도 궁극적으로는 자연 안에서 이성의 절대적 현시가 아닌 이념의 몰락과 이성의 과거를 발견한다. 이성이 유기체에서 발견하고자 하는 것은 과연 무엇인가?

면서 목적론을 주장한다. 즉 자연에는 인과필연적 법칙으로 다 설명될 수 없는 것들이 있다. 예를 들어 물과 물고기의 모양 사이에 필연적 이행이 있는 것은 아니다. 칸트는 이러한 우연성을 설명하기 위해 기계론적 설명이 아닌 목적론적 설명방식을 채택한다. 그러나 칸트에 따르면 목적적 결합은 자연 개념 바깥에서 찾아지는 것이다. 목적개념은 자연의 법칙 바깥에서 성립하는 것으로, 우리의 주관적 반성에 지나지 않는다고 보는 것이다. 칸트는 자연의 목적성이 우리에게는 불가피한 설명이지만 진리 자체에 있어서 그런 것은 아니라고 간주하며, 자연의 목적은 객관적 진리가 아니라 단지 인간 오성의 반성적 격률이라고 주장한다. 칸트에 따르면 자연 자체는 오성차원에서 파악되는 기계론적 인과필연성의 자연이며, 유기체적 자연 목적은 단지 인간의 주관적 원리로서만 타당성을 가질 뿐이다. 헤겔은 바로 이 점을 비판하고 있다.

5) 이는 자연과 정신을 동일시하는 셸링적 자연관에 대한 비판이라고 볼 수 있다. 셸링에 따르면 자연은 이성의 현시이다. 자연은 주체-객체이며, 행위나 활동성을 지닌 자체 내적인 목적을 가진다. 자연의 무의식적 목적성, 무의식적 지혜가 곧 동물적 생이 지니는 자기감정이며, 이 자기감정을 실현하는 것이 유기체이다. 자기감정, 자연의 무의식적 목적성은 자기를 의식하는 이성의 자기반성이다.

2) '외면은 내면의 표현'이라는 법칙과 그 한계

관찰하는 이성에 대해 유기체는 서로 대립되는 두 측면으로 나타난다. 유기적 목적 개념인 내면과 그것의 현실인 외면의 대립이 그것이다. 이 양자의 관계에 대해 이성은 "외면은 곧 내면의 표현"(199/299)이라는 법칙을 내세운다. 이 말은 '형태는 기능의 표현'이라는 의미이기도 하다. 이 법칙에 따르면 내면은 더 이상 자연의 초감각적 기체가 아니라, 감각적으로 관찰 가능한 대상으로 간주된다.

> 내면은 내면이면서도 외면과 마찬가지로 외적인 존재이며 형태를 가져야 한다. 왜냐하면 내면은 대상이고 그 자체로 존재하는 것이며 또 관찰을 위해 현존하는 것으로 정립되기 때문이다.(199/299)

내면은 관찰하는 이성에게 주어져 있는 유기적 생의 개념이다. 유기적 생으로서의 내면은 유기적 개념, 내적 실체, 영혼, 순수한 목적 개념 또는 보편자에 해당한다. 반면 외면은 일체의 생명현상이나 해부학적 체계와 같이 존재의 영역에 속해 있으면서 내면적 생의 표현으로 간주된다. 그럼에도 불구하고 내면은 운동으로, 외면은 정지로 등장한다.

> [유기체의] 내면은 부분에 있어서도 보편적 유동성으로 존재하므로, 그의 존재에 있어 사라져 가는 현실성의 행위나 운동으로 등장한다. … 반면 외면은 내면과 달리 유기체의 정지된 존재에 머문다.(199~200/299~300)

유기체의 내면을 나타내는 세 계기는 헤겔에 따르면 다음과 같다.

① 감수성(Sensibilität): 생명체가 내적으로 자기복귀하면서 비유기적 존재를 자신의 보편적 유동성 안으로 해소시킨다. 수동적인 이론적 기능이 된다.

② 반응성(Irritabilität): 타자 지향적 성격에서 비롯되는 것으로 작용이나 반작용의 능력이다. 능동적인 실천적 기능이 된다.

③ 재생(Reproduktion): 자극성과 반응성의 변증법적 통일이 재생이다.

'외면은 내면의 표현'이라는 법칙에 따라 이성은 그러한 내면의 표현으로서의 외면을 다시 그에 상응하는 세 가지 계기로 발견한다. 내적인 유기적 계기에다 외적인 해부학적 계기를 각각 대응시키는 것이다. 즉 감수성에는 신경조직이, 반응성에는 근육조직이, 재생에는 재생기관이 대응된다.(210/301)

유기체의 내면	해부학적 외면
감수성	신경조직
반응성	근육조직
재생력	내장조직

〈유기체에 있어 내면과 외면의 연결〉

그러나 유기체의 관찰을 위해 설정되는 이러한 내면과 외면의 관계에 대한 법칙은 한계를 가진다. 그 한계는 무엇보다도 유기적 전체를 해부학적 부분에 대응시킬 수 없다는 데에 있다. '외면은 내면의 표현'이라는 법칙에 따라 이성은 유기적 생의 내면에 상응하는 외면적 표현으로 해부학적 기관들을 발견하고 관찰한다. 그러나 그러한 연관 자체가 적절하지 못한 것은 유기적인 것이 어떤 특정한 부분으로 한정되지 않고 유기체 전체에 보편적 형식으로 작용하기 때문이다.

> 〔유기적 생은〕 각 작용들이 본질적으로 나뉘지 않고 분리될 수 없는 보편적 계기이다.(202/302)

유기적인 것은 운동이고 이행의 전체이며, 특정한 사물이 아니라 개념이다. 그러므로 내면과 외면은 서로 구분된 채 일대일로 대응하지 않으며, 따라서 그 둘의 관계가 법칙으로 찾아지지 않는다.

> 유기적 법칙의 두 측면은 물론 관찰될 수 있지만, 그 두 측면의 관계의 법칙만은 관찰될 수가 없다.(201/301)

> 유기체의 단순한 계기들은 서로 관통하는 유동적 속성들이므로, 그것들은 유기적 사물에 있어 각각 서로 분리된 실제적 표현을 가지지 않는다.(206/ 307)

나아가 유기물에 나타나는 질적 대립은 양적 차이에 대응시킬 수가 없다. 감수성과 반응성 둘 간의 질적 대립을 양적 차이로 설명하는 것은 적절치 못하다. 여기서 헤겔은 그 둘의 관계를 정비례의 관계로서 자극이 증가하면 반응이 증가한다거나 또는 반비례의 관계로서 자극이 강하면 반응성이 감소한다는 식으로 법칙화하는 것을 비판한다. 이런 맥락에서 헤겔은 셸링의 자연철학이 질적인 대립을 사유할 수 없기에 위력이나 정도의 차이라는 형식으로 모든 실재 속에서 하나의 동일한 직관만을 발견하고자 하였다고 비판한다. 유기체의 내면을 수적 규정인 비중으로 설명하는 것이 그런 시도에 해당한다.

비유기적 사물의 단순한 개별성으로서의 형태의 내면은 '특수한 중력' 〔비중〕에 해당한다. … 그리하여 비중은 법칙의 한 측면을 제공하는 것처럼 보인다. (213/315)

물체의 비중은 모든 물체에 타당한 중력의 법칙과의 관계에 있어 물체의 대자적 존재와 그 내면성을 표현하는 것으로 간주된다. 그리고 그러한 비중이 측정되어 수로 표현된다. 그러나 양은 무차별적 규정일 뿐이다. 모든 개념적 구별을 도외시하고 무차별적인 수적 계열로 유기체를 규정하는 것은 결국 유기체를 외면에서 관찰하는 것이며, 이는 곧 비유기적 자연관찰에로의 복귀를 뜻할 뿐이다.

관찰이 포착하고자 하는 형태에서의 내면과 외면의 관계는 곧 비유기적인 것의 영역으로 이행해 간다. (216/319)

이와 같이 외면과 내면을 법칙에 따라 연결하려는 이성의 시도는 자연을 비유기적 양적 차이의 존재로 간주하게 되고 만다.

3) 유기체적 존재: 자기생산과 세대산출

그러나 헤겔에 있어 유기체는 결코 비유기적인 양으로 환원될 수 없는 존재이다. 그럼 유기체는 어떤 존재인가?

실제적인 유기적 본질은 생의 대자존재를 외면 일반 또는 즉자존재와 연결시키는 중심이다. (211/313)

유기체적 본질에 있어 대자적 존재는 내용을 결여하고 있으므로 그 내용을 외면적 형태로 취하게 된다. 내용을 결여한 대자적 존재와 그 대자적 존재의 내용으로서 취해지는 즉자적 존재와의 무한한 통일이 곧 생명체의 실체이다.

이러한 통일은 생명체의 자기생산으로 이루어진다고 볼 수 있는데, 이는 동화작용과 자기보존으로 유지된다. 개체적 생은 비유기적 요소들과의 관계 속에 있는 보편자이며, 이런 요소들에 대한 무의식적인 개념화작용이다. 다시 말해 즉자를 대자화하고 여러 요소들을 관념화하면서, 스스로는 그것들의 부정적 통일로 존재하는 것이다. 이렇게 하여 개체는 자기를 보존한다.

그러나 이와 같은 유기체의 자기생산은 오직 세대산출의 운동 속에서만 충분한 의미를 가진다. 그리고 바로 이 운동이 생의 본질이다. 이는 개체의 생 자체가 동시에 보편적이며, 개체적 생이 그 자신을 초월하여 세대산출의 과정으로 나아가기 때문이다. 개체적 생은 한정된 생명체가 아니라 보편적인 것으로 존재한다. 즉 보편적 생명으로 존재한다. 그러므로 비유기적 생을 동화시키고 난 후, 개체적 생은 자신이 타자인 양 자신에게 행동하게 된다. 다양성 속에서 자신을 양분시키고 자신과 대립하는 것이다. 이러한 다양성이 성(性)의 다양성 속에서 구체적으로 실현된다. 개체성의 이념은 유와 보편성이며, 따라서 보편적 생명을 지향하는 개체적 생은 언제나 충족되지 못한 충동으로 남는다.

4) 유기체의 관찰에서 자기의식의 관찰로

무기적 자연에서 비중에 해당하는 것이 유기체에 있어서는 유(類)

이다. 생명은 그 자체 개체성을 넘어선 것이다. 비유기적 존재에 있어 내면은 다른 속성들과 병치해 있는 하나의 속성이지만, 유기적 존재에 있어 내면인 대자적 존재는 그 자체 보편적이다. 그러므로 개별적 생명체는 모든 개별적 규정을 초월한다. 그것은 그 자체 생이며 보편적 개별성이다. 보편적 개별성은 생 속에서 모든 규정을 초월하는 부정적 운동으로 제시된다.

이러한 보편적 생이 곧 유이다. 종으로 분화되는 유(개체화)와 개별성을 띠지 않는 대지(보편화)와의 양 극단 사이의 개별적 개체는 불완전한 생의 표현이다. 개별적 생명체는 그 자체 하나의 보편자이며 "대자적 존재와 부정성의 통일"(319)이지만, 그러나 이 통일은 오직 자신의 생의 운동 속에서만 제시될 뿐이다. 즉 개별적 생명체는 아직 자기 자신을 통일로 자각하지 못한다.

그러므로 자연 속에서 자신을 발견하고자 하는 이성은 개체적 생 안에서 자신을 단지 보편적인 생 일반으로서밖에 직관하지 못한다. 유기적 생명체가 자기부정적 운동성을 갖고는 있지만, 자기자각 내지 자기의식을 갖고 있지 않으므로, 그 안에서 이성은 진정한 자신의 대자적 통일성을 발견하지 못하는 것이다. 이는 유기적 생이 개별성과 보편성을 보편적인 개별성 속에서 통일하는 존재, 즉 역사가 아니기 때문이다.

유기적 자연에는 역사가 없다. 유기적 자연은 보편자 내지 생으로부터 직접적으로 현존재의 개별성으로 떨어지고, 현실성에서 통합된 단순한 규정성과 개별적 생명성의 계기들은 생성을 단지 우연적인 움직임으로 산출할 뿐이다.(220/323~324)

따라서 존재 속에서 자신을 발견하고자 하는 이성의 본능은 유기적 자연의 관찰을 떠나 자각능력을 가진 인간적 자기의식의 관찰로 이행하게 된다. 자연의 관찰에서 무한성을 발견할 수 없었던 관찰하는 이성이 마침내 이 문제를 해결하기 위해 인간 자신에게로 향하는 것이다.

2. 논리법칙 및 심리법칙의 관찰

무기물 자연에서도 유기체의 자연에서도 이성은 자기 자신을 발견하지 못하였다. 이제 이성은 관찰보다는 개념적 파악을 해야만 한다. 다시 말해 관찰될 내용에서 지성의 운동을 포착해야 하며, 그것을 대상화된 결과물이 아닌 활동성으로 포착해야 하는 것이다. 즉 이성 자체가 법칙의 계기를 이루는 활동 과정을 직관해야 한다.

생은 보편적 생을 실현하는 개별 생명체를 통해서만 존재한다. 그러나 생명체는 아직 개념으로 존재하지 않는다. 즉 유 또는 세대산출의 운동이 대자적 상태로서 존재하지는 않는 것이다. 생명체는 단지 태어나서 자기 전개하고 재생산하다가 죽는다. 병들고 스스로를 무화시켜 죽게 됨으로써만 자신을 생명체로서 정립하게 된다.

초월의 대자적 존재로서 절대적 부정성의 형식을 가지는 것은 오직 자기의식뿐이다. 자기의식만이 개념으로 실존하는 개념이며 유(類) 자체이다. 자기의식만이 대자적 존재와 순수 부정성의 통일이다.

개념의 보편성은 그 전개된 개별성까지도 자신 안에 절대적으로 포함하고 있는바, 관찰은 이 자유로운 개념을 오직 개념으로 존재하는 개념 자체 안에

서만 또는 자기의식 안에서만 발견한다.(221/325)

자연 안에서 자신을 발견하지 못한 이성은 이제 이성 자신의 자기
의식 안에서 자신을 발견하려고 한다. 즉 이성은 이성에게 직접 보이
는 자연(소산물) 안에서가 아니라, 그렇게 보는 것을 가능하게 하는
자신의 의식구조(능산적 구조) 안에서 자신을 발견하려고 한다. 그
구조가 의식 자체의 사유의 논리구조일 경우, 이성의 고찰은 논리학
이 되며, 그 구조가 경험적인 자연환경이나 사회환경 등 환경에 의해
규정되는 사유구조라면, 이성의 고찰은 곧 경험적 심리학이 된다. 의
식구조를 언어구조로서 탐구하는 것이 언어학이고, 사회경제구조로
서 탐구하는 것이 경제학이며, 풍속이나 종교 등으로 탐구하는 것이
인류학이라고 할 수 있다.

이성에 직접 보이는 것 = 의식활동의 결과물로서의 자연(무기물, 유기물)
이성이 보는 것을 가능하게 하는 구조(의식활동의 틀)
          = 형식논리구조   : 논리학
            경험적 심리구조 : 심리학
            언어구조   : 언어학
            사회경제구조   : 경제학
            풍속, 종교   : 인류학

2-1. 논리법칙의 관찰: 형식논리학 및 초월논리학 비판

1) 형식논리학 비판

이성이 자기의식 안에서 자신을 파악하려고 할 때 제일 먼저 관찰

하게 되는 것은 이성 자신의 사유 논리인 논리학적 법칙이다.

> 관찰은 자기 자신에게로 복귀하여 자유로운 개념으로서의 현실적인 개념으
> 로 향하면서 가장 먼저 '사유의 법칙'을 발견하게 된다. 사유 자체인 개별성
> 은 단순성으로 돌아간 부정성의 추상적 운동이며, 법칙은 실재성 바깥에 존
> 재한다. 사유의 법칙은 실재성을 가지지 않는데, 이는 곧 그것이 진리가 아
> 니라는 것을 말해 준다. 그러나 그것은 전체 진리는 아니지만, 그래도 형식
> 적 진리이기는 하다. 실재성이 없는 순수 형식적인 것은 단지 사유물일 뿐이
> 며, 내용으로 이원화되지 않은 공허한 추상일 뿐이다.(222/326)

문제는 형식논리가 사유의 형식만을 다루고 그 내용을 배제함으
로써, 외부세계에 대한 사유의 활동성은 배제되고 단지 내면의 고정
적 형식에만 머무르게 된다는 것이다. 이는 논리학에 있어 형식과 내
용의 구분이 결국 내면과 외면, 의식과 세계의 구분으로 이원화되어
있기 때문이다.

2) 초월논리학 비판

형식논리학과 달리 초월논리학은 그 내용이 형식과 모순되거나
분리되는 것이 아니라, 외부세계 존재의 내용 자체가 형식으로 표현
되는 논리학이다. 즉 그 형식이 세계 존재의 내용을 담고 있는 논리학
이 초월논리학이다. 헤겔은 이를 '존재론적 논리학'이라고 칭한다.

> 사유법칙은 순수사유의 법칙이고, 순수사유는 즉자적 보편자이며 따라서 직
> 접적으로 존재와 그 안에 모든 실재성을 가지는 지(知)이다. 그러므로 사유

법칙은 절대적 개념이며 사물의 본질이고 형식의 본질이다.(222/326)

그러나 이러한 사유법칙이 사유의 지(知)로서가 아니라 이성적 사유의 관찰 대상으로서 고찰되면, 그 논리 역시 형식화된다. 즉 사유의 논리가 대상화되기 이전의 지 자체로 포착되는 것이 아니라 이미 대상화된 논리법칙으로 고찰됨으로써, 여기서 이성이 발견하게 되는 것은 의식의 활동성 자체가 아니라 활동결과의 형식일 뿐이며, 그것도 논리법칙으로 고정화된 형식일 뿐이다. 이렇게 해서 논리는 형식으로 고정화되고 내용은 주어진 것이나 발견된 것 또는 존재하는 것으로 간주되면서, 결국 내용이 운동의 형식으로부터 벗어나게 되어 내용은 형식 없는 내용이 되고 형식은 내용을 결여한 형식이 된다.

이처럼 의식의 활동과 연관성으로부터 유리된 사유법칙은 한정된 내용을 지닌 형식에 지나지 않으며, 이런 이성의 관찰에 있어서는 의식의 내용도 의식의 형식도 다 자기의식의 본질로 드러나지 않는다. 결국 이성은 형식논리이든 초월논리이든 그 고정화된 형식의 틀 안에서 이성 자신을 발견할 수가 없다. 이는 논리가 내용을 배제한 형식으로서 결국 외면을 배제한 내면의 논리로 제한받기 때문이다.

그러므로 단순히 형식화하는 관찰을 통해서는 이성이 그 관찰대상 안에서 자기 자신을 발견하기 힘들다. 이 사실을 깨달은 이성은 이제 법칙에 준하는 사유인 "관찰하는 의식"이 아니라, 오히려 법칙을 산출하는 사유인 "활동하는 의식"(223/328)으로 자신을 고찰하게 된다.

2-2. 심리법칙의 관찰: 경험심리학 비판

1) 경험심리학의 주장

관찰하는 이성은 이성활동의 결과물로서 고정화된 자연 안에서도 자신을 발견하지 못하고, 그 의식활동의 형식이라고 말할 수 있는 논리 안에서도 자신을 발견하지 못한다. 이제 이성은 다시 인간의 의식을 논리에서와 같이 단지 그 형식적 내면에서가 아니라, 오히려 외면 세계와의 연관 안에서 발견하려고 시도한다. 세계의 내용을 포착하는 의식의 활동성 자체를 주목하고자 하는 것이다. 그리하여 사유를 규정한다고 생각되는 자연이나 사회 환경 등을 고찰함으로써 그 안에서 이성 자신을 발견하고자 노력한다.

여기서 이성은 의식적인 개체성을 보편적인 정신의 표현으로, 그리고 정신을 그 자신의 세계에 대한 표현으로 파악하려고 한다. 즉 개체성 및 개인의 사유가 자연환경이나 사회환경, 종교나 풍속 등에 의해 규정되며 그 상황을 반영하고 있다고 간주하는 것이다.

> 법칙의 내용을 이루는 계기들은 한편으로는 개체성 자체이고 다른 한편으로는 그들의 보편적인 비유기적 자연, 즉 주어진 상황, 여건, 습관, 도덕, 종교 등으로서, 특정한 개체성은 그것들로부터 이해될 수 있다. … 이 두 측면의 관계의 법칙은 특정한 상황이 개체성에게 작용과 영향을 끼치는 그런 어떤 것을 포함하고 있어야 한다.(225/330)

주변 상황이 개체에 결정적 영향을 미친다는 가정하에서 예를 들어 평야가 펼쳐지고 기후가 좋은 토양에 사는 사람들은 낙관적 사유를 가지게 되고, 사막이나 위험요소가 다분한 지역에 사는 사람들은 인간과 자연을 주관하는 외재적인 유일신관을 가지게 된다는 주장이 나오게 된다.

자연환경 ⟶ 일반정신 ⟶ 개체의식
(세계의 표현)
풍속, 종교 등

이는 결국 비유기적 자연인 환경을 즉자적 존재로 보고 개체성은 대자적 존재로 보아 그 둘을 구분한 후, 다시 그 둘 간의 관련을 법칙화하려는 시도라고 볼 수 있다. 그리하여 관습이나 풍습 등의 환경이 개인에게 어떤 영향을 미치는가에 대한 법칙을 밝히고자 하는 것이다.

2) 심리학의 문제점

그러나 우리가 한 개인의 세계를 아는 것은 오직 그 개인으로부터 출발함으로써만 가능하다. 개인의 사유가 전적으로 자연이나 사회 환경에 의해 법칙적으로 규정되는 것은 아니기 때문이다.

무엇이 개체에게 영향을 미치며, 또 — 같은 말이지만 — 어떤 영향을 미치는가는 오직 개체성 자체에 의존한다.(225/331)

개체의 세계는 오직 그 개체 자체로부터만 파악될 수 있다.(226/332)

그러므로 헤겔에 따르면 개체의 심리를 보편적인 자연이나 사회

환경 등을 통해 설명하는 것은 인간 이성을 바로 이해하는 것이 아니다.

> 심리적 필연성은 공허한 단어일 뿐이어서, 개체에게 영향을 미친 경우에도
> 그 영향력이 없을 수도 있었을 절대적 가능성이 존재한다.(226~227/332)

나아가 대자적 존재로 파악된 개체의 행위로부터 구별될 수 있는 즉자적 존재라는 것은 따로 존재하지 않는다. 그러므로 즉자적 자연을 전제하면서 그것으로부터 대자적 의식내용을 규정하려고 하는 것은 잘못된 시도이다.

> 개체성은 바로 그 자신의 세계이다. 개체성 자체는 그 안에서 개체성이 자신
> 을 현실성으로 제시하는 행위의 원환이며, 현존하는 존재와 만들어진 존재
> 의 단적인 통일성이다. 통일성의 이 두 측면은 심리적 법칙의 표상에서처럼
> 즉자적으로 현존하는 세계와 대자적으로 존재하는 개체성으로 서로 분리되
> 어 있지 않다. 만일 그들이 각각 관찰된다면, 그들 간의 관계에 어떤 필연성
> 이나 법칙도 있지 않을 것이다.(227/332~333)

3) 자기의식의 논리적 및 심리적 표현에서 신체적 표현으로

관찰하는 이성은 무한성을 찾아 무기물에서 유기물을 거쳐 인간 자신에 이른 후, 그것을 논리적 법칙세계와 심리적 법칙세계에서 찾는다. 그러나 사유논리는 외부 세계에 존재하는 진리성을 결여한 형식적 진리에 불과하고, 심리법칙은 관습이나 풍속 등의 외면과 자기 경향이나 격정 등 내면의 문제를 함께 다루지만, 관찰하는 이성이 이 양자를 분리하여 관찰하기 때문에 여기에서도 이 둘을 통일하는 법

칙은 찾아지지 않는다.

논리적 관찰이나 심리적 관찰에서 개념에 도달할 수 없는 이성은 마침내 정신과 육체의 즉자적 통일인 신체라는 근원적 존재에 관심을 돌리게 된다. 내적 정신과 외적 육체가 의식차원에서는 분리되어 있을지라도, 심층에서는 서로 연결되고 통일되어 있다고 볼 때, 그 통일성을 단적으로 표현하고 있는 것이 바로 신체이기 때문이다. 이렇게 해서 이성이 자기 자신을 발견하고자 하는 노력은 관상학과 골상학으로 전개된다.

3. 관상 및 골상의 관찰

3-1. 관상의 관찰

1) 관상학(Physiognomik)의 주장

관찰은 비가시적 정신의 가시적 현존을 추구한다. 여기서도 '외면은 내면의 표현'이라는 것이 전제된다. 신체는 두 가지 의미에서 개체성의 외면이다. 우선 신체는 개체의 근원적 본성을 표현하는 것으로서 선천적 소질과 기능을 지닌 즉자적 존재다. 나아가 신체는 개체의 대자적 측면도 표현한다. 즉 의식이 행하는 것을 표현한다. 따라서 즉자적인 것과 대자적인 것 사이의 대립이 신체적인 개체성 한가운데에 모여 있다. 신체는 소여된 개체성과 활동하는 개체성의 총체적 표현으로 이해되는 것이다. 신체 중에서 손이나 목소리 또는 글씨체 등도 개인의 내면성을 보여 주지만, 무엇보다도 개체적 내면성을 가장 직접적으로 드러내는 것은 얼굴표정이다. 얼굴표정은 개체성의 자체 내적 반성을 즉각적으로 표현해 준다. 즉 외적 행동에 이르기까지의 내적 사유나 느낌 등을 있는 그대로 보여 주는 것이다. 얼굴표정은 가장 심층적인 내면성의 외면적 표현이라고 할 수 있다.

2) 관상학의 좌절

그러나 이성이 의도하는바 내면과 외면의 직접적 통일성의 고찰은 관상학에서 이루어지지 않으며, 따라서 관상학은 실패한다. 이는 무엇보다도 개체성의 의도와 그것의 다양한 표정들 간의 대응관계가 우연적일 수도 있기 때문이다. 언어적 표현이 내적 사유를 전달하면서 동시에 사유를 은폐시키는 데도 사용될 수 있듯이, 내면 심리의 표현으로서의 얼굴표정 또한 내면을 드러내면서 동시에 은폐시키기도 한다.

> 내면은 현상을 통해 가시화된 비가시적인 것이지만, 그러나 현상과 결합되어 있는 것은 아니다. 동일한 내면이 다른 현상으로 나타날 수도 있고, 또 다른 내면이 동일한 현상으로 나타날 수도 있다.(233/341)

나아가 관상학적 관찰은 완수된 행위를 비본질적 외면으로 간주하고, 행위주체의 생각이나 의도나 추측을 본질적 내면으로 간주한다. 그러나 실제로는 수행된 행위가 보편적 성격을 지니는 반면, 의도나 추측은 오히려 끝없이 미묘하며 따라서 무한히 다양하게 규정 가능한 것으로서 그 자체 무규정성의 특징을 갖는다. 그런 무한한 가능성을 종식시키는 것이 바로 행위일 수 있는 것이다.

인간의 참된 존재는 그의 행위이다. 행위 안에서 개체성은 현실적이 된다.
(236/345)

완수된 행위 속에서 악무한은 소멸된다.(236/345)

그러므로 내면은 본질이고 외면이나 행위는 비본질이라고 주장하는 것도 옳지 않다. 이는 곧 개인의 행위를 그 내면적 의도나 동기를 따라 설명하려고 하는 개체심리학 또는 내면심리학에 대한 비판이라고 볼 수 있다.

이와 같이 관상학 비판에 있어서 헤겔은 개체적 영혼과 그 표현 사이에 성립하는 유사성을 완전히 부정한다기보다는 오히려 인간을 그의 활동이나 행위 또는 작품을 고려함이 없이 그의 의도에 대한 분석만을 통해 인식할 수 있다는 주장을 비판하고 있다. 즉 관찰하는 이성의 관찰 방법을 비판하는 것이다. 다시 말해 내면과 외면을 각각 분리시키고 고립시키고 나서 다시 그 양자가 일치한다고 주장하는 것을 비판하는 것이다. 이런 후속적인 일치로서는 당초의 잘못된 분리 자체의 오류를 교정할 수 없기 때문이다. 내면과 외면을 각각 분리시킬 경우, 고찰 대상으로서의 신체는 단지 추상적인 외면성에 그칠 뿐이며, 활동을 떠난 주체로서의 개체적 영혼은 그 자체 파악 불가능한 것이 되어 버린다. 이보다는 헤겔은 오히려 내면과 외면의 분리불가능성을 주장하고 있다고 볼 수 있다.

3-2. 골상의 관찰

1) 골상학(Schädellehre)의 주장

이성은 '외면은 내면을 표현한다'는 자신의 본능적 신념에 따라 두개골의 모양이 의식적 개체성을 표현한다고 주장한다. 정신적 활동이 뇌의 특정 부위와 대응하고, 그 뇌의 부위가 두개골의 모양형성에 작용한다고 설명하는 것이다.

2) 골상학의 좌절

그러나 정신의 흔적을 두뇌에서 찾는다는 것은 무의미하다. 왜냐하면 정신이 외적인 모습으로 양화 가능한 것이 아니기에 정신적 활동을 뇌의 부위 또는 두개골의 모습과 연관 짓는 계량적 고찰은 의미가 없기 때문이다. 또한 관찰은 자기의식적 정신을 물질화시킴으로써 결국은 정신을 '죽은 머리'와 일치하게 만든다. 두뇌 형태에서 자기를 발견하려던 이성은 결국 '정신은 뼈에 불과하다'는 결론을 내리게 된다. 그러나 이성이 굳어 있는 뼈에서 자신을 발견할 수는 없다.

뇌가 살아 있는 머리라면, 두개골은 죽어 버린 머리라는 것이 분명하다. (241/350)

3) 관찰하는 이성에서 행위하는 이성으로

'사유와 존재의 동일성'이라는 관념론의 진리에 따라 관찰하는 이성은 존재 속에서 자신을 추구하면서 그 안에서 자신을 발견하려고 하지만, 결국 자신을 추상적이며 의미가 결여된 사물로서만 발견하게 된다.

그러나 사물로 고정화되고 대상화되어 관찰된 것은 이성 자신이 아니다. 대상화된 존재는 더 이상 정신의 진리가 아닌 것이다. 그러므로 이성은 무기물에서도 유기물에서도, 자신의 사고법칙이나 심리법칙에서도, 나아가 얼굴표정이나 두개골 등 신체에서도 진정한 자신을 발견하지 못한다. 그것들은 모두 이성의 활동 결과물이며 개념의 과거에 지나지 않기 때문이다. 거기서는 관찰하는 이성이 자신을 존재 또는 사물로서만 바라보게 된다. 관찰의 대상으로 직접적으로 주어지는 것 안에서 이성은 이성 자신을 발견할 수가 없다.

> 의식이 모든 실재성이라는 것은 더 이상 직접적 확실성이 아니다. 그것은 그 안에서 직접적인 것이 단지 지양된 것의 형식만을 갖는 그런 확실성일 뿐이다.(255/368)

따라서 이성은 이제 자신을 자기활동성의 결과에서가 아니라, 활동성 자체 안에서 포착하고자 한다. 자신을 관찰의 방식으로 대상화하여 발견하는 것이 아니라, 오히려 자신을 정립하는 활동 자체 안에서 발견하려는 것이다. 이렇게 해서 자기 발견적 이성은 더 이상 이론적으로 관찰하는 이성에 머무르지 않고 스스로 실천적으로 행위하는 이성으로 나아간다.

> 의식은 더 이상 자신을 직접적으로 발견하려 하지 않고, 오히려 자신의 행위를 통해 자기 자신을 산출하려고 한다. 의식 자체가 자신의 행위의 목적이

된다.(253/366)

관찰하는 이성에서 의식이 사물을 추구한다고 믿으면서 사실은 암묵적으로 자기 자신을 추구하였다면, 이제 의식은 이러한 자신의 추구를 깨닫게 되고, 반성자만이 파악할 수 있었던 상태를 스스로 자각하게 된다. 그러므로 이제 의식은 더 이상 자신을 찾으려고만 하지 않고 스스로 자신을 만들어 나가려고 한다. 여태까지는 의식의 활동이 반성자의 대상이었다면, 이제 그 활동이 의식 자신의 대상으로 되는 것이다. 이렇게 해서 이성은 관찰하는 이성에서 행위하는 이성으로 나아간다.

II
행위하는 이성:
이성적 자기의식의 자기실현

　행위하는 이성에게 행위는 개체성에서 보편성으로 나아가는 행위이다. 즉 개별자로서 보편성을 실현하는 행위이다. 자기의식이 불행한 의식을 거쳐 도달한 '나 즉 우리'의 보편적 정신에 나아가기 위한 행위인 것이다. '나 즉 우리'의 보편적 정신은 '이성이 곧 전체'라는 확실성을 추구하지만, 관찰하는 이성으로서는 그 보편성을 얻을 수 없기에 이제 이성은 행위하는 이성으로 나아간다. 관찰하는 이성과 행위하는 이성의 관계는 곧 이론이성과 실천이성의 관계이며 또 이론과 실천의 관계이기도 하다.[6]

　행위하는 실천적 이성이 추구하는 것은 개체성과 보편성이 개별자 안에서 화해되고 통일되는 것이다. 헤겔은 이 둘이 화해된 상태를

---

6)　헤겔 이전에 이론이성과 실천이성은 어떤 관계로 이해되었는가? 칸트철학에서 이론이성과 실천이성의 관계는 자연인식의 문제와 자유의 문제로 다뤄진다. 이는 곧 피히테에 이르면 이론적 자아와 실천적 자아의 관계가 되는데, 그에게서 이론적 자아는 자유가 자기의식적 자유로 되기 위해 필연적으로 부딪쳐야 하는 저항을 가지는 자아이고, 실천적 자아는 자기 자신을 절대적 자유로 정립하기 위해 무한한 노력을 하는 자아이다. 피히테에서 자연은 자아가 자신의 부정을 부정함으로써 자신을 긍정하도록 하기 위해서만 존재하는 것이다. 셸링에서는 자연과 자유가 절대자의 직관 속에서 화해된다. 이런 직관 전형을 헤겔은 미적 직관이라고 본다.

인륜성으로 이해하며, 인륜성이 실현되었던 예를 고대 그리스의 조직화된 도시국가인 폴리스에서 찾는다. 폴리스에서는 인간이 전체 내지 보편과 하나가 된 개인으로 살았으며, 그로써 개별자와 보편자 간의 직접적 통일이 실현되었다고 보는 것이다.

> 〔인륜의 왕국은〕 개체들의 자립적 현실성 속에서 개체들의 본질의 절대적인 정신적 통일성 이외의 다른 것이 아니다.(256/370)

인륜적 정신이 완전하게 실현되는 것은 민족의 유기적 생에서만 가능하다. 그러다가 그러한 폴리스적인 직접적 통일에 반성이 가해 짐으로써 분열이 생겨나게 된다. 그러나 직접적 통일을 분열시키는 반성은 보다 더 고차적인 형태로 나아가기 위한 불가피한 과정으로 간주된다.

> 정신은 자체 안의 더 큰 대립으로부터 자신에로 복귀하면 할수록 더 위대해 진다.(250/361)

따라서 반성에서 요구되는 것은 개체적 이성으로부터 보편적 정신으로 나아가는 것이다. 이성은 즉자적으로는 보편적이지만 그 의식이 아직 개체성에 속해 있는 한, 세계 내지 정신으로서의 이성이 아니라 단지 개별적인 개체성의 이성일 뿐이다. 그러나 이성은 객관적 정신으로 생성되어야 할 필요가 있다. 그러기 위해 개별적 자기의식에서 출발해서 정신과 인륜적 실체에로 나아가는 고양과정, 즉 정신과 인륜적 실체의 생성과정을 거치게 된다. 인륜적 세계를 나의 것으로 하고 주관적 확신을 객관적 진리로 끌어올리려는 행위하는 이성의 여정이 계속되는 것이다.

> [이성] 자신이 모든 실재성이라는 확신이 진리로 고양되면, 즉 이성 자체가 세
> 계로 의식되고 세계가 이성 자신으로 의식되면, 이성은 정신이 된다.(312/1)[7]

이제 개별적 의식을 좇아 의식이 자신을 실현하고자 하는 일차적
충동에서부터 의식이 정신의 개념을 발견하기까지의 과정을 추적해
야 한다. 이는 곧 개별적 자기의식이 자신을 확신하며 자신의 행복을
좇아 세계 속에 뛰어들면서, 행복이란 것이 결국 사회적 조직체 속에
서 또는 인륜적 생 속에서만 발견될 수 있다는 것을 깨닫게 되는 과
정이기도 하다.

인륜성에서 실현되는 보편적 정신은 개별적 개체들이 존속하는
장인 동시에 개체들의 활동에서 비롯된 산물이기도 하다. 전체와 부
분, 보편자와 개별자 사이의 상호작용이 정신적 생 자체를 가능하게
만든다.

이러한 개체성과 보편성의 통일과정에 대해서는 두 가지 서술방
식이 가능하다. 행복한 직접성의 인륜적 조화가 전개의 출발점인 동
시에 종착점이 되기 때문이다. ① 인륜적 조화가 출발점일 경우, 개
체는 그가 속한 전체로부터 분리되어 이 직접성을 파괴시킴으로써
대자적이 된다. ② 반면 인륜적 조화가 종착점일 경우 개체는 고유
운동을 통해 정신적 실체를 잉태하면서 통일의 직접성을 획득하는
것이 된다.

---

7) 임석진 역, 『정신현상학』 2권의 1쪽이다.

〈개체와 보편의 통일〉
① 출발점으로 삼기: 개체가 전체와 분리 직접성이 파괴됨 / 인륜성의 차원
② 종착점으로 삼기: 개체가 정신이 되어 직접성을 획득함 / 덕성의 차원

개체적 이성이 관찰에서는 즉자적이었다면, 행위하는 이성의 활동에서는 대자적이 된다. 그리고 오직 존재 속에서 스스로를 표출하고자 하는 개체성에 이르러서만, 이성은 즉자대자적이 된다. 대자적 존재의 목표는 마지막 형태인 덕성에 이르러 현실과 동일한 존재가 됨으로써 즉자대자적으로 되는 것이다. 그렇게 하여 개체성은 자신의 활동 속에서 즉자대자적 존재가 되어 개체와 보편의 통일을 실현하게 된다.

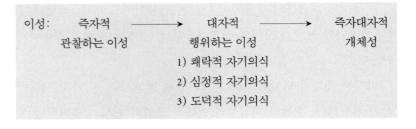

이성: 즉자적 → 대자적 → 즉자대자적
관찰하는 이성　　행위하는 이성　　개체성
　　　　　　　1) 쾌락적 자기의식
　　　　　　　2) 심정적 자기의식
　　　　　　　3) 도덕적 자기의식

1. 쾌락과 필연성: 쾌락적 자기의식

1) 쾌락(Lust)의 단계

이성이 자신을 '실천하는 이성'으로 자각하는 첫 단계는 어떤 것인가? 인간은 자신 안에서 욕망을 느끼고 그 욕망충족을 향한 의지

를 자각함으로써 자신을 개별적인 실천적 주체로 의식하게 된다. 실
천적 자기의식으로 행동하는 이성은 자신의 자유의지를 무엇보다도
자신의 개인적 욕망의 충족을 통해 확인한다. 이 욕망충족이 바로 쾌
락이다. 따라서 개별성의 차원에서 처음 등장하는 실천적 자기의식
은 곧 '쾌락적 자기의식'이다.

　쾌락적 자기의식에서 행위의 목적은 쾌락이며, 쾌락은 곧 행복이
다. 쾌락적 자기의식은 자신이 편력했던 지식, 이론, 습속, 생활의 율
법 등을 모두 환상적인 것으로 거부하고 쾌락을 통해 타자를 자기 자
신의 것으로 향유하고자 한다.

　그런데 행위하는 이성으로서의 개체성이 현실화하고자 하는 쾌락
또는 쾌락에 대한 욕구는 바로 또 다른 개체성 속에서 자신을 재발견
하려는 것이다.

> 욕구의 첫 번째 목적은 다른 자기의식 안에서 개별적 존재로서의 자기 자신
> 을 자각하는 것 또는 타자를 자기 자신으로 만드는 것이다.(262/378)

　두 개의 자립적 자기의식이 직접적으로 타자를 자기의 것으로 하
면서 통일된 상태를 직관하는 단계에 이르게 되는데, 이것이 바로 남
녀의 관계이다. 여기서 이성은 타자의 자립성의 폐기를 통해 타자와의
일체성을 획득하려고 한다. 이것이 곧 감각적 사랑, 파우스트적 에로
티시즘이다. 이때 개별적 의식은 단지 자신의 단일한 개별성만을 욕
구할 뿐이지만, 그러나 생 일반의 관점에서 보면 이러한 쾌락추구는
결국 유(類)와 세대산출의 일 계기일 뿐이며, 생동하는 개체성은 오
직 이성(異性)의 보완적 개체성 속에서만 자신을 발견할 수 있을 뿐
이다.

2) 쾌락의 좌절

자기만이 유일한 관심이 되는 개별적 욕구, 즉 쾌락과 행복추구의 의식은 시공간적으로 제한된 개별적 생명을 초월하지 못한다. 따라서 쾌락추구의 감각적 사랑은 좌절할 수밖에 없다.

> 개체는 자신이 행하는 행위, 즉 자신의 삶을 취하는 행위 안에 놓여 있는 이중의 의미를 경험하게 된다. 그는 삶을 취하지만, 오히려 그렇게 함으로써 자신의 죽음만을 포착하게 된다.(265/382)

쾌락추구의 운동 속에서 표현되고 있는 유 또는 보편자로서의 생은 끊임없는 죽음과 생성의 반복이다. 그 안에서 생동하는 개체성은 타자를 통해 진정으로 자기 자신에 도달하는 것이 아니라, 오히려 타자에 의해 잠식당할 뿐이다. 그리고 한 개체성에서 결코 실현된 일이 없는 통일성을 대신하여 또 다른 개체성이 출현하게 된다.

쾌락적 욕구의 지향 ←——————→ 쾌락적 욕구의 결과
쾌락/생 자기소모/죽음
필연성

모든 향유에 있어 개별성은 개별성으로 인해 소멸되며 우리는 죽게 된다. 우리는 매 순간 자신을 소모시키는 중이다. 관능적 쾌락을 탐닉할 때 우리는 여전히 욕구로 남아 있으며, 욕구는 관능적 쾌락을 열망한다. 보편자는 개별적 자기의식에 대해 개별자를 무화시키는 위력으로 존재하며, 자기의식은 그 위력을 필연성 또는 운명이라는

이름으로 인식한다. 쾌락추구에 있어서도 우리는 개별성의 나약함을 경험할 뿐이다.

> 개별성의 절대적 완강함은 견고하긴 하지만, 그러나 계속되는 현실성 앞에 서는 산산이 부서진다.(265/382)

보편적 위력이 제시하는 필연성 또는 운명은 인간에게 불가사의한 것으로 나타나므로 결국 비극적이다. 그리고 그것은 개체에게는 일종의 수수께끼이다. 자신을 무화시키는 그 위력적 힘을 개체는 이해하지 못한다. 그는 그것에 어떠한 내용도 어떠한 의미도 부여할 수가 없다.

> 그의 살아 있는 존재로부터 생명 없는 필연성으로의 이행은 개체에게 있어 어떤 것에도 매개되지 않은 일종의 전도처럼 보인다.(265/382)

이렇게 해서 생에서 죽음으로의 이행, 관능적 쾌락에서 무화상태로의 이행이 있게 된다. 이는 단지 향유와 소멸의 운동에 지나지 않으며, 결코 사유로 포착되지 않는다.

3) 욕망에서 마음으로의 이행

쾌락적 의식의 모순과 빈곤함을 알게 된 의식은 이제 자기 내적인 반성을 통하여 새로운 형태의 의식을 발견하게 된다. 그리고 그 새로운 형태의 의식 속에서 보편자와 직접적으로 결합하여 마음의 법칙에 이르게 된다. 개체성을 수호하면서도 그것을 보편화하고, 개별적인 것과 보편적인 것이 화해할 수 있는 목표에로 자신을 변화시키는 것이다.

2. 마음의 법칙과 자만의 망상: 심정적 자기의식

1) 마음의 법칙의 자각단계

개체성에 대해 존재했던 필연성이 반성을 통해 개체성의 내면으로 이행한다. 그로써 의식은 개체적 쾌락을 추구하는 쾌락적 자기의식에서 탈피하여 인류의 복지 등 보편적 쾌락을 추구하는 '심정적 자기의식'으로 나아가게 된다.

> 자기의식은 직접적으로 보편자 또는 법칙을 자신 안에 갖고 있음을 알게 되는데, 이 법칙은 그것이 직접적으로 의식의 대자존재 안에 있다는 규정 때문에 '마음의 법칙'이라고 불린다.(266/384)

그렇게 해서 쾌락적 자기의식은 심정적 자기의식이 되고, 심정적 자기의식이 추구하는 것은 더 이상 개별적 쾌락이 아니라 보편적 쾌락, 즉 타인의 쾌락을 포괄하는 "인류의 복지"(267/385)가 된다.

> 개체가 실현하는 것은 그 자체 법칙이며, 따라서 개체의 쾌락은 동시에 모든 마음의 보편적 쾌락이다.(267/385)

마음의 법칙은 인간행위의 보편적 질서가 되고, 쾌락도 인간세계의 합법칙적 현실로 변화한다. 심정적 자기의식은 마음의 법칙이 현실적으로 인간세계에 구현되는 것을 경험하면서 자신의 추상성이나 주관성 내지 개별성을 지양하고 자신의 행위에 현실성과 객관성을 부여하게 된다. 이렇게 하여 마음의 법칙은 더 이상 마음의 법칙에만 머무르지 않고 사회적 현실의 법칙이 되고자 한다.

　여기에서 개체성은 자신의 행복에 대한 욕구가 필연적인 욕구 또는 보편적 가치를 지닌 욕구임을 직접적으로 알게 된다. 그리하여 자신을 개별성 너머로 고양한다. 자신의 욕구 속에서 법칙의 관념까지도 포용하는 것이다. 이러한 심정적 자기의식 단계를 표현한 것이 '보편의지'를 주장하는 루소의 센티멘털리즘이다.

　그런데 그런 법칙이 아직도 마음의 법칙이라고 불리는 것은 이 단계에서는 개체성의 욕구에 담긴 직접성과 자연성이 여전히 극복되지 않고 남아 있다는 것을 의미한다. 나아가 충동이나 자연적 성향이라고 해서 그 자체가 나쁜 것은 아니라는 뜻도 포함되어 있다. 여기서는 인간의 본성이 모든 개체성을 지배하는 보편적 법칙과 일치하는 것으로 간주되기는 하지만, 그럼에도 불구하고 마음의 법칙은 여전히 그것과는 다른 실재성과 대면하여 검증받아야 할 의도로 남을 뿐이다.

2) 갈등의 발생: 마음의 광란

　실재성인 현실의 법칙은 마음의 법칙에 대립되며 그 둘 간에는 생생한 모순이 존재한다. 그리하여 의식은 이 세계의 실재성이 개체성의 마음으로부터 분리되어 있다는 것을 발견한다. 세계를 지배하는 질서는 개체로부터 분리된 가상적 질서처럼 보이는데도 마음의 법칙

212

과 대립하여 마음을 억압하는 질서로 작용한다.

〔현실의 법칙은〕 마음의 법칙과 대립되는 세계의 폭력적 질서이다.(267/385)

낭만주의적 개인주의는 인간 개체성에 가해지는 이런 현실 법칙의 횡포에 대한 저항을 의미하다. 개체는 자기 자신의 마음의 법칙을 따르려고 한다. 자기의식은 자신의 마음의 법칙만이 진정으로 실재적이고 본질적이라고 주장하며 통례적인 질서란 가상일 뿐이라고 믿는다. 사회적 질서는 인간의 작품이지만 더 이상 인간의 마음에 합치하지 않으며, 따라서 개체성은 대상화된 사회적 질서 속에서 자신을 발견하지 못하기 때문이다.

마음의 법칙 ←——————→ 현실의 법칙
(개체의 마음)   (개체에의 억압)
〈마음의 법칙과 현실의 법칙의 대립과 갈등〉

이와 같은 대립이 발생하게 되는 것은 마음의 법칙이 현실에서 실현되자마자 그 법칙이 특수한 개인의 마음을 이탈하기 때문이다.

마음의 법칙은 자신의 실현과 더불어 마음의 법칙이기를 그만두게 된다. 왜냐하면 마음의 법칙이 자신의 실현 속에서 존재의 형식을 취하고 보편적 권력이 되고 나면, 그 권력 앞에서 개체적 마음은 무가치한 것이 되기 때문이다. 따라서 개체는 자신의 질서를 설정하되 더 이상 그것을 자신의 것으로 발견할 수가 없다.(268/387)

이런 상황에서 다시 개인은 "개별자로서의 자기로부터 탈피한다."
(269/387) 즉 개인의 행위는 그 자신의 것인 동시에 외면적이기도
하다는 것을 인지하게 된다.

> 개인은 보편적 현실을 실제로 인정하고 있다. 왜냐하면 행위는 곧 자신의 본
> 질을 자유로운 현실성으로 정립하는 것, 즉 현실성을 자신의 본질로 인정하
> 는 것을 의미하기 때문이다. (269/388)

이제 개인은 자신의 행위를 통해서 외적 질서 역시 자신의 본질이
라는 것을 발견한다. 그러나 이것은 곧 자기의식 내에서 본질이 비본
질이 되고, 비본질이 본질이 된다는 것을 의미한다. 결국 의식은 자
신을 하나의 모순으로 경험함으로써 "의식의 광란"(271/390)이 발생
한다. 이 광란은 의식 일반에서의 본질이 특수한 의식에서의 비본질
이 된다는 사실에서 기인한다. 스스로 본질적인 것으로 생각한 마음
의 법칙이 비본질적인 것으로 전도되고, 본래 마음의 법칙에 대립되
던 비본질적인 현실의 법칙이 다시 본질적인 것으로 대두되어 의식
의 광란상태가 야기되는 것이다.

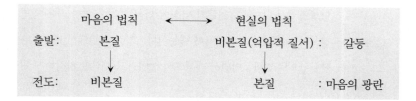

의식은 자신 안의 도착상태인 이 모순을 자기 밖으로 몰아내어 회
피하려고 한다. 즉 도착을 자기가 아닌 다른 타자라고 선언하는 것이

다. 이것이 곧 자만의 "망상"(271/391)이다. 망상에 찬 광란의 의식
은 사회적 질서를 모든 마음들의 법칙이되 도착된 질서로 간주한다.
그리하여 사회적 질서의 변혁을 기도하게 된다.

3) 종합: 덕성으로의 이행

그러나 마음은 서서히 현실의 법칙에 대립한 자신의 마음의 법칙
이 단순한 사념에 지나지 않는다는 것을 자각하게 된다. 그렇게 해서
심정적 자기의식은 내면적 전도를 다시 한번 더 전도시킴으로써 자
기모순을 극복하고자 한다. 마음은 현실의 법칙이 마음 자신에서 유
래한 것임을 자각하며, 현실이 곧 여러 마음들의 현실이라는 것을 자
각하는 것이다. 사회적 질서는 한 개인만의 질서는 아니지만, 결국
여러 개인들의 질서인 것이다. 이러한 객관적 질서는 "의식 없는 공
허한 죽은 필연성이 아닌 정신적 보편성 또는 실체"(273/393)를 의
미하며, 오히려 현실화되지 않은 마음의 법칙이 단순한 사념에 지나
지 않는 것이다. 이렇게 해서 마음은 현실의 법칙을 인정하게 된다.

> 보편적 질서는 곧 만인의 마음의 법칙이다. ⋯ 존립하는 법칙이 개인의 법칙
> 에 대해 정당화될 수 있는 것은 기존의 법칙이 의식 없는 공허한 죽은 필연
> 성이 아닌 정신적 보편성이고 실체이기 때문이다. 그 실체 안에서 개인들은
> 그 실체를 현실성으로 받아들이면서 개체로서 살아가고 자신을 자각하게 된
> 다.(273/393)

이처럼 심정적 자기의식의 개별성을 극복하고 내면적 전도를 다
시 전도하여 보편성을 회복한 자기의식을 "덕성"(274/395)이라고 부

른다. 덕성은 개인적인 이기주의를 무화시켜서 질서로 하여금 그 본연의 진리 속에 등장하도록 하는 의식이다. 마음의 법칙이 개별적인 쾌락의 보편화에 의해 성립하는 것이라면, 도덕적 의식인 덕성은 바로 이 개별성을 사상하고 자기를 그대로 보편적 법칙과 일체화시켜 나감으로써 성립하는 것이다.

3. 덕성과 세계행로: 도덕적 자기의식

1) 덕성(Tugend)과 세계행로(Weltlauf)의 갈등

덕성에게는 법칙이 본질이 되고 개체성은 지양되어야 할 것이므로, 덕성은 자신의 전 인격을 희생하면서 오직 보편적인 법칙인 즉자대자적 진리의 선(善)으로 자신을 동일화하고자 한다. 그러나 이처럼 보편을 지향하는 덕성은 개체적 자아의 이기성에 따라 전개되는 구체적 현실 앞에서 다시 모순에 부딪쳐 갈등하게 된다. 구체적 현실은 세계에서 작용하는 힘에 따라 진행되어 가는 과정이라는 의미에서 '세계행로'라고 불린다. 덕성이 개체성을 버리고 보편을 지향하는데 반해, 세계행로는 구체적인 개별자들에 의한 사건과 사태로서 진행되는 것인 만큼 개체성이 본질이 되고, 즉자대자적인 선과 진리가 개체성에 봉사하게 된다.

이렇게 해서 덕성이 사회에서 개인의 선을 넘어서는 공동의 선을 실현하려고 하는데 반해, 세계행로는 그런 실현을 가로막는 현실적 장애로 나타난다. 그러므로 덕성은 보편성의 실현을 위해 세계행로라는 현실을 제압하려고 한다. 이것이 덕성의 기사와 세계행로와의

216

"투쟁"(276/398)이다.

여기서 덕성은 '이상은 결코 실현될 수 없다'는 유토피아적 관념론의 입장을 표방한다. 그러나 이것은 즉자적 보편자와 그것의 실현인 현실적 측면을 이원적으로 구분한 것이다. 보편자는 세계행로라는 현상 속에 자연의 법칙으로 등장하는데, 다만 전도된 형식으로 나타날 뿐이다. 즉 세계행로에 나타나는 것은 보편자의 긍정성이 아니라 부정성일 뿐이다. 따라서 덕성의 목적은 이미 전도된 세계를 다시한번 더 전도시키는 것이다.

> 덕성의 목적은 전도된 세계행로를 다시 한번 더 전도시킴으로써 그의 참된 본질을 산출해 내는 것이다.(276/397)

덕성은 악의 근거를 세계행로의 대자적 존재인 개체성에서 본다. 그래서 덕성은 인간의 이기주의를 비난하고, 개체성의 완전한 희생을 요구한다. 보편적 법칙성과 개별적 우연성을 서로 대립으로 놓기 때문이다.

그에 반해 세계행로에 따르면 법칙은 비본질적이고, 개체성이 우월한 위치에 있다. 개체성은 즉자적으로 존재하는 선과 진리를 자신에게 예속시켜 그 내면성을 외면성으로 변형시키는 구체적 활동주체이기 때문이다.

2) 덕성과 세계행로의 종합

덕성은 즉자태와 존재, 사물의 근저와 현시상태, 즉자태와 대타적 존재를 구별하지만, 이 구별은 덕성과 세계행로 간의 투쟁과정에서 결국은 소멸된다. 본래 덕성의 기본신념에 있어 보편자가 즉자적이라는 것은 곧 보편자가 세계행로의 내면을 이루고 있다는 뜻이다. 이처럼 보편적 덕성과 세계행로는 근원적으로 통일되어 있으며, 세계행로는 즉자적으로 선한 덕성을 구체적으로 실현해 가는 과정이다. 그러므로 세계행로에 대한 덕성의 투쟁은 사실 속임수이다.

덕성은 자신이 세계행로를 필요로 한다는 것을 인정하지 않을 수 없다. 덕성은 세계행로에서 아직 현실화되지 않은 가능태일 뿐이기 때문이다. 즉 단순한 "자질과 능력과 힘"(277/398)일 뿐이다. 이것은 세계행로에서 실현될 수도 있고 오용될 수도 있다. 덕성의 실현은 오직 개체성의 활동인 세계행로를 통해서만 가능한 것이다.

> 덕성은 자신이 개체성의 희생을 통해 선을 현실성으로 실현시키려고 고집하지만, 현실성의 측면은 그 자체가 개체성의 측면 이외의 다른 것이 아니다. (279/402)

개체의 행위가 덕성의 가능성과 소질에 구체적이고 현실적인 의미를 부여한다. 따라서 세계행로로서의 행위를 배제한 단순한 소질과 능력으로서의 덕성은 추상적일 뿐이다. 반면 세계행로에서 드러나는 보편자는 단순한 추상적 보편자가 아니라, 개체성에 의해 활력이 불어넣어진 현실적 보편자이다.

> 세계행로가 덕성의 의식에게 제공하는 것은 보편자인데, 이 보편자는 단지 추상적인 보편자가 아니라 오히려 개체성에 의해 생명이 부여되고 타자에 대해서도 존재하는 현실적인 선이다.(278/400~401)

이처럼 세계행로는 덕성의 실현이므로, 그것은 그 자체로 덕성과 대립되는 악이 아니다. 결국 세계행로와 덕성은 대립해 있는 것이 아닌 것이다. 개체성을 완전히 이기적인 것으로 이해하는 것은 행위의 본성을 모르는 탓이다. 나는 내가 나의 개체성에 제한되어 있다고 생각하지만 사실은 나는 나를 넘어서는 보편성을 구현하고 있는 것이다.

> 개체성의 운동은 곧 보편자의 실재성이다.(281/405)

세계 안에서의 인간의 행동은 실제로 자신을 위해서만 행동한다고 믿는 개체적 인간을 초월한다.

> 세계행로는 개체성을 자신의 원리로 삼고 있으므로, 선의 전도일 수밖에 없다. 그러나 개체성은 곧 현실성의 원리이다. 왜냐하면 개체성의 의식을 통해서만 즉자존재가 대타적 존재가 되기 때문이다. 그러므로 세계행로는 불변자를 전도시키지만, 사실은 그것을 추상의 무로부터 실재성의 존재로 전도시키는 것이다.(280/403)

세계행로와의 투쟁에서 의식은 개체성을 매개로 한 보편의 현실화를 자각함으로써 세계행로의 보편성을 인정하게 되며, 이로써 덕성이 패배하고 세계행로가 승리하게 된다. 이렇게 세계행로에서 개체성을 통해 보편적인 것이 현실화되고 있다는 것을 깨달은 의식은 세계행로 속에 몸을 두고 개체성으로서의 자기실현을 추구하게 된다. 의식이 보편적 자기의식으로 발전하여 대자적 개체성이 된 것이다.

III
즉자대자적으로 실재하는 개체성

　　세계가 자신의 이상과 배치된다는 이유로 세계행로에 항거하던 개체성은 그러한 대립과 항거가 무의미하고 불가능하다는 것을 알게 되면서 점차 세계행로에 참여하는 개체성, 즉자대자적으로 실재하는 개체성으로 나아가게 된다. 이제 개체성의 목적은 더 이상 세계를 부정하는 것이 아니다. 개체성은 근원적 본성인 즉자적인 것을 표현하면서도, "비가시적인 것을 가시적인 것으로"(284/409) 전달하여 대자적이 되어야 한다. 그렇게 해서 개체성과 세계와의 조화를 이루고자 한다. 이를 위해 즉자적인 대상세계와 대자적인 개체 의식이 하나의 현실 속에서 결합되는데, 이러한 현실이 곧 개별자의 구체적 행위(Tat)이다.

> 행위는 그 자체로서 자신의 진리이고 현실성이다. 개체성의 표현이나 언표가 곧 행위에 대해 즉자대자적인 목적이다.(284/408)

　　개별자는 행위를 통해 즉자와 대자를 결합하게 되며, 그 과정에서 주관성과 객관성, 관찰하는 이성과 행위하는 이성의 통일이 달성된다.

1. 정신적 동물의 왕국과 기만 또는 사태 자체

인간세계인 사회는 모든 인간 개별자들의 작품이다. 그 작품이 여러 개체들의 상호작용 안에서 성립하는 것이므로 개체들은 그 안에서 서로 충돌하게 된다. 이러한 개체들 간의 충돌을 극복하게 하는 것이 바로 인륜성이다.

1) 개체성의 진리로서의 작품(Werke)

자기의식은 인간 개체성의 의식이다. 개체성은 그 본성의 특수성인 개별적 규정성의 한계 안에서 고찰되며, 따라서 개체성의 본질은 규정성이다. 그리고 규정성은 곧 부정성이다. 규정은 한계를 긋는 것이며, 그 한계 안에 들어오지 않는 타자를 배제하고 부정하는 것이기 때문이다.

나아가 개별적 행위는 한정된 형태로 발생할 수밖에 없으며 한정은 곧 부정이므로, 개별자의 행위는 그 자체 부정성을 특징으로 갖게된다. 이처럼 행위하는 이성의 개별성은 곧 부정성이고 이성의 개별적 행위는 곧 부정적 행위이다.

행위하는 이성은 즉자적으로 자신의 목적을 설정하고, 그 다음에 대자적으로 수단을 통해서 목적을 실현하기 위한 작업을 한다. 따라서 목적, 수단, 결과의 세 단계는 행위하는 이성의 부정적인 변증법적 본성을 보여 준다. 이성의 행위를 통해 목표로서의 인륜의 세계가 완성되고 개별적인 목적의 실현이 동시에 보편적인 목적의 실현인 것처럼 보이지만, 실제로는 구체적인 내용의 실현에 있어 타자와의 충돌이 남아 있으므로 아직 그 목적이 완전하게 실현된 것은 아니다.

목적은 인륜성으로 설정되어 있지만, 그 목적을 실현하는 수단에 있어서는 아직도 개체성이 남아 있기 때문이다.

따라서 개인이 추구하는 목적을 공공적이고 보편적인 목적으로 높이는 일과 더불어 개인을 '공동적 자아'로 높이는 일이 아직 남아 있다. 처음에는 자연의 상호조화를 믿고 행위하는 개인이 나중에는 타자의 목적과 대립하게 되므로, 자기의 목적을 보편화하고 인륜적 실체를 내 것으로 하는 과정이 필요한 것이다.

의식은 작업 내지 작품 속에서 대자화되어 개체성을 넘어서는데, 이는 작품 자체가 개인에서 나오지만 일단 작품으로 성립되고 나면 의식의 개체성을 넘어선 제3의 것이 되기 때문이다. 이로써 개체적 의식은 보편적 의식으로 고양된다.

> 작품은 의식이 자신에게 부여하는 실재성이다. 작품은 그 안에서 개체가 자신의 즉자존재를 대자화해 가는 그런 것이다. 그러므로 작품 안에서 즉자가 대자화된 의식은 특수한 의식이 아니라 보편적 의식이다.(290/417)

이처럼 개체성을 넘어선 작품과 대면하게 되면 개체적 의식은 개별적 행위 결과로서의 작품을 넘어서게 된다. 즉 작품 안에서 의식은 개체성을 넘어서 보편적 의식으로 되는 것이다.

> 의식은 작품으로서의 자기를 넘어서서 그 자체 자신의 작품에 의해서는 채워질 수 없는 무규정의 공간이 된다.(291/418)

> 작품은 도대체가 무상한 것이다. 그것은 다른 힘이나 관심의 작용을 통해 사라져 버리게 되며, 개체의 실재성을 완성된 것으로보다는 오히려 소멸하는

222

것으로 묘사한다.(292/419)

작품의 소멸 속에서 개체성의 의식은 그렇게 소멸하는 계기로서의 개체성의 행위를 초월하여 그 배후의 보편적 대상을 발견하게 된다. 이것이 "참다운 작업"이다. 이와 같이 이성이 개체성을 지양한 보편적 이성이 되면, 작업도 특수성을 지양한 보편적 작업이 된다. 참다운 작업은 개별적 특수성의 표현이 아니라 보편적 존재의 행위이며, 이런 의미의 작품을 "사태 자체"(294/423)라고 한다. 사태 자체를 통해 목적, 수단, 결과의 계기가 통일되고, 개념과 실재성도 일체가 된다. 사태 자체는 그 계기들의 대립을 지양하고 통일시키는 보편적인 '정신적 실재'이다.

2) 사태 자체

의식이 보편적 의식이 되면 작품이 참다운 작품으로서의 사태 자체로 나아가게 되지만, 그렇다고 나의 개체적인 작업과 작품의 특수성이 완전히 극복된 것은 아니다. 즉 아직도 '나의 작품'으로서의 작품이 갖고 있는 개체성과 한정성이 '사태 자체'로서의 작품이 가져야 할 보편성과 서로 대립하고 갈등하고 있다. 다시 말해 나의 작업과 작품에서 보이는 것은 특수하고 우연적인 내용이지, 형식의 보편성 또는 자기의식의 자기 동등성만은 아닌 것이다. 그렇게 해서 나는 나의 근원적으로 한정된 본성이 나의 진정한 행위에 부적합하다는 것을 발견하게 된다. 개체성은 현실과 자기 동등성에 대한 확신에서 출발하지만, 사실은 그들이 서로 대립한다는 것을 알게 되는 것이다.

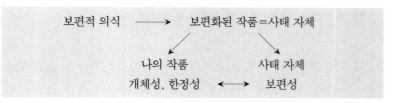

나아가 작업은 대상적이고 대타적인 존재이므로 그 작품 속에서 개체는 자기 자신과 대립할 뿐 아니라 다른 개체들과도 대립한다. 그렇게 개체성의 한정성을 벗어나지 못하고 서로 대립하게 된다. 그러므로 작품에는 아직 개체성의 입장이 강하게 남아 있어, "사태 자체"가 주어화되는 것이 아니라 오히려 주어인 개체의 술어로만 머무를 뿐이다.

사태 자체는 의식의 계기들의 보편적인 유이며, 모든 계기들의 술어이다. (296/425)

사태 자체는 단순한 추상적 보편자에 지나지 않고, 의식이 주어로 남아서 사태를 완성하려고 한다. 주어가 해체되지 않고 자기통일을 확보하기 위해서는 계속해서 자신의 계기를 교체함으로써 "성실성" (296/425)을 가장할 수밖에 없다. 그러므로 이 세계의 배후에 있는 것은 자기기만과 상호기만의 세계일 뿐이다.

이러한 기만 속에서 자기의식은 사적이고 주관적이며 개별적인 것과 공적이고 객관적이며 보편적인 것과의 상호침투를 자각하게 된다.

3) 개체성들 간의 의식의 유희: 상호작용

개체들 간의 상호작용을 통해서 개체적 의식은 비로소 보편적 자기로 이행해 가게 된다. 그러나 개별과 보편, 주관과 객관, 대자와 대타가 서로 삼투하면서 사적인 것이 공적인 것이 되는 인류의 세계에 도달하기 위해서는 의식이 주어로 남는 것이 아니라 사태 자체가 주어가 되어야 한다.

> 사태 자체는 술어의 관계와 생명 없는 추상적 보편자의 규정성을 벗어나 개체성에 의해 관통된 실체가 된다. 사태 자체는 곧 주체이며, 그 안에서 개체성은 특수한 '이것'으로서의 개체이기도 하며 또 '모든' 개체이기도 하다.(300~301/432)

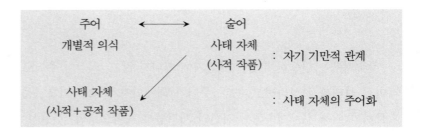

2. 법칙 제정자로서의 이성

1) 인륜적 법칙의 제정자로서의 이성

주어화된 사태 자체가 바로 인륜적 실체다. 그리고 인륜적 실체에

대한 의식이 곧 인륜적 의식이다. 인륜적 의식에 있어서 자기의식은
존재와 일치하므로 의식 대상이 그대로 진리이고 절대적으로 타당한
것이 된다. 사태 자체가 주어가 된다는 말은 내가 생각하고 내가 행
위하는 것이 아니라, 인륜적 실체가 내 안의 인륜적 법칙으로서 나로
하여금 생각하게 하고 행위하게 한다는 것을 뜻한다.

　인륜적 세계는 행위하는 이성이 창출해 낸 보편적 이성의 세계이
며, 그 안에서는 인륜적 법칙이 행위의 보편성을 규정한다. 이처럼
인륜은 보편적 행위의 산물이며, 행위하는 이성은 인륜의 법칙이 보
편적 이성의 산물임을 자각한다. 이렇게 해서 이성은 인륜적 법칙을
제정하는 이성으로 활동하게 된다.

2) 법칙의 추상성과 우연성

　그러나 법칙 제정적 이성이 제정한 법칙은 그것이 단지 추상적이
고 형식적인 것에 머물러 있는 한, 아직 개체성과 우연성에 매여 있
다고 볼 수 있다. 그리고 그런 법칙은 단지 형식적이고 추상적인 도
덕적 규율 내지 계율에 불과할 뿐 아직 진정한 법칙이 아니다.

　〔이렇게 제정된 법칙은〕 법칙(Gesetz)이 아니라 단지 계율(Gebot)일 뿐이
다.(305/438)

　예를 들어 '진실을 말하라', '서로 사랑하라' 등과 같은 계율은 보
편적 필연성에 부합하지 못하고, 단지 형식적 의식의 개체성에서 기
인하는 우연성만을 표출할 뿐이다. 왜냐하면 '진실을 말하라'는 계
율은 진실에 대한 나의 지식, 나의 개인적 상황과 확신 등 우연성에

맡겨져 있기 때문이다. 또 '서로 사랑하라' 는 것도 무엇이 선이고 악인지에 대한 개인적 판단의 우연성을 벗어나지 못하며, 따라서 지적 판단을 배제한 극히 주관적이고 추상적인 감정적 사랑으로 빠질 위험성을 지닌다. 한마디로 계율은 단순히 형식적이고 당위적 계율일 뿐이고 구체적이고 현실적인 법칙이 되지 못한다.

3) 제정이 아닌 검증으로

그러므로 인륜적 실체의 보편성과 필연성을 사유하는 자기의식은 직접 법칙을 제정하는 대신에 법칙을 검증하려고 한다. 이렇게 해서 법칙 제정적 의식은 다시 법칙 검증적 이성으로 나아가게 된다.

> 이제 인륜적 본질은 그 자체가 직접적으로 내용인 것이 아니고, 단지 한 내용이 자기모순이 아니라는 점에서 법칙이 될 수 있는가 아닌가를 판단하는 기준일 뿐이다. 이와 같이 법칙 제정자로서의 이성은 단지 법칙을 검증하는 이성으로 전락하고 만다.(306/439)

3. 법칙 검증자로서의 이성

1) 법칙 검증적 이성의 한계

여기서 이성은 법칙을 입법하는 것이 아니라 법칙을 주어진 것으로 받아들이면서 그 내용을 검토하는 법칙 검증자가 된다. 즉 행위를 규정하는 각각의 격률에 대해 그것이 보편적 법칙으로 타당할 수 있는지 아닌지를 검토하고 검증하는 역할만을 할 뿐이다. 헤겔에 따르면 칸트의 도덕적 이성은 바로 이러한 법칙 검증적 이성이다. 칸트가 법칙의 검증기준으로서 제시한 것은 '보편화가능성'이다.

그러나 주어진 내용을 검증하는 이런 방식은 한낱 동어반복만을 선언할 뿐이다. 예를 들어 사유재산제를 놓고 그것이 불변의 법칙이 될 수 있는가 아닌가를 검증해 보면, 단지 보편화가능성이라는 형식적 규정만으로는 아무런 결론도 도출되지 않는다. 사유제산제가 보편화 가능한 만큼 비사유재산제, 즉 재산공유제 또한 보편화 가능하기 때문이다.

> 이론적 진리의 인식을 위해서는 단지 형식적 기준이 될 뿐이며 따라서 진리나 비진리와는 전혀 무관한 그런 모순율 내지 동어반복이란 것이 실천적 진리의 인식을 위해서는 그 이상이 된다고 하면, 그건 이상하다고 하지 않을 수 없다.(308/443)

이와 같이 법칙 제정적 이성과 마찬가지로 법칙 검증적 이성도 현실적인 인륜적 법칙에 대해서는 어떠한 내용적 설명도 제공하지 못한다. 어느 것도 인륜적 의식이 아닌 것이다. 법칙 제정적 이성이나 법칙 검증적 이성은 둘 다 단지 추상적이고 형식적인 보편성의 산출자에 지나지 않는다.

그러나 이런 양 계기의 성실성 없이는 인륜적 실체가 자신의 현실적 타당성을 확보받을 수 없다. 인륜적 의식은 법칙 제정과 법칙 검증의 개별적 의식으로서의 자기를 지양하면서 인륜적 실체로서의 직접적 자기의식으로 발전하게 된다.

2) 이성에서 정신으로

법칙은 개별적 의식의 자의적 계율이 아니라 즉자적으로 타당한 보편적 원칙이어야 한다.

법칙은 즉자대자적으로 순수 의지이며, 이는 직접적인 존재의 형식을 가진다. 그러므로 만인의 절대적 순수 의지는 마땅히 존재해야 한다는 단순한 계율이 아니라, 이미 존재하는 것이고 또 이미 타당한 것이다. 법칙은 범주의 보편적 자아로서 직접적으로 현실성이며, 세계는 이 현실성 이외의 다른 것이 아니다. (310/446)

이는 행위의 제 원칙이 형식적이고 합리적이기에 보편적 성질을 가진다는 칸트의 사상에 대한 비판이다. 원칙의 근거는 개체의 보편적 형식에 입각한 단순한 선험적 보편성이 아니라, 내용적으로 인간의 정신을 형성하는 인륜으로서 법률, 풍습, 관습과 같은 실제적 보편성이어야 한다는 것이다. 이런 실제적 보편성을 근거로 인륜의 세계가 달성된다. 인륜적 실체에서 비로소 참된 의미로 개별과 보편, 주관과 객관, 개인과 전체의 화해가 이룩된다. 이러한 인륜의 법칙은 추상적이고 형식적인 보편성이 아니라 현실적이고 구체적인 보편성이어야 하는데, 이런 보편성의 산출은 이성이 아닌 정신의 차원에서 가능하다. 따라서 이제 이성은 구체적이며 역사적인 내용을 갖춘 정신으로 나아가게 된다.

이성이 모든 실재성을 이성 자신으로 자각한 의식이되 아직 그 내용적인 구체성에 이르지 못한 것인데 반해, 모든 실재성을 그 내용에 이르기까지 자기 자신으로 자각한 이성은 곧 정신이다. 정신에 이르러 비로소 "나 즉 우리"의 진리가 확보된다. 이러한 정신의 보편성에 이르기까지 그 이전 단계들은 모두 정신이 추상화된 상태로 의식된 것일 뿐이다.

> 의식의 지금까지의 모든 형태는 바로 이 정신의 추상일 뿐이다. (314/20)[8]

> 이성이 모든 실재성이라는 확실성이 진리로 고양되고, 이성이 자기 자신을 세계로 의식하고 또 세계를 이성 자신으로 의식하게 되면, 이 때 이성은 정신이 된다. (313/17)

이처럼 형식상에서뿐 아니라 내용적으로도 모든 실재가 곧 자기 자신이라는 것을 확신하는 의식이 바로 정신이다. 이렇게 해서 이성은 자신을 정신으로 완성해 간다.

---

8)　여기서부터 괄호 속 두 번째 숫자는 임석진 역 『정신현상학』 제2권의 쪽수이다.

04

정신

정신은

개인과 보편의 직접적 통일성인

인륜성에서

다시 그들의 분열 이후 조화를 찾아 나가는

교양을 거쳐

그 통일을 내적으로 확립해 가는

도덕성의 단계로

나아간다.

감각적 확신이나 지각이나 오성의 의식에 있어서는 대상적으로 존재하는 객관적 현실의 계기만이 고수되었고, 그 현실의 대자적 존재성은 간과되었다. 반면 의식의 대상이 대자적인 의식 자신의 계기라는 것이 포착되면, 이 때 의식은 곧 자기의식이 된다. 이렇게 해서 의식과 자기의식, 즉자와 대자, 객체와 주체의 통일로서의 이성이 등장하게 되는데, 이 때 이성은 모든 실재성이 곧 이성 자신이라고 확신하게 된다. 그럼에도 불구하고 이성은 그 통일체를 대상적으로만 표상할 뿐, 그 통일체를 직접 자기 자신으로 자각하지는 못한다.

이성이 단지 추상적 형식에서뿐 아니라 내용적으로도 모든 실재가 자기 자신이라는 것을 확신하게 되면, 이성은 곧 정신이 된다. 정신에 이르기까지의 단계는 다음처럼 정리될 수 있다.

의식 ⟶ 세계: 정신의 즉자존재성(대상)의 의식　　　= 의식
의식 ⟵ 세계: 정신의 대자존재성(자신)의 의식　　　= 자기의식
의식 ══ 세계: 정신과 세계의 형식적 동일성의 의식　　= 이성
의식 ══ 세계: 정신과 세계의 내용적 동일성의 의식　　= 정신

정신은 개인과 보편의 직접적 통일성인 인륜성에서 다시 그들의 분열 이후 조화를 찾아 나가는 교양을 거쳐 그 통일을 내적으로 확립해 가는 도덕성의 단계로 나아간다.[1]

---

1)　정신을 논함에 있어 『정신현상학』과 『법철학』, 『엔티클로페디아』는 다음과 같이 논의 순서를 달리 한다.

　　『정신현상학』: 인륜성(도시국가) ⟶ 교양 ⟶ 도덕성
　　『법철학』　　: 추상법 ⟶ 도덕성 ⟶ 인륜성(가족 ⟶ 시민사회 ⟶ 국가)

　이 차이는 전자가 개념의 자각과정, 즉 개인 의식에 있어 보편적 절대지가 어떤 방식으로 드러나는가에 초점을 맞춘 데 반해, 후자는 그런 개념의 전개과정, 즉

1. 참다운 정신: 인륜성

정신이 직접적으로 자신의 본질 내지 진리로 등장하면, 정신은 민중의 인륜적 생활 안에서 스스로를 실현한다. 1) 인륜적 세계에서는 정신이 그 스스로의 진리에 이른다. 이러한 인륜적 공동체가 고대 폴리스적 국가이며, 여기서 지배적인 법은 국가의 법이고 인간의 법이다. 이에 대립해서 자연의 법이고 신의 법인 가정의 법이 등장하게 된다. 인간의 법을 수호하는 자가 남성이고, 신의 법을 수호하는 자가 여성이다. 2) 이상 두 법의 갈등과 대립 속에서 그 중 어느 하나를 따르는 것은 죄가 되며, 결국은 그 둘이 함께 몰락하는 운명이 전개된다. 3) 그리스에서 이미 소피스트들은 개인과 사회의 분리를 자각하였고, 소크라테스 또한 자연(physis)과 관습(ethos)의 분리, 개인과 사회의 분리를 알고 있었다. 헬레니즘과 로마사회를 거쳐 그들 간의 직접적 통일성이 붕괴되고 고대의 인륜적 실체성은 잊혀지며 형식적이고 보편적인 법이 지배하게 된다.

2. 자기소외된 정신: 교양

1) 인륜적 실체성이 사라지고 나면, 개체가 외적 보편의 질서에 맞춰 가는 교양과 문화가 등장하게 되고 다시 이에 대립하는 신앙의 세계가 생겨나서 정신은 이원적으로 양분된다. 교양과 신앙의 이원성은

개념이 어떻게 현실화되는가에 초점을 맞춘 차이에서 비롯되는 것이라고 볼 수 있다. 전자는 국가 이념에 대한 추상적 논의로서 개체의 의식 내면에서 일어나는 의식의 경험을 따라서 개체적 의식이 어떻게 보편적인 공통체 의식으로 나아가는지를 밝힌 것이다. 반면 후자는 근대시민사회의 본질적 모습에 관한 구체적 논의로서 전자에서 밝혀진 개체들의 의식의 경험이 구체적으로 공동체를 어떻게 현실화시켜 나아가는지를, 공동체를 위한 현실적인 기구나 제도 등을 따라 논한 것이라고 볼 수 있다.

곧 차안과 피안의 이원성을 의미한다. 2) 교양과 신앙, 차안과 피안 사이의 갈등과 대립 위에서 이들을 이성적 통찰에 입각하여 종합하고자 하는 계몽사상이 전개된다. 3) 계몽주의와 더불어 자각된 인간의 절대적 자유의 의식은 그 자유의 실현으로서 혁명을 시도한다. 그러나 절대적 자유가 함축하는 절대적 부정성은 곧 죽음의 공포이기도 하다.

3. 자기 자신을 확신하는 정신: 도덕성

계몽으로 인한 혼란과 혁명을 거쳐 정신은 다시 자기 자신으로 복귀하여 자신 안에서 신성을 발견하려는 도덕성으로 나아간다. 1) 도덕적 의무와 자연적 충동 간의 갈등은 도덕적 세계관 안에서 최고선과 영혼불멸과 신을 요청하게 한다. 2) 그러나 그 요청 안에 담긴 모순이 도덕적 의식에서 사유의 뒤바뀜을 일으킨다. 3) 요청적 의식의 뒤바뀜을 자각한 의식은 이제 자기 내면에서의 도덕성을 양심으로 깨닫게 된다. 이 양심이 처음에는 선을 고수하는 비평하는 의식으로 작용하지만, 다시금 일체의 악과 죄를 포용하는 용서하는 마음으로 깨어나게 된다.

인륜성:	인륜세계	: 개인과 보편의 조화
교양 :	교양 ↔ 신앙	: 분열과 소외
	계몽	: 자유와 혁명
도덕성:	도덕 / 양심	: 내면의 신성화

참다운 정신:
인륜성

정신이 의식으로 활동하는 한, 그로 인해 정신영역에 이원화가 발생하게 된다. 정신적 실체와 그 실체의 의식이라는 분열이 생기는 것이다.

> 의식의 활동은 정신을 실체와 실체의 의식으로 나눈다. … 보편적 본질과 목적으로서의 실체는 개별화된 현실성에 대립되는 것으로 등장한다.(317/22~23)

정신적 실체	←——→	(실체의) 의식
보편적 질서 · 목적		개별화된 현실 · 자기

분열된 것 중의 하나인 정신적 실체는 다시 서로 상반되는 인간의 법과 신의 법으로 이원화된다. 그리고 그에 따라 실체의 의식도 그 중 어느 한 편에 섬으로써 인간의 법의 의식과 신의 법의 의식으로 나뉘게 된다.

실체는 서로 구분되는 인륜적 본질, 즉 인간의 법과 신의 법으로 분열된다. 그리고 실체에 대립하는 자기의식도 그 본질에 따라 두 힘 중의 어느 하나에

속하게 된다.(317/23)

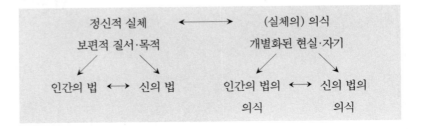

1. 인륜의 세계: 인간의 법과 신의 법, 남성과 여성

1) 인간의 법과 신의 법

감각적 확신이 지각으로 나아가면서 사물의 일과 다, 개별성과 보편성의 대립을 의식하게 되듯이, 인륜성에 대한 직접적 확신도 분열의 의식으로 이행하여 개별법칙과 보편법칙의 분열을 지각하게 된다. 그러나 인륜적 의식에서 개별성과 보편성의 대립은 단지 표면적일 뿐이다. 인륜의 정신으로 고양된 의식 자체가 이미 우연적 개체성을 벗어난 공동체의 정신이기 때문이다. 공동체의 정신은 개별 의식의 의식내용 및 행위를 규정하는 현실적 힘을 발휘한다. 개별자의 자기의식을 통해 구체화되고 현실화되는 이러한 공동체의 정신이 바로 인륜적 실체이다.

인륜적 실체는 그 규정성 안에서 현실적인 실체가 되며, 절대 정신은 현존하는 의식들의 다수성 안에서 현실화된다.(318/24)

　　보편적인 인륜적 실체는 한편으로는 민족의 형태로, 또 다른 한편으로는 가정의 형태로 등장한다. 정신이 현실화된 인륜적 실체가 민족 내지 민족국가 또는 시민국가(그리스의 폴리스)로 나타날 때, 그러한 인륜적 실체의 의식이 곧 시민의식이다.

　　정신은 현실적 실체로서는 '민족'이고 현실적 의식으로서는 민족의 '시민'이다.(319/25)

　　민족의 인륜적 실체를 형성하는 정신을 헤겔은 '인간의 법'이라고 부른다.

　　이 정신은 본질적으로 자기 자신을 의식한 현실성의 형식하에 있기에 인간의 법이라고 불릴 수 있다. 정신은 보편성의 형식하에서는 알려진 법칙이고 현존하는 도덕이지만, 개별성의 형식하에서는 개인 안의 현실적인 자기확실성이다. 단순한 개체성으로서의 정신의 자기확실성은 정부로서의 정신이다. (319/25)

　　인간의 법은 도시국가의 시민들의 정신을 지배하는 인륜적 실체로서 그것은 명시적인 법이기도 하고 비명시적인 관습이기도 하며 구체적으로는 정부의 형태로 등장한다. 법 또는 관습으로서의 공동체의 법은 정부를 통해 그 현실적 힘을 발휘한다.
　　그런데 인간의 법과 그에 근거한 국가권력은 인간의 의식적 행위를 통해 형성된 것이며, 그것에는 그보다 더 근본적인 또 다른 인륜적 질서가 대립해 있다. 인간의 법과 대립해 있는 이 또 다른 인륜적 질서를 헤겔은 '신의 법'이라고 칭한다.

〔인간의 법의〕 인륜적 위력과 명시성에는 또 다른 위력인 '신의 법'이 대립해 있다. 의식된 행위의 운동으로서의 인륜적 국가권력은 인륜성의 단순하고 직접적인 본질에 대립한다.(319/25)

신의 법에 따르는 인륜적 공동체는 헤겔에 따르면 바로 가족이다. 국가가 의식적 행위의 산물로서 민족의 현실을 이룬다면, 가족은 그와 반대로 무의식적이고 아직 현실화되지 않은 내면적 공동체로서 존재한다. 그러나 그 무의식적이고 내적인 자연적 인륜 공동체가 바로 인간의 의식적 행위의 기반이 되고 민족적 현실성의 배경과 터전이 된다.

무의식적인 내적 개념으로서의 가족은 스스로를 의식하는 현실성에 대립하고, 민족적 현실성의 계기로서의 가족은 민족 자체에 대립하며, 노동을 통해 보편자로 자신을 형성하고 유지하는 인륜성의 직접적 인륜존재로서의 가족인 페나텐〔가정의 신〕은 보편적 정신에 대립한다.(320/26)

인륜적 실체	실체의 의식
인간적 공동체: 국가	시민(자기의식적/ 현실적)
자연적 공동체: 가정	가족(무의식적/ 내면적/ 비현실적)

헤겔이 자연발생적인 가족공동체를 신의 법을 따르는 인륜적 공동체라고 칭할 때는 그 가족구성원 간의 관계를 단지 혈연으로 얽힌 관계 또는 감정적 관계나 사랑의 관계로만 간주하지 않고 그 안에 내포된 일종의 정신적인 것을 간파했기 때문이다. 행위가 가족 중 한 사람을 향한 자연적 애정과 사랑에서 나온 것이 아니라, 가족 전체라

는 공동의 목적을 위한 것일 때, 그 행위는 정신적인 것이고 인륜적인 것이 될 수 있다.

> 인륜적인 것은 각각의 가족구성원들이 실체로서의 가족 전체에 대해 갖는 관계 안에 놓여 있어야 하는 것처럼 보인다. 즉 구성원들의 행위와 현실성은 오직 가족 전체를 목적과 내용으로 하는 것이어야 한다.(320/26)

행위를 결정함에 있어 자신 안의 애정이나 사랑 등 자연적 성향을 따르지 않고 자신이 속한 공동체 전체를 위한 행위를 선택할 수 있는 것은 인간이 자신의 본질을 자신의 개체적 경계 너머에 정립할 수 있기 때문이다. 이처럼 자신의 본질과 핵심을 자기 밖에 둘 수 있는 힘이 곧 정신의 힘이며, 이로 인해 가족이 인륜공동체가 될 수 있다.

> 직접성 또는 존재의 계기들 안에서 인륜성을 표현하는 것 또는 자기 자신을 본질로 그리고 또 타자 안의 자기로 의식하는 직접적 의식, 한마디로 '자연적인 인륜적 공동체'가 바로 가족이다.(319~320/26)

가족 전체라는 목적을 지향해도 그 행위가 우연적이거나 개별적인 상황으로 인해 일어나는 것이면, 그런 행위는 헤겔에 따르면 인륜적 행위가 아니다. 헤겔은 우리가 흔히 가정생활의 근간이라고 여기는 가족 간의 봉사행위나 교육활동 또는 구조활동까지도 인륜적 행위로부터 제외시킨다. 그런 행위들은 가족구성원의 개체적이고 우연적인 상황 안에서 벌어지는 일들이기 때문이다. 가족에 대한 행위가 순수한 인륜적 행위이기 위해서는 그 관계로부터 모든 개별성과 우연성이 다 제거되어야 한다고 보는 것이다.

헤겔은 한 개인이 살아 있는 자로서 갖는 특징들은 모두 개별성과 우연성을 벗어날 수 없기에, 인간은 오직 죽은 자로서만 순수한 보편성을 얻을 수 있다고 주장한다. 가족이 가장 확실하게 인륜적 공동체의 일원으로 등장하고 또 그렇게 대우받게 되는 것은 죽은 자로서라는 것이다. 죽음만이 개체가 그 개체성을 버리고 도달하는 궁극적인 보편적 모습이다.

> 가족에 속하는 개별자를 감각적이고 개별적인 현실성으로부터 고양하여 보편적 존재로서 [행위] 대상과 내용으로 삼는 행위는 더 이상 살아 있는 자에 대한 행위가 아니라 오히려 죽은 자에 대한 행위이다.(321/28)

> 개별자로서의 개별자가 도달하는 보편성은 순수 존재, 즉 죽음이다. 그것은 직접적이며 자연적인 과정이지 의식의 행위가 아니다.(321/28)

죽음 자체가 개인에게 있어 인륜성의 완성이 된다. 이는 개체의 죽음을 통해 보편이 유지되기 때문이다. 자연에 속하는 개체적 몸의 죽음이 개체가 공동체를 위해 행하는 마지막 노동이다.

> 자연이 죽음에 대해 행하는 측면 때문에, 개체의 보편으로의 변화[죽음]가 존재자의 운동으로 서술된다. 이 운동은 인륜적 공동체 안에서 일어나고 공동체를 목적으로 한다. 결국 죽음은 개체로서의 개체가 공동체를 위해 떠맡을 수 있는 최고의 노동이며 완성이다.(322/29)

이처럼 개체가 죽음이라는 마지막 노동을 통해 사라져 갈 때, 그 노동이 이바지하는 보편의 공동체인 가족은 그의 죽음을 보편의 행위로 승화시킬 책임이 있다. 이것이 바로 가족이 죽은 자에 대해 떠맡아야 할 인륜적 책임인 장례이다. 헤겔에 따르면 가정 안에서 행해질 수 있는 보편적 인륜성의 대표적 행위가 바로 장례이다.

> 〔살아 있는〕 혈족은 의식의 운동을 첨가하여 자연의 작업을 중단시키고 〔죽은〕 혈족을 파괴로부터 구해 냄으로써, 또는 순수 존재에로 변화하는 파괴는 필연적인 것이기에 오히려 파괴의 행위를 스스로 떠맡음으로써, 추상적인 자연적 운동을 보완한다.(322/29)

> 가족은 죽은 자로 하여금 공동체의 동료가 되게 하는데, 이 공동체는 죽은 자를 자유롭게 파괴시키려 하는 개별 원소들의 힘이나 하등 생명체들을 제압하고 결속한다.(323/30)

이와 같이 가족이 치루는 장례는 개인의 죽음을 개인의 자연적 사건으로 남겨 자연의 파괴력에 내맡기지 않고 보편적인 정신적 사건으로 승화시켜 공동체의 이웃으로 남겨 놓는 것이다.[2] 죽음이 육신상

---

2) 죽음에서 발생하는 사라짐을 두 가지 의미로 구분해 볼 수 있다. 자연적 사건으로서의 사라짐이 상실(Verlust/perte)이라면, 정신적 사건으로서의 사라짐은 사라지되 그 빈자리를 남기는 결핍(Fehlen/manque)이라고 할 수 있다. 상실이 물리적 내지 객관적으로 그냥 없어지는 것이라면, 그렇게 생긴 빈자리를 정신적으로 의식하고 확인하는 것이 결핍이다.
  이러한 차이에 입각해서 장례에서의 애도의 의미를 세 가지로 구분해 볼 수 있다. ① 정상적 애도: 떠나간 자를 마음으로 보내는 것으로 마음의 빈자리를 빈자리로 확인하면서 그 결핍을 받아들이고 살아가는 것이다. 그 빈자리는 다시 다른 사람을 사랑할 수 있는 공간이 된다. 죽은 자와 나를 정상적으로 분리하여서 떠난 자를 보내는 것이라고 할 수 있다. ② 병적인 애도: 상실에 매여서 자신의 빈자리를 확인하지 못하는 것이다. 떠나간 자를 보내지 못하고 거기 매여 있는 것이다. 죽은 자와 함께 머물러

개체성을 멸하고 보편으로 돌아가는 자연적인 과정이라면, 장례는
그 죽음에다 정신성을 덧붙이는 것이다. 즉 죽음에서 단순한 자연성
을 제거하고 죽음을 자연으로부터 구해 내어 그것을 정신의 행위로
만드는 것이다. 그러므로 장례가 인륜적 행위가 된다.

> 이 마지막 의무[장례]가 완전한 신의 법을 이루며 개별자에 대한 적극적인
> 인륜적 활동이 된다.(323/30)

이처럼 장례는 죽은 자의 죽음에 포함된 자연성을 넘어서서 그것
을 정신적 사건으로 만드는 행위이다. 가족에 의한 장례를 통해 개체
의 육신은 소멸해도 정신은 보편적 인륜성으로 고양되어 보존된다.
그러므로 죽음은 개별자가 보편자로 되어 가는 운동이며, 이는 가족
공동체의 장례행위를 통해 성취된다.

2) 국가와 가정

(1) 국가의 일

"명백하게 타당한 최상의 법"(323/31)으로서의 인간의 법이 개별
적 형태로 구체화된 것이 정부이다. 정부를 통해 국가가 하는 일을
헤겔은 다음과 같이 정리한다.

있는 것이라고 볼 수 있다. ③ 멜랑콜리(우울증): 떠나간 사람인 사랑하는 자가 바로
자기 자신이 되어 버린 경우이다. 그래서 그 결핍의 의식이 곧 자아상실의 의식이 되어
버린다. 극단의 경우 자살이 되며, 이는 곧 자기가 죽은 자와 함께 떠난 것이라고 볼 수
있다.

공동체는 한편으로는 인격적 독립성과 사유재산 그리고 사적인 또는 사물적인 권리의 체계로 스스로를 조직화하며, 나아가 영리와 향유라는 개별적 목적을 위한 노동 방식을 자체적인 분야〔단체나 조합〕들로 편성하고 독립시킨다.(324/31)

이것은 국가가 행정체제, 사법체제, 경제체제 등 여러 분산된 기구들을 조직하여 국가 전체를 운용하고 유지한다는 말이다. 이러한 국가라는 공동체적 조직을 통해 인간의 법은 시민의 현실적 모습으로 표현되며, 또한 그 현실을 규제하는 원리로 작용하게 된다.

국가는 자신의 공동체적 질서를 공고히 하기 위해 여러 체제를 유지시켜 나가지만, 그 공공질서를 재확립할 필요가 있다고 여겨지는 경우 극단의 수단으로 전쟁을 사용하기도 한다.

공동체 정신이 사라지지 않도록 하기 위해 정부는 분산된 제도들을 내면에서 수시로 전쟁을 통해 흔들며 그 정돈된 질서와 자립성의 권리들을 훼손하고 교란시킨다. 그렇게 해서 전체로부터 벗어나 분산된 제도에 파묻혀 인격의 불가침적 대자존재와 안전성을 추구하던 개인들로 하여금 노동의 주인인 죽음을 느끼도록 하는 것이다.(324/32)

국가의 모든 기구가 다 같이 하나의 국가공동체를 위한 기구라고 해도 그것이 실제 분산되어 운영되는 한, 공동체 정신이 흩어지고 부분으로 와해될 위험은 언제든지 함께 한다. 이때 분산된 기구들을 다시 하나의 공동체이념으로 묶어 줄 수 있는 최선의 길은 공동의 적이 출현하는 것이다. 따라서 외부의 공동의 적을 의식하게 하는 전쟁의 위협은 내부의 분열과 와해를 방지하는 최선책으로 간주된다. 이런 방식으로 헤겔은 인류의 역사가 왜 전쟁의 역사인지, 국가가 왜 전쟁을 수행하는지를 설명한다.

(2) 가족 내 구별

신의 법은 국가공동체에서가 아니라 가정에서 실현된다. 헤겔은 가정을 구성하는 가족들 간에 여러 상이한 관계가 함께 하지만, 실제 신적 인륜성이 실현되는 관계는 오직 남매관계뿐이라고 주장한다.

① 부부관계: 인륜성을 담고 있는 진정한 정신적 관계는 자기 자신에로의 복귀를 포함한다. 관계의 대자화를 통해 자신이 보존되는 것이다. 그런데 부부관계에서는 자연적 감정이 정신성보다 우세하기 때문에 결코 자기반성적이지 못하고 오히려 상대 안에서 자신을 상실할 위험이 크다. 대자적인 현실적 정신으로 깨어나지 못한 부부관계에서의 사랑은 결국 자체 내로 복귀되지 않고 자식이라는 타자로 옮겨 가게 된다. 부모의 사랑은 외적으로 자식들 속에서 실현되며 그 안에서 사라진다.

> 남편과 아내 상호 간의 헌신에는 자연적인 관계와 감각이 섞여 있기 때문에, 그 관계는 그 자체 자신에로의 복귀를 갖지 않는다.(325/33)

② 부모-자식관계: 부모와 자식 간의 관계에 있어서도 부부간과 마찬가지로 그 관계가 자연적인 측면이 강하므로 진정한 정신적인 인륜적 관계라고 하기 힘들다.

> 자식에 대한 부모의 헌신은 자신의 현실성의 의식을 타자[자식] 안에 가지며 타자 안에서 대자존재가 형성되는 것을 바라볼 뿐, 그것을 자신에게 되돌

리지는 못한다는 감정, 결국 대자존재는 그 자신의 낯선 현실성으로 남을 뿐
이라는 감정에 의해 촉발된다.(325/33)

반대로 부모에 대한 자신의 헌신도 그 자신의 생성이나 즉자존재를 타자에
게서 사라지는 것으로서 가지면서, 대자존재와 자신의 자기의식은 오직 그
가 뿌리내리고 있는 자기 근원[부모]으로부터의 분리를 통해서만 얻어진다
는 감정에 의해 촉발되어 있다.(325/33)

부모가 자식을 사랑해도 그 사랑을 통해 성장한 자식이 다시 부모
품으로 되돌아오는 일이 없고, 자식이 부모를 사랑해도 자식이 성장
한 만큼 부모는 늙어 사라져 가므로, 그 둘의 관계가 자기복귀적이지
않으며 따라서 인륜적이라고 할 수가 없다.

③ 남매관계: 헤겔에 따르면 진정으로 정신적인 인륜적 관계는
남매관계에서 성립한다. 가정 안에서 인륜적 정신인 신의 법의 담지
자는 남매인 것이다.

자연성이 혼합되지 않은 관계는 형제와 자매 사이에서 발생한다. 그들은 동
일 핏줄이지만 그것이 그들 사이에서는 안정과 균형을 이룬다. 따라서 그들
은 서로를 욕구하지도 않고 대자존재성을 타자에게 넘기거나 전해 받지도
않고 각자가 서로에게 자유로운 개체로 남는다.(325/34)

헤겔은 신의 법인 가족적 인륜성이 가장 극명하게 드러난 경우를
소포클레스의 비극『안티고네』에서 오빠 폴리네이케스와 그를 매장
하려고 한 누이 안티고네 사이에서 발견한다. 남매관계에서 신의 법
의 정신이 가장 순수하게 작용한다고 보는 것이다.

3) 여성과 남성

신의 법과 인간의 법은 각각 국가공동체와 가족 안에서 실현되는 데, 헤겔은 이 각각을 담당하는 자를 자연적 성별로서의 여자와 남자라고 주장한다. 헤겔이 보기에 여성은 자연적이고도 무의식적 방식으로 보편을 고수할 뿐이어서 실제 자신의 욕구를 주장할 수 있는 개체성으로서의 자신을 자각하지 못한다. 그러므로 결국 보편성의 의식도 갖추어진 것이 아니며, 따라서 시민이 되지 못한다. 여성은 단지 가정이라는 인륜적 공동체 내에서 신의 법을 실현하고 가족 내에 머무를 뿐이다.

> 여성은 자매로서 인륜적 본질에 대한 최대의 예감만을 가질 뿐이며, 그것의 의식이나 현실성에 이르지는 못한다. 왜냐하면 가정의 법은 즉자적이고 내적인 본질로서 의식에 명백히 드러나지 않은 채 단지 내적인 감정 또는 현실로부터 소원한 신적인 것으로만 머물러 있기 때문이다.(325~326/34)

> 여성은 그의 규정에 있어서는 개별성이지만 그의 쾌락에 있어서는 직접적으로 보편적이며, 따라서 욕구의 개별성으로부터 거리가 있다.(326/35)

여성은 자연적이고 선반성적인 방식으로 가족공동체를 위한 삶을 살면서 그 안에서 쾌락을 느낀다. 이처럼 여성이 선반성적이고 무의식적인 가족적 공동체 안에 끝까지 머물러 있는데 반해 남자는 그러한 무의식적 기반으로부터 벗어나 개체성의 자각과 더불어 공동성의 의식을 갖고 인간적 법의 질서를 형성해 나간다.

남성에게는 이 둘〔개별성과 공공성〕이 분리된다. 그는 시민으로서 보편성의
자기의식화된 힘을 소유함으로써 욕구의 권리를 획득하며 동시에 욕구로부
터의 자유까지도 갖게 된다.(326/35)

남성은 보편성과 개별성의 분리를 자각하면서 개체성으로부터 보
편성의 의식으로 이행해 간다. 그렇게 해서 가족의 울타리를 벗어나
인륜적 시민사회를 형성해 간다.

형제는 의식적이고 현실적인 인륜성을 획득하고 산출하기 위해, 가족이라는
직접적이고 원초적인 따라서 그 자체 부정적인 인륜성을 떠나간다. 그는 그가
살아온 영역인 신의 법으로부터 벗어나 인간의 법으로 이행해 간다.(327/36)

자연적이고 원초적인 기반인 가족을 떠나 남성이 구축하는 의식
적이고 현실적인 인륜성의 세계가 바로 인간의 법과 그 법에 따른 시
민사회이다. 남성은 일체가 무의식적으로 융합되어 있는 자연적 기
반을 벗어나 개별성과 공공성의 분리를 자각하기 때문이다. 이 분리
를 통해 남성은 비로소 두 영역 모두에서 진정한 자기주장을 하게 된
다. 즉 공적 영역인 국가에서는 공공적 시민으로서 국가의 법적 질서
를 주장하고, 사적 영역인 가정에서는 개체적 인간으로서 자기 자신
의 욕망에 대한 권리를 주장하게 된다. 국가 안에서 자신의 보편성을
발견하고 실현하면서도 가족 내에서는 자신의 개체적 욕망을 추구할
권리를 자각하고 주장하는 것이다.

이상과 같이 헤겔에 따르면 여성은 개체성과 공공성이 분리되지
않은 무의식적 기반 안에서 가족적 인륜성을 실현하고 있을 뿐인데
반해 남성은 그 기반으로부터 벗어나 그 질서와는 대립되는 의식적

현실세계를 스스로 구축해 나간다. 자연적인 신의 법칙을 넘어서서 의식적인 인간 자신의 법칙을 설정하여 그 질서에 따르는 국가를 이룩하는 것이다. 이처럼 헤겔은 신의 법을 따르는 가정과 인간의 법을 따르는 국가의 영역을 각각 여성과 남성이 관장하는 두 영역으로 간주한다.

> 형제는 그가 살아온 영역인 신의 법으로부터 벗어나 인간의 법으로 이행해 간다. 반면 자매 또는 아내는 가정의 주재자와 신의 법의 수호자가 된다. 이런 방식으로 남성과 여성은 그들의 자연적 본질을 극복하고, 인륜적 실체에서 생겨나는 두 차이를 각각 분담하는 서로 다른 자로서 인륜적 의미의 존재로 등장한다.(327/36)

헤겔은 고대 사회에서는 여성과 남성이 각각 가정과 국가를 담당함으로써 그 둘 간의 조화로운 관계 안에서 무의식과 의식, 개체와 보편의 갈등도 해소되었다고 주장한다. 분열이 조화로, 차이가 통일로 나아가는 자기복귀적 운동성을 갖고 있다고 보기 때문이다.

> 남성과 여성의 인륜적 내용의 차이는 그럼에도 불구하고 실체의 통일성 안에 머물며, 차이의 운동은 곧 통일성의 영속적인 생성이다. 남성은 가족정신으로부터 공동체로 보내지고 공동체 안에서 그의 자기의식적 본질을 발견한다. 가족이 공동체 안에서 그 보편적 실체와 존립을 유지하듯이, 반대로 공동체는 가족 안에서 현실성의 형식적 요소를 갖고 신의 법 안에서 힘과 확증을 얻는다.(327~328/36~37)

신의 법	⟷	인간의 법
지하에 군림		지상에 군림
무의식적 · 직접적 법		의식적 · 간접적 법
운동의 출발지와 목적지	⟷	현실성, 존재와 활동부여

　이 둘의 관계는 마치 한 그루 나무에 있어 지면 아래의 뿌리와 지상 위의 나무줄기나 꽃의 관계와 같다. 둘은 서로 머무르는 영역이 다르고 존재방식이 다르다. 지상으로 뻗어 나가는 줄기는 지하에 머무르는 뿌리를 박차고 대립의 힘을 발휘하여 수직으로 상승한다. 그만큼 그 둘은 서로 대립하며 서로를 부정한다. 지상에서 빛나는 의식으로 피어나는 잎이나 꽃의 현실은 지하의 어두움인 무의식으로부터의 분리이고 부정이며 대립이다. 그러나 지상의 꽃과 열매는 지하의 뿌리로부터 물과 양분을 흡수하여 살아간다. 뿌리가 자신의 기반인 것이다. 그리고 지상의 꽃과 열매는 다시 씨가 되어 지하의 어두움으로 돌아간다. 지하의 뿌리 또한 지상에 꽃을 피우고 열매를 맺음으로써 결국 자기 자신을 실현한다. 이처럼 그 둘은 서로 대립하면서도 서로에 의거하며 서로를 통해 자신을 완성해 간다.

　이처럼 대립 속에서도 둘 간의 통일과 조화가 유지되고 있으면, 둘의 관계는 아름다운 총체성의 관계이다. 헤겔에 따르면 그리스의 도시국가는 이런 아름다운 총체성을 보여 주고 있다. 그것은 자연을 그 자신의 표현으로 변형시킨 정신에 의해 산출된 '아름다운 개체성'이기도 하다. 그렇지만 그리스적 인륜성은 그 조화와 통일이 반성을 거쳐 이룩된 것이 아니고 자연적으로 형성되었다는 점에서 아직 주관성의 심연이나 반성을 알지 못한다는 한계를 가진다. 거기서 이룩되는 개체성은 아직 절대적 개체성이 아니다. 그들은 의식적 반성에 의해서가 아니라 습관(ethos)으로 조국을 위한 삶을 살며 민중의 시민으로 존재한 것이다. 이와 같은 인륜적 정신으로서의 그리스정신을 헤겔은 '정신적인 예술작품'으로 간주한다. 자연과 정신, 내용과 형식, 감성과 이념이 개념적 반성을 통해서가 아니라 직접적으로 조화를 이룬다는 점에서, 그것은 일종의 예술, 아름다운 예술로 비유된다.

2. 인륜적 행동: 인간의 지와 신의 지, 죄와 운명

1) 성격

인륜세계의 질서는 두 가지로 구분되어 서로 조화로운 관계를 이루지만, 그 두 질서 사이에서 개별적 인간이 구체적 행위를 수행할 경우 둘 중 어느 하나를 취할 수밖에 없으므로 개인의 행위에 있어서는 둘 간의 대립이 극명하게 드러나게 된다. 즉 대립이 등장하는 곳은 행위를 수행하고자 하는 개체의 자기의식이다.

자기의식에게 인륜적 질서는 특정한 행위를 요구하는 하나의 의무로서 제시된다. 그러므로 윤리적 대립과 갈등은 칸트가 생각하듯 "의무와 정열[경향성]의 대립"이 아니라, 두 가지 서로 다른 인륜질서로 인한 "의무와 의무 사이의 충돌"(331/41)이다.

그런데 헤겔에 따르면 개인이 어떤 법을 자신의 의무로 여기게 되는가는 개인 자신의 선택이라기보다는 이미 그가 여성인가 남성인가에 의해 결정되어 있다. 신의 법과 인간의 법 중 어느 하나를 취하게 되는가가 각 개체에게 있어 자발적 선택이 아니라 이미 어느 하나로 규정되어 있다는 점에서, 이를 '성격'이라고 한다.

인륜적 의식은 자기가 무엇을 행해야 하는지를 알고 있으며, 신의 법과 인간의 법 중 어느 것에 귀속할 것인지도 이미 결정되어 있다. … 상황의 우연성이나 선택이 아니라 자연이 한 성에게는 하나의 법을, 다른 한 성에게는 다른 하나의 법을 부여한다.(331~332/42)

인륜적 의식은 두 법칙 중의 하나에로 결단을 내리게 되므로, 그것은 본질적으로 '성격'이다.(332/42)

2) 불행한 갈등과 죄

인간의 법과 신의 법 사이의 대립과 갈등은 결국 불행한 결과를 낳는다. 자연에 의해 성격으로 규정된 각자의 법이 현실에서 서로 부딪칠 때, 그것은 법과 법, 의무와 의무의 대립임에도 불구하고, 각자의 관점에서 보면 그것은 정의와 부정의, 의무와 비의무 사이의 대립처럼 여겨지게 된다. 따라서 그 상황은 어느 누구에 의해서도 어쩔 수 없는 비극적 상황이 되고 만다.

[신의 법과 인간의 법 사이의] 대립은 불의의 현실과 의무 사이의 불행한 갈등처럼 보인다. … 인륜적 의식이 한쪽에서만 정의를 보고 다른 한쪽에서는 불의를 보기 때문이다. 둘 중 신의 법에 속하는 자는 다른 쪽에서 인간의 우연적인 폭력만을 볼 뿐이고, 인간의 법에 속하는 자는 다른 쪽에서 내적인 즉자존재의 고집과 불복종만을 볼 뿐이다.(332/42~43)

헤겔은 이러한 불행한 갈등과 비극적 대립을 그리스의 비극에서 본다. 희극이 무한자와 유한자의 각각의 영역을 분리시켜서 각각에

252

타당성을 부여하는 것으로 성립한다면, 비극은 그 둘 간의 절대적인 대립과 그로 인한 비극적 관계를 드러낸다. 이 대립과 갈등을 극명하게 드러낸 비극이 바로 소포클레스의 비극 『안티고네』이다. 인간의 법을 대변하는 크레온과 신의 법을 대변하는 안티고네 간의 대립과 갈등 그리고 그로 인한 비극적 상황이 그것이다.[3] 시민사회 공동체의 질서인 인간의 법을 실현하고 있는 크레온에게 안티고네의 행위는

---

3) 인간의 법과 신의 법 간의 차이와 그 갈등적 관계를 극명하게 드러낸 것을 헤겔은 소포클레스의 비극, 『안티고네』에서 찾는다. 소포클레스의 비극 3부작은 제1부 『오이디푸스 왕』, 제2부 『콜로소스의 오이디푸스』, 제3부 『안티고네』로 이루어져 있다. 1부 『오이디푸스 왕』은 가부장적 반항과 근친상간과 운명을 그리고 있다. 테베의 왕 라이우스와 이오카스페 사이의 아들 오이디푸스에게는 부친을 살해하고 모친과 결혼(근친상간)할 거라는 텔피의 신탁이 내려져 있다. 이를 두려워한 부모가 그를 버려 그는 코린트의 왕에게서 자라난다. 그 사실을 모르고 테베로 돌아오던 길에 오이디푸스는 우연히 만나 다투게 된 노인 라이우스를 살해하고, 스핑크스의 수수께끼(답, 인간)를 풀어 여왕 이오카스페와 결혼한다. 그리고 자식을 낳고 살다가 과거의 일체 사실이 밝혀지자 이오카스페는 자살하고, 오이디푸스는 눈먼 자신을 한탄하며 눈알을 빼어 버린다. 2부 『콜로소스의 오이디푸스』에서는 오이디푸스가 방랑의 길을 떠나는데 그의 두 아들 에테오클레스와 폴리네이케스는 따르지 않고, 두 딸 안티고네와 이스메네는 아버지와 동행한다. 3부 『안티고네』에서는 오이디푸스의 아들 둘이 왕위를 놓고 싸우다가 죽자, 외삼촌 크레온이 왕위를 차지하고 오이디푸스의 둘째 아들 폴리네이케스를 반역자로 규정하여 그 장례를 금한다. 그런데 안티고네는 왕명을 어기고 오빠의 장례를 치르려고 시도한다. 여기서 인간의 법과 신의 법의 대립이 제시된다. 인간의 법인 국가법은 반역자에 대한 장례의 금지를 명하고, 신의 법인 자연성은 가족의 장례를 고집한다. 전자는 공동체 권위에의 복종을, 후자는 그에 대한 저항을 뜻하며, 전자는 가부장제 질서를, 후자는 가모장제 질서를 대변한다. 국가와 복종과 질서를 고집하는 크레온은 반역자의 장례를 치르는 안티고네를 산채로 동굴에 가둔다. 이때 크레온의 아들 하이몬이 안티고네를 사랑하여, 자기 아버지 크레온을 죽이려 실패하고는 안티고네가 갇힌 동굴 앞에서 자살하고 만다. 하이몬의 엄마이며 크레온의 부인인 에우리뒤케도 남편을 저주하면서 자살한다. 이렇게 하여 비극은 겉으로는 크레온의 승리, 가부장제의 승리로 끝나지만, 그것은 아들과 아들의 애인과 아내를 죽게 함으로써 얻어진 것이다. 크레온은 이러한 자신의 운명을 한탄한다.

그러한 공동체의 기존 질서를 무시하는 자의적인 불복종에 지나지 않는다. 반면 인간이 설정한 공동체 질서보다 더 근원적이고 원초적인 자연 질서인 신의 법을 따르고 있는 안티고네에게 크레온의 행위는 인간의 무자비하고 맹목적인 폭력행위로만 여겨질 뿐이다. 따라서 그 둘은 각각 자신의 자리에서 자기는 정의를 실현하고 상대는 단지 불의를 저지르고 있을 뿐이라고 간주하게 되어, 결국 서로 간의 갈등과 대립을 증폭시켜 나간다.

인간의 법과 신의 법인 두 법 간의 대립적 관계로부터 비극이 탄생하게 되는 것은 그 대립 안에서 감행되는 인간의 행위를 통해서이다. 인간의 행위는 통합되어 있던 가능적 지평으로부터 파생되는 대립적인 양 극단 중에서 결국 어느 하나를 취함으로써 다른 하나를 배척하게 되어, 두 법칙 간의 갈등을 표면화시킨다. 이처럼 자기의식의 행위는 하나를 택함으로써 다른 가능성을 배척하는 사이에 죄를 짓는 것이 된다.

> 자기의식은 행위를 함으로써 죄를 짓게 된다. … 단순한 인륜적 의식으로서 자기의식이 한쪽의 법만을 인정하고 다른 쪽의 법은 부정함으로써 행위를 통해 다른 쪽 법을 침해하기 때문이다.(334/45)

행위로 인한 죄지음은 인간의 유한성에서 비롯되는 피할 수 없는 것이며, 이것은 단지 선택의 잘못이나 외적 우연성으로 인한 잘못과는 다른 것이다. "죄가 없는 것은 돌멩이의 존재처럼 무행위일 경우에만 가능하며, 아이의 존재조차도 죄가 없지 않다."(334/45) 인간의 모든 행위 그리고 그로 인한 모든 존재가 다 그 유한성으로 인해 죄를 내포하는 것이다.

이는 결국 행위를 하고 죄를 짓는 것이 궁극적으로 일 개인의 문제가 아니라는 것을 의미한다. 인간은 자연적 탄생에 의해 인륜적 질서의 어느 한편에 속하고 그 질서를 따르면서 다른 한편을 배척하게 되므로, 개인을 일정 방향으로 사유하게 하고 선택하게 하고 행동하게 하는 것은 일 개인이라기보다는 오히려 개인이 속한 그룹의 정신인 것이다.

> 행위하고 죄를 짓는 것은 특정한 개인이 아니라는 것이 분명하다. 왜냐하면 특정한 이 자기로서의 개인은 오직 비현실적인 그림자 또는 단지 보편적인 자기일 뿐이기 때문이다. 개체성은 행위 일반의 순수 형식적 계기일 뿐이고 내용은 오직 법칙과 인륜 그리고 개인에 대해 이미 규정된 그의 상태인 것이다.(335/46)

그런데 인간의 법과 신의 법이 개별자의 의식 차원에서는 둘로 분리되어 있어 행위를 통해 하나가 선택되고 다른 하나가 배척되는 상황이 벌어진다고 해도, 실제로 그 둘은 본질적으로 결합되어 있다. 따라서 하나가 충족되면 다른 하나도 그에 따라 충족될 수밖에 없는 것이다. 이처럼 행위에 있어 배척된 것이 그대로 밀려나는 것이 아니라, 다시 자신을 충족시키기 위해 스스로 현실화하게 되는데, 이는 배척된 것의 자기실현으로서 "복수"(335/47)의 형태로 등장한다.

> 그에게 개시된 법은 본질에 있어 그와 대립되는 법과 결부되어 있다. 본질은 그 둘의 통일성이지만 행위는 하나의 법만을 실행하며 다른 하나의 법에 대립한다. 그러나 본질에서 그 둘이 결합되어 있으므로 하나의 충족은 곧 다른 하나의 충족을 불러오며, 이로써 행위는 상처받고 적대시된 것의 복수를 요

구하는 것이 된다.(335/47)

한 행위자의 행위를 통해 배척된 질서가 다시 현실로 대두되는 이 과정은 행위자가 자신의 행위의 죄에 대해 되받게 되는 결과라고 볼 수 있으며, 이 점에서 이를 복수라고 할 수 있다. 갈등을 일으키는 대립되는 두 질서는 의식 표층에서 보면 서로 상반되어 둘 중 어느 하나만이 선택되고 다른 하나는 영원히 배제되어야 할 것 같지만, 실제 그 둘은 동전의 양면처럼 근원적으로 서로 결합되어 있다. 따라서 그 중 어느 한 면이 의식적 행위를 통해 선택되고 현실화될 때, 그 다른 한 면은 행위를 통해 배척되고 부정됨에도 불구하고 결국은 그 근원적 결합력으로 인해 반드시 현실로 드러나게 되고, 따라서 그것을 배척하고 부정하던 행위는 그로 인해 자기 대가를 치르게 되는 것이다. 행위는 무의식적인 것을 긍정적 또는 부정적 방식으로 의식에 표출시킴으로써, 결국은 무의식과 의식, 비존재와 존재의 대립과 갈등을 증폭시켰다가 다시 해소시키고 결합시키는 과정이라고 볼 수 있다.

> 행위는 부동의 것을 움직이게 하고 아직 가능성에만 갇혀 있는 것을 밖으로 산출함으로써 무의식을 의식과, 비존재를 존재와 결합시키는 것이다.(336/47)

이와 같이 고대의 비극에 등장하는 갈등은 인간의 법과 신의 법 간의 갈등, 이념과 이념 간의 갈등이다. 이는 근대의 비극에서와 같이 개체성이나 개성 또는 자유의지에 의한 갈등, 주로 도덕적 갈등이거나 주저가 개입된 개체와 개체 간의 갈등이 아니다. 고대 비극의 갈등인 인간의 법과 신의 법 간의 갈등은 그 둘의 근원적 결합력으로 인해, 하나가 등장하면 다른 하나가 따라서 등장하며, 하나가 몰락하면 다른 하나가 따라서 몰락하게 되는 그런 관계의 갈등이다.

3) 운명

대립되는 두 법칙이 함께 몰락하는 과정이 운명이다. 이로써 인륜적 실체는 해체되고 그리스적 인륜성 자체가 몰락하고 만다.

> 두 측면의 동시적 굴복 안에서 비로소 절대적 정의가 실현되고, 인륜적 실체는 두 측면을 집어삼키는 부정적 힘으로 또는 전능하고 정의로운 '운명'으로 등장한다.(337/50)

공공의 정신은 무의식적 자연적 기반을 의식화하여 인간의 법으로 현실화하면서 인륜적 정신을 정의로써 실현하고자 하지만, 결과는 그와 반대로 무의식적 기반인 신의 법을 배척하고 억압함으로써 오히려 불의를 저지르고 만다.

> 명시적인 정신의 완성이 곧 그 반대로 뒤바뀌게 되며, 정신은 그의 최고의 정의가 최고의 불의이고 그의 승리가 오히려 그 자신의 몰락이라는 것을 경험하게 된다.(339/52)

인간의 법에 속한 자들의 불의에 의해 부당하게 배척되고 억압받은 신의 법에 속한 자들은 지상의 인간의 법에 대해 복수를 하게 되며, 결국 인간의 법의 기반을 흔들어 놓음으로써 공동체를 파괴하고 만다.

그의 권리가 침해당한 죽은 자는 따라서 복수를 위해 그를 침해했던 힘과 동
일한 현실성과 폭력의 수단을 찾게 된다. … 그들은 적대적으로 일어서서 공
동체를 부수며, 공동체는 그들의 힘인 가정의 경건성을 없애고 파괴한다.
(339/53)

이는 기반으로부터 나온 것이 자기 기반을 부정하는 활동을 한다
면, 결국은 자기 자신이 자기 기반으로부터 부정당하고 스스로 파멸
하게 된다는 것을 뜻한다. 즉 신의 법이라는 무의식적 기반으로부터
파생한 의식적인 인간의 법이 자기 기반인 신의 법을 부정한다면, 언
젠간 그 인간의 법 자체도 신의 법에 의해 부정당하여 몰락하게 되는
것이다. 이처럼 사회공동체의 법으로써 가족의 법을 배척하고 억압
하는 것이 결국 공동체 자체의 파멸을 이끌어 오는 것은 가족이 사회
공동체의 기반이고 터전이기 때문이다.

가족은 동시에 공동체의 요소이며, 개별적인 의식은 〔공동체를〕 활성화하는
보편적 근거이다.(340/54)

공동체는 오직 개별성의 정신을 억압함으로써만 자신을 유지할 수 있다. 그
러면서 또 개별 정신이 본질적 계기이기에, 공동체는 개별 정신을 생산해 내
기도 한다. 즉 적대적 원리로서 그것에 대한 억압적 태도를 통해 그렇게 한
다.(341/55)

공동체가 갖는 부정의 힘을 통해 국가공동체가 개인과 가정을 부
정하고 억압함으로써 자신을 유지해 나가지만, 결국 그 부정과 억압
으로 인해 공동체 자체가 붕괴되는 것을 잘 보여 주는 예가 바로 전

쟁이다. 전쟁은 한편으로 개인의 재산과 인격성과 개성을 부정하고 가정의 질서를 파괴하면서 다른 한편으로는 전체로서의 사회를 유지하게 만드는 힘을 가진다.

> 전쟁은 한편으로 사유재산의 개별 제도나 인격적 독립성 그리고 개별적 인격성 자체에도 부정의 힘을 느끼게 하지만, 또 다른 한편으로 바로 이 부정적 본질이 전쟁 속에서 전체를 유지하게 하는 것으로 부각된다.(341/55)

그러나 공동체의 부정의 힘은 다시 부메랑처럼 공동체 자신에게로 되돌아와서 결국 개체를 부정하던 그 힘으로 인해 공동체 자체가 붕괴되고 만다. 전쟁에서 영웅으로 등장하는 용감한 젊은이가 공동체 자체를 무너뜨리는 세력이 된다는 것이 이 점을 보여 준다.

> 여성이 좋아하는 용감한 젊은이, 억압된 타락의 원리가 등장하여 타당성을 얻는다. 이제 인륜적 본질의 현존과 정신의 필연성을 결정짓는 것이 자연적 힘과 행운의 우연이 되어 버렸다. 이처럼 인륜적 본질의 현존이 힘과 행운에 의존하기에, 인륜적 본질이 몰락하리라는 것은 이미 확실하다.(341/55~56)

고대 폴리스에서는 신의 법인 자연(피시스)과 인간의 법인 인위(노모스)가 서로 조화되며 균형을 이루고 있었다. 반면 소피스트들에게서 이 대립이 드러나며, 비극에서 그 분열이 표출되고 있다. 개인적 욕망으로서의 자연과 인위적인 법칙세계인 노모스와의 대립이 자각됨으로써, 폴리스 내에 분열이 생겨나게 된 것이다. 플라톤은 소피스트들과 대적해서 이러한 분열을 극복하고자 정의(인위)에 기반하여 자연적 공동체를 부흥시키고자 노력하였다.

그렇지만 한번 갈등이 발생하고 분열이 의식되면, 다시 자연적 조화와 균형상태로 되돌아갈 수는 없다. 자연과의 자연적 조화관계로부터 벗어난 대립적인 법칙의 세계, 상대의 세계의 노모스가 로마법을 이루게 된다. 로마시대에 이르면 인류의 보편성은 형식적 보편성으로 바뀌고, 개인은 흩어진 원자화된 개체로서만 존재하게 된다.

[인륜적] 실체는 만인에게 형식적 보편성으로만 드러날 뿐 더 이상 생동하는 정신으로 내재화되어 있지는 않다. 오히려 그들 개체성의 단순한 견고함도 다수의 점으로 분산되어 있을 뿐이다.(342/57)

3. 법적 상태

1) 개체적 자기의식의 발단

자연과 법, 가정과 국가 간의 원만한 자연적 조화가 해체되고 나자, 그 둘 간의 갈등과 대립이 지배적인 로마 제국주의가 등장하였다. 이는 인륜적 정신이 몰락하면서 개체적인 자기의식이 등장하였음을 의미한다. 이처럼 그리스적 인륜성이 붕괴되고 개체적 자기의식이 대두하게 된 데에는 기독교의 도입과 전쟁의 발생이 원인으로 작용한다.

개인과 국가가 조화되고 개인의지가 곧 국가의지인 그리스시대에는 개인의 삶이 표현하고 있는 자유와 조화가 그대로 종교가 되었다. 개인이 습관(에토스)에 따라 전체를 위한 삶을 사는 자유로운 민족종교라고 할 수 있다. 이러한 민족종교 대신에 이교도인 기독교가 우위를 차지하는 과정에서 그리스적 조화는 깨어졌다.

로마 제국주의를 이끄는 데에 기여한 또 다른 것은 전쟁이다. 전쟁은 자연적 공동체로서의 가족의 해체를 가져올 뿐 아니라, 인위적인 것으로서의 국가의 해체도 가져온다. 전쟁을 통해 국가적 기존 질서가 무너지며, 인륜적 공동체보다는 군인이라는 강인한 개인이 출현하게 된다. 그렇게 해서 자연적 조화에 기반을 둔 그리스적 폴리스가 붕괴되며, 인위적인 실증법이 지배하는 로마제국이 등장하게 된다.

2) 사적 인격체와 추상적 법

신의 법과 인간의 법의 직접적 통일체로서의 폴리스가 해체된 이후 로마시대에 이르면 개인은 공동체로부터 해방된 개인인 자립적인 원자화된 개체성으로 이해되고, 공적인 것은 오히려 생동적 정신을 상실한 외적 보편성 내지 형식적 법으로 간주된다. 다시 말해 개인과 국가의 조화 대신에 개인은 전체를 벗어난 사적 인격체가 되고, 전체는 개인을 넘어선 형식적 법으로 바뀌어 서로 대립하게 된 것이다. 개인은 자기보존에 한정된 자기이익, 즉 사유재산만을 목표로 삼는 개체적 존재로 화하였으며, 국가는 그런 개인의 사적 재산을 보호하는 역할만을 할 뿐 실질적으로 개인을 묶는 전체의 이념은 사라진 것이다. 그리하여 개인들 간에는 추상적이고 형식적인 법적 관계만이 남겨지게 된다. 보편자는 개체적 자기 바깥의 타자적인 것이 되고 만 것이다.

보편자가 절대적으로 무수한 개인들의 원자로 흩어져 버리면, 그 죽어 버린 〔공동체〕정신은 만인이 각자로서 또는 각각의 인격으로서 타당하다는 하나

의 '평등성'으로 남겨질 뿐이다.(342~343/57)

그러나 이 평등성은 단지 형식적 평등성일 뿐이고 내용적으로는 사유재산의 차별성이 개인의 차별성으로서 그대로 남겨진다. 이처럼 공동체를 벗어남으로써 얻게 되는 개체의 자립성은 추상적이고 공허한 것이다.

고대 폴리스:	자연(피시스) +	법(노모스)	: 조화
	(신의 법)	(인간의 법)	
로마/중세:	원자화된 개체 ⟷	추상적·형식적 법	: 대립

인륜성이 공허한 운명의 필연성 안으로 사라져 가도, 그 운명의 필연에 따라 자체로 복귀하는 절대적 존재는 결국 개체적 자아이다. 사회의 인륜성이 공허한 추상과 형식으로 해체되는 법적 상태에서 운동의 동력으로 남는 존재는 결국 개체적인 자기의식의 자아인 것이다.

　자신에게로 복귀한 절대적 존재, 그 공허한 운명의 필연성은 바로 자기의식의 '자아' 이외의 다른 것이 아니다. 이 자아가 즉자대자적 존재로 타당하며, 여기서 인정되는 것이 곧 그의 실체성이다.(343/58)

인륜성의 정신이 몰락하고 나서 추상적 현실 속에 남겨지는 자아는 추상적 보편성만 지닐 뿐이다. 이 자아는 금욕주의적 단계와 회의주의적 단계를 거쳐 자기소외된 교양의 단계로 들어서게 된다.

262

3) 금욕주의와 회의주의적 단계

(1) 금욕주의

이 단계에서는 개인을 공통의 하나로 묶어 내는 이념은 사라지고 전체는 단지 법적인 형식적 평등성을 나타낼 뿐이며, 모두에게 외적으로 부과되는 공통의 법이 있을 뿐이다. 이처럼 원자적 개체와 형식적 전체, 개체와 보편, 개인과 법, 내용과 형식의 대립 속에서 그 둘을 종합하거나 연결시킴이 없이 단지 법의 추상적 현실인 형식적 자유 안에 머무르는 단계는 자기의식의 금욕주의적 태도에 상응한다. 내용과 형식의 대립을 극복함이 없이 단순히 형식적 평등에 안주하는 것, 사유의 자립성에 해당하는 추상적 의식 또는 추상적 자립성에 머무르는 것이 금욕주의적 태도이다.

> 금욕주의는 법적 상태의 원리, 무정신의 자립성을 그 추상적 형식으로 옮겨 놓은 의식 이외의 다른 것이 아니다.(343/59)

금욕주의가 누리는 개체의 자립성과 자유 또는 개체의 권리는 '현실로부터의 도피'를 통해서 얻어진 것이다. 현실적으로 존재하는 모든 개체들 간의 차이를 사상한 채 추상적인 순수한 일자로서의 자아가 누리는 자유이며 권리이다.

> 인간의 권리는 개인의 부유나 권력의 현존에도 또는 보편적인 생동적 정신에도 결부되어 있지 않으며, 오직 그의 추상적인 현실성 또는 자기의식 일반으로서의 순수 일자에만 결부되어 있다.(344/59)

(2) 회의주의

이 단계에서는 내용과 형식의 분리와 괴리가 자각된다. 추상적인 법적 인격체인 개인이 형식적으로는 법적 평등성을 갖지만, 실제적 내용인 사유재산에 있어서는 차별성이 그대로 남아 있음을 깨닫는 것이다. 현실적 차별을 자각한 단계이다.

> 회의주의에서처럼 법의 형식주의도 독자적 내용이 없는 개념을 통해서 다양한 존재인 소유를 발견하고 그것을 마찬가지로 추상적인 일반성으로 규정하는데, 이것이 '재산(Eigentum)'이라고 불린다.(344/60)

의식의 회의주의에서는 현실의 규정이 가상에 불과하여 부정될 뿐이었지만, 인권의 법에 있어서는 그것이 곧 '나의 것'인 재산을 뜻하며, 재산은 보편적이고 유용한 것으로서 적극적 의미를 부여받게 된다.

> 의식의 회의주의에서의 부정적 의미는 현실적인 것이 즉자적 보편자인 사유로서의 자기의 의미를 갖기 때문이다. 반면 법의 회의주의에서의 긍정적 의미는 현실적인 것이 하나의 인정된 현실적 타당성으로서 범주적 의미에서의 '나의 것'이기 때문이다.(344/60)

그러나 내 것이라는 소유도 추상적 일반성일 뿐, 실제적인 내용을 지배하는 것은 "세계의 지배자"(345/61)로 군림하는 황제 일인에게 귀속되는 독자적 권력이다. 그는 온갖 내용을 장악한 현실존재이며, 그 이외의 다른 모든 인격을 절대적으로 제압하는 권력이다.

현실적 내용은 그 자신의 권력에 속하며, 그 권력은 형식적 일반자와는 다른 것으로서 우연이고 자의일 뿐이다.(345/60)

이 자의적이고 절대적 권력자인 황제는 일체의 다른 인격들을 억압하지만, 그렇게 만인으로부터 유리됨으로써 스스로 "고독한 자기"가 될 뿐이다. 그는 "광란"과 "파괴"(345/61)를 일삼는 "방종"(345/62)으로 인해 스스로 몰락해 간다.[4] 이렇게 해서 개체와 보편의 조화가 상실된 법적 상태에서 통일성이나 연대성은 확립되지 않고, 그 둘의 갈등은 더욱 심각해질 뿐이다.

4) 문화에로 나아감

개인과 전체의 대립은 곧 서로 간의 상실된 모습만을 보여 줄 뿐이다. 서로가 서로에 대해 분리되고 소외되어 있으며, 자기의 본질이 자기에 대해 타자적일 뿐이다.

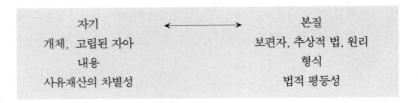

이처럼 본질 밖의 자기(개체)와 자기 밖의 본질(보편자)이 서로 대립과 갈등관계에 있음을 자각함으로써, 의식은 다시 그 둘을 서로

---

4) 여기서 헤겔은 절대적 권력을 행사하는 로마 황제를 염두에 두고 있다.

통일시키는 과정으로 나아가게 된다. 이러한 과정이 곧 교양 내지 문화의 과정이다. 교양은 자기에게 보편적 내용을 부여해 나가는 과정이며 보편자를 자기의 외화의 결과로 만들어 나가는 과정이다.

II
자기소외된 정신:
교양 [5]

개별자의 정신은 몇 단계의 이행과정을 거치는데, 지금까지 논의
된 것은 개인과 전체가 조화로운 통합을 이루는 인륜성으로부터 의
식과 실체, 개체와 보편이 분열되는 법적 상태로 나아가는 과정이었
다. 이는 곧 실체로부터 자기에로 나아가는 과정이며, 객관적이고 자
연적인 사회질서 내지 구체적 정신으로부터 형식적이고 상호 배타적
인 사적 인격체로 옮겨 가는 과정이기도 하다. 법적 상태에서는 자기
와 자기의 본질, 개체와 전체, 내용과 형식은 서로 분리되어 있다.

그러나 법적 상태의 추상적 자기는 다시금 자기의 의지가 진정으
로 보편적 의지가 되고 또 자체 내에 정신의 실체적 내용을 포괄할
수 있는 자기로 나아가고자 한다. 자기를 전체에로 외화하여 자기와
전체를 통일하면서 자기를 회복하고자 하는 것이다. 헤겔은 이러한
활동을 '문화' 내지 '교양(Bildung)'이라고 부른다. 교양은 한마디
로 개별적 사적 인격체가 보편적 자기로 나아가는 과정이다. 이렇게
해서 정신은 자기소외된 법적 상태로부터 다시금 교양으로 나아가게
된다.

---

5) 이는 서양 중세 봉건시대부터 근세 프랑스혁명까지의 시기에 해당한다.

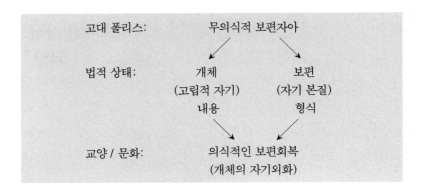

그런데 이러한 교양의 의식도 여러 단계를 거쳐 변화하게 된다. 우선 법의 세계 안에서 전체로부터 고립된 직접적인 사적 인격체인 자기는 스스로 자신의 빈곤상을 발견하고서, 그러한 자신의 직접성과 결별하고 자신의 실체성을 획득하기 위해 스스로 자신을 계발하고 도야하여 하나의 정신세계를 이루어 나가게 된다. 이렇게 스스로 고립적 개체성에서 벗어나 자기를 실현하여 하나의 보편적 정신세계를 이루어 나가는 것을 자기외화(外化)라고 한다.

> 그의 실체는 그의 외화 자체다. 외화는 곧 실체이며 세계로 자신을 질서지우고 그렇게 함으로써 자기를 유지하는 정신적 권력이다.(348/65)

이 자기외화의 교양과정을 통해 자기와 실체 사이의 근본적 대립이 극복되는데, 이것이 곧 자기의 실체화이며 동시에 실체의 현실화이다. 자기를 외화시킴으로써 보편자와 연결되며 결국은 스스로를 보편자 내지 실체적인 것으로 만들어 나가는 것이다. 이 행위 속에서 개체적 자기는 보편적 실체를 스스로 산출하고 활성화하게 된다. 따라서 법의 세계에서는 보편이 자기에게 우연적이고 외적인 것이었는데 반해, 자기외화된 교양세계에서는 자기외화의 과정 자체가 자신을 보편적 정신으로 가꿔가는 과정이므로, 보편적인 정신적 실체 자체가 자기 자신의 작품으로 산출된다.

그러나 이러한 외화의 과정을 거쳐 형성된 세계 속에서도 자기와 본질(실체)은 서로 소원한 채로 드러나며, 결국 교양을 통해 획득되는 세계는 직접적인 총체성의 세계가 아니라 분열되고 양분된 세계, 자기 자신으로부터 소외된 정신세계가 된다. 정신이 교양의 운동 속에서도 자기소외된 채로 남겨지므로 자기와 본질의 진정한 통일은 이 세계 너머에 놓이게 되고, 따라서 통일의 의식은 현실적 의식이 아니라 그와 구분되는 순수의식일 뿐이다. 이러한 현실의 의식과 순수의식의 분열은 자기의식에서의 불행한 의식과 유사한 양상을 보인다.

> 실체는 곧 정신이며 자기와 본질과의 자각된 통일성이다. 그러나 그 둘은 서로 간에 소외의 의미를 갖기도 한다. 즉 정신은 대자적으로 자유로운 대상적 현실성의 의식이며, 그에 대해 자기와 본질과의 통일성이 대립해 있다. 다시 말해 현실적 의식에 대해 순수의식이 대립해 있다.(348/65)

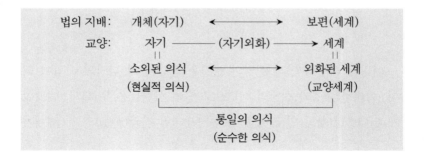

자기외화를 통해 소외된 현실적 의식이 가지는 세계는 교양세계

이지만, 그 의식과 세계를 포괄하는 총체적인 순수의식의 세계는 그
처럼 구체적으로 현존하는 교양세계를 넘어서는 세계인 신앙의 세계
이다. 정신은 자기와 세계와의 진정한 통일을 신앙의 세계 속에 정립
하는 것이다. 이렇게 해서 교양의 세계는 현실적 의식의 대상세계를
이루고, 그 너머의 통일체의 의식인 순수의식의 세계는 신앙의 세계
가 된다. 이와 같이 정신은 서로 대립되는 이중의 세계를 형성한다.

> 정신은 단 하나의 세계를 형성하는 것이 아니라, 오히려 서로 분리되고 대립
> 된 이중적인 세계를 만든다.(348/65)

> 전체는 자기의식이 그의 대상과 마찬가지로 현실적으로 존재하는 영역과 그
> 영역의 피안에서 현실적 현전은 갖지 않고 오직 '신앙' 속에만 있는 순수의
> 식의 영역으로 분열된다.(349/66)

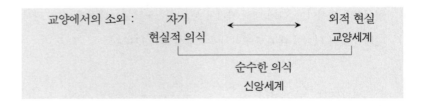

이렇게 해서 교양과 신앙의 분열은 곧 차안과 피안의 대립이 되
며, 이러한 교양과 신앙의 대립으로 인해 사람들은 두 세계 속에 살
게 된다.[6] 지상의 인국(人國)과 신앙세계인 신국(神國)의 두 세계가

---

6) 불행한 의식이 아직 실현되지 않은 통일을 향한 주관적 염원이고 향수라면, 신앙
의 의식은 그러한 것을 객관화된 것으로서 떠올리는 객관성에 대한 의식이다. 즉 표상

그것이다. '카이사르의 것은 카이사르에게, 하나님의 것은 하나님에게' 라는 기독교의 모토가 이를 반영해 준다. 이러한 대립에는 현실의식과 순수의식, 현실적 자기와 절대적 자기에 대한 구별이 포함되어 있다.

　현실의식과 순수의식의 이원화 및 교양과 신앙의 양분 속에서 그렇게 서로 대립하는 두 세계를 통합적으로 이해하고자 하는 것이 바로 순수통찰이다. 순수통찰은 자기 자신을 파악하고자 하는 교양의 완성이라고 볼 수 있다. 이 순수통찰이 신앙 내지 미신과 대결할 때, 그것은 계몽사상이 된다.

　　그 안의 모든 계기들이 하나의 고정된 현실성과 비정신적 존립을 주장하는 그런 정신적 세계는 순수통찰로 융해되고 만다. 자기 자신을 파악하는 자기로서의 통찰은 교양을 완성한다. 통찰은 자기만을 파악하며 모든 것을 자기로 파악한다. 즉 통찰은 모든 것을 개념화하여 일체의 대상성을 제거하고 모든 즉자존재를 대자존재로 바꿔 놓는다. 낯선 피안의 영역으로서의 신앙에 대항하는 통찰이 곧 계몽이다.(349/66~67)

　계몽에서 순수통찰은 신앙의 대상을 유용성의 개념 아래 해명하려 하지만, 이로써 현실은 오히려 그 본래적 의미를 상실하게 된다.

의 내용을 대상적 형식으로 제시하는 것이 신앙이다. 그러므로 불행한 의식은 주관적 의식, 신앙은 객관적 의식이라고 말할 수 있다. 신앙은 현존하는 세계로부터의 도피, 외적이고 객관적인 또 다른 세계를 향한 도피이다. 나아가 신앙은 현재 너머에 있는 본질에 대한 인간의 자각이지만, 다시 순수통찰로서의 계몽과도 대립되는 미신으로 이어지게 된다. 반면 종교는 정신의 자기 자신에 대한 자각이라고 볼 수 있으며, 그 점에서 신앙과 구분된다.

결국 현실을 부정하는 혁명과 절대적 자유의 도래 속에서 정신은 다시 자기에게로 복귀하여 자기외화의 교양과는 구분되는 내면적 도덕성을 추구하게 된다.

> 부정의 작업 속에서 순수통찰은 자기 자신을 실현하면서 그 자신의 대상인 인식불가능한 절대적 존재와 유용한 것을 산출해 낸다. 이런 방식으로 현실성이 모든 실체성을 상실하고 그 안의 어떤 것도 즉자적인 것으로 남지 않게 되면, 신앙의 왕국과 마찬가지로 실제적인 세계의 왕국도 함께 무너져 버린다. 그리고 이 혁명은 '절대적 자유'를 산출해 내며, 이로써 이전에 소외되었던 정신은 완전하게 자기 자신으로 되돌아가서, 교양의 땅을 떠나 '도덕적 의식'의 땅인 다른 땅으로 이행해 간다.(349~350/67)

이렇게 해서 교양에서 소외와 계몽을 거친 자유의 정신은 도덕성으로 나아가게 된다. 도덕성에 이르기까지 이상과 같이 약술된 교양의 과정은 다음과 같이 전개된다.

1. 자기소외된 정신의 세계

개체와 보편, 욕망과 이성, 자연과 법의 이원화된 분열을 자각하면서 정신은 이 둘을 연결하고자 자신을 외화시키는 교양의 세계로 나아간다. 그러나 자기외화된 교양의 세계 속에서도 정신은 의식의 양분, 세계의 양분을 벗어나지 못하며, 이로써 자기소외를 겪게 된다.

소외된 정신의 세계는 이중의 세계로 분열된다. 하나는 현실성의 세계 또는 정신의 소외의 세계이며, 다른 하나는 정신이 첫 번째 세계를 넘어서서 순수 의식의 대기 안에서 건립한 세계이다. 그러나 첫 번째 소외와 대립된 두 번째 세계도 그렇기 때문에 소외로부터 완전히 자유로운 것은 아니고, 오히려 소외의 다른 형태일 뿐이다. 즉 의식을 두 가지 다른 세계 안에 가지면서 두 세계를 다 포용해야 하는 점에서 소외이다.(350/67~68)

이렇게 해서 정신의 자기외화를 통한 교양의 현실세계와 그것을 넘어서는 피안적 신앙 세계라는 두 세계의 분열이 발생한다. 이는 곧 정신이 외화된 개념과 그 너머의 신앙이라는 "개념과 신앙"(350/68) 의 분열을 의미한다.

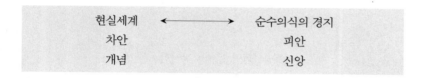

현실세계	←——→	순수의식의 경지
차안		피안
개념		신앙

1) 교양과 현실적 교양세계

(1) 자기외화와 자기소외

법의 지배 상태에서 개인과 사회, 자기와 자기의 본질, 고립된 개체성과 추상적 보편성의 대립을 의식하고 나면, 정신은 다시 그 둘의 대립을 지양하는 활동으로 나아가게 되는데, 이것이 곧 교양이다. 교양은 정신이 자신을 공동체의 보편질서로 형성해 나감으로써 공동의 보편세계를 산출해 내는 자기외화의 과정이다. 이로써 정신은 자신의 고립적 개체성을 벗어나 보편적 실체로 이행해 간다.

인격의 자기의식이 자신을 외화함으로써, 자기세계를 산출해 낸다.(350~
351/68)

개인으로 하여금 타당성과 현실성을 갖게 하는 것은 교양이다.(351/69)

자기외화를 통해 의식이 세계를 산출하며, 개인은 사회적 실체성
을 얻게 된다. 사물의 즉자존재가 인간의 노동을 통해서 의미를 획득
하게 되는 것처럼, 단지 사유된 실체인 추상적 즉자태는 개체의 활동
인 교양을 통해서 현실적인 실재가 된다. 교양을 통해서 개체성이 보
편적 본질성으로 고양되고, 사회적 실체는 현실화되고 구체화되는
것이다.

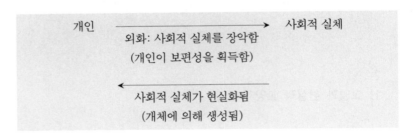

이는 마치 개체적 씨앗이 햇빛, 땅, 공기 등 보편적 우주를 흡수하
면서 나무로 성장하는 과정과 같다. 고립적 개체인 씨앗은 자기 바깥
의 것을 받아들이면서 그것을 자기화해 나가는데, 이는 곧 스스로 자
기 아닌 것으로 자기외화해 가는 것이기도 하다. 이러한 과정을 거쳐
씨앗은 보편성을 획득하게 된다. 그리고 우주의 추상적인 보편적 요
인들은 성장한 나무 안에 포함됨으로써 결국 나무 안에서 구체화되
고 자기실현된 현실태로 존재하게 된다.

각각의 개인과 연관하여 교양으로 나타나는 것은 실체의 본질적 계기이다. 즉 사유된 보편성으로부터 현실성으로의 직접적 이행 또는 그 단순한 영혼 이다. 이것을 통해서 즉자존재가 '인정된 것' 그리고 '현존'이 된다. 그러므 로 자신을 교양화해 가는 개체성의 운동은 직접적으로 보편적인 대상적 본 질로서의 개체의 생성, 즉 현실적 세계의 생성이다.(352/70~71)

그러나 교양의 자기외화는 동시에 자기소외이기도 하다. 개체의 외화를 통해 보편적 실체가 구체화되고 현실화될 때 그렇게 현실화 된 교양의 세계는 개체에 있어 이미 자기외화된 결과물일 뿐이며 따 라서 자기에게 소원한 것이기 때문이다. 개체가 교양을 쌓아 가는 과 정이 곧 일반적 실체의 생성이고 현실세계의 생성이며 따라서 교양 세계 자체가 개체의 활동에 의해 생성된 것이지만, 그럼에도 불구하 고 그 외화된 결과물로서의 현실세계는 고정된 불변적 형태를 띠게 됨으로써 개체적 자기의식에게는 소원한 것이 된다. 세계를 자신과 소원한 것으로 발견한다는 것은 결국 세계를 자기와 대립하고 자기 를 부정하는 것으로 발견한다는 것이며, 따라서 자기는 다시금 세계 를 제압하려 시도하게 된다.

세계의 현존과 자기의식의 현실성은 인격의 자기의식이 자신을 외화하여 그 의 세계를 산출하되 그 낯선 세계와 관계하여 오히려 세계를 제압하는 그런 운동에 기반하고 있다.(350~351/68)

개인의 참다운 근원적 본성과 실체는 자연적 존재의 소외의 정신이다.(351/69)

이처럼 자기외화는 곧 자기소외이다. 소외는 개별자가 자기의 자연적 개체성을 부정하여 보편적 자기를 얻는다는 점에서도 성립하지만, 결국 그렇게 해서 획득된 보편적 공동체를 자기와 동일한 것이 아니라 오히려 자기로부터 소원한 것, 자기와 대립해 있는 것, 자기가 제압해야 할 것으로 발견한다는 점에서도 성립한다.[7]

> 자기는 오직 지양된 것으로서만 현실적이다. 그러므로 자기에 대해 자기의 의식과 대상 간의 통일성은 형성되지 않으며, 오히려 대상은 자기에 대해 부정으로 남는다.(353/71)

자기가 보편적인 것으로 변화해 가는 자기외화와 자기소외의 과정 속에서 보편적 실체로 등장하게 되는 것은 바로 개인들이 구성하는 사회 정치적 구성체이다. 사회 정치적 구성체는 그 안에 살고 있는 개체의 외화의 산물로서 성립하는 것이다. 그것은 각각의 개인에게 소원한 현실로 나타나더라도 결국은 인간 행위의 결과이며 인간의 작품일 뿐이다.

개체	→	정치 사회적 구성체
사회의 구성		∴ 개인의 작품
개인의 소외		∴ 사회는 개인에게 타자

---

7) 교양세계로의 자기외화를 소외로 파악하는 헤겔의 사상은 교육학적 관점에 있어서도 이전의 계몽주의적 교육관과 차이를 보여 준다. 계몽주의의 인간중심적 교육학에 따르면 개인은 상향적인 단선적 길을 따르는 자발적이며 조화로운 발전의 길을 간다. 반면 헤겔에 따르면 교육에는 자기의 보편성을 획득하는 과정에서 자기 자신과의 동일성을 잃고 자기를 부정하게 되는 계기가 들어 있다. 이것이 바로 외화 내지 소외의 계기이다. 교양은 자신의 직접적 본성을 소외시키는 것이다. 개별자로서의 자연적 자기의 부정을 거쳐서만 정신적 세계에서의 자기의 보편성을 획득할 수 있다고 본 것

이처럼 사회 정치적 구성체를 개체의 작품으로 보는 헤겔의 관점
은 근세의 사회계약론의 사상과 상통한다. 개인이 자신의 권리를 통
치자에게 양도하는 것(홉스), 또는 자신의 권리를 사회전체인 보편
의지에로 양도하는 것(루소), 둘 다 사회는 개인으로부터 구성된 것
임을 설명해 주는 것이다. 그런데 그런 양도는 결국 자기외화이며,
그렇게 구성된 사회 안에서 개인이 소원해지는 과정이기도 하다. 개
별자는 자기부정을 통해 보편자로 고양되지만, 보편의지 내지 국가
는 개인에게 소원한 타자로 나타나는 것이다. 이로써 전체는 부분의
합 이상이며, 바로 그 이상에 해당하는 것이 부분이나 개인에게 소원
한 타자로 등장하는 것임을 알 수 있다.

(2) 국가권력과 부에 관계하는 자기의식의 교양[8]

개체와 보편, 의식과 세계 간에는 서로 소외의 관계가 성립한다.
사유는 이런 소외과정에서 야기되는 구별을 선과 악이라는 서로 대
립적인 의미로 파악하려 한다. 그렇지만 소외관계의 핵심은 그러한
선과 악이 서로 자기의 반대로 이행해 간다는 데에 있다.

사유는 어떤 방식으로도 동일시될 수 없이 서로 회피하는 '선'과 '악'의 절
대적 대립을 통해 가장 보편적 방식으로 차이를 고정시킨다. 그러나 이 확고
한 존재도 그의 영혼에 있어 자신의 대립에로 직접적으로 이행해 간다. 현존
은 오히려 각각의 규정이 그 대립에로 바뀌어 가는 것이며, 오직 이 소외만

이다. 개체가 보편적 실체를 자체 내에 흡수하고 통합하는 교양의 과정은 결국 자기외
화이면서 동시에 자기소외인 것이다.
8) 이 단계는 봉건제에서 절대군주제로의 이행과정에 해당한다.

이 전체의 본질이고 보존이다.(353/72)

전체를 파악하기 위해서는 서로 대립적 관계를 이루고 있는 요소들의 정신적 영역을 구분해 봐야 한다. 헤겔은 정신적 존재도 자연적 존재와 마찬가지로 세 종류로 구분하는데, 일단 자연적 존재를 다음과 같은 세 종류로 구분한다. ① 공기처럼 즉자적이고 보편적인 자기동일적 존재, ② 물과 같이 자체 내에 비동일성을 간직하여 스스로를 포기하는 대자적 존재, ③ 불처럼 그 둘을 구별하고 통합시키는 즉자대자적 존재가 그것이다.

① 공기: 즉자존재(자기동일성에 머무름)
② 물: 대자존재(비동일성으로 나아감)
③ 불: 즉자대자존재(둘의 구별과 통합)

이와 상응해서 정신적 존재도 세 영역으로 구분된다.

① 즉자존재: 그 자체 보편적이며 평등한 정신적 세계
② 대자존재: 각자 자립적으로 존재하며 불평등이 포함된 세계, 자기희생과
　　　　　헌신의 세계
③ 즉자대자적 정신: 자기의식의 주체성으로 힘이 약동하는 세계

즉자존재와 대자존재는 국가와 가족에 해당한다고 볼 수 있는데, 이 두 영역은 순수의식과 현실의식에서 서로 다른 방식으로 고찰된다. 여기서는 이들이 각각 어떻게 표상되는지를 살펴보는 것이 중요하다.

〔즉자(보편)와 대자(개체)의〕두 항이 우선 순수의식 안에서 어떻게 사고 내지 즉자존재로 표상되고, 또 현실적 의식 안에서 어떻게 대상적 존재로 표상되는지를 고찰해야 한다.(354/73)

즉자와 대자는 순수의식 내부의 사고로서 실체의 두 계기가 되며, 그것들은 다시 현실적 자기의식 안에서 대상적으로 표상된다. 현실 의식에서 대상적으로 표상된 것이 곧 국가권력과 부이다.

	즉자(보편/국가) ←——→ 대자(개체/가족)		
순수의식(사고):	선	악	—— 개념
현실의식(대상):	국가권력	부	—— 판단

① 개념: 선(즉자)과 악(대자)

순수의식 내부의 사상으로서의 실체는 그것이 자기동일적 존재일 때 선으로 파악되며, 그것과의 관계에서 수동적 정신으로 등장하는 것은 악으로 간주된다.

단순성의 형식에서는 모든 의식의 직접적이고 불변적이며 자기동일적 본질이 선이다. 그것은 즉자의 독립적인 정신적 권력이다. 반면 대자적 의식의 운동은 단지 부수적일 뿐이다.(354/73)

즉자적이며 자기 자신과 동일한 존재는 선이고, 대타적이며 자기 부등적 존재는 악이다. 이는 곧 실체 안에 갖추어진 자기동등성과 타자성이라는 양 측면을 각각 선과 악으로 제시하는 것이다. 자기동일성은 그것 아닌 것으로서의 타자성을 통해 성립하는 것이므로, 실제 타자성을 배제하고 즉자적 동일성만을 주장할 수는 없다. 모든 것은 그 자체로서 존재하면서 또 동시에 다른 것에 대한 대타적 존재로서 존재한다. 동일성 안에 비동일성이, 즉자성 안에 대자성이 포함되어 있는 것이다. 이 중 시원적 즉자태는 선이고 긍정이며, 그로 인해 부정된 본질은 악이고 부정이다.

② 판단: 사고(선과 악)와 대상(국가권력과 부)의 연결

판단은 순수의식의 내용인 사고(선과 악)와 현실의식의 내용인 대상(국가권력과 부)을 서로 연결시켜서 고찰하는 것이다. 인륜적 세계에 있어 공동체(만인의 단순한 의지)와 가족(가정에서의 개별화)의 두 계기는 현실적 자기의식에게 어떤 것으로 대상화되어 나타나는가? 자기의식에게 공동체는 외부적 실재인 대상적 국가권력으로 나타나며, 개체는 부로서 타자화되어 나타난다. 국가권력과 부는 이 세계의 대상적 본질들이다.

> 선과 악의 단순한 사고는 곧 자기소외된다. 그것들은 현실적이며, 현실적 의식에 있어 대상적 계기가 된다. 그 첫 번째 존재가 국가권력이고, 다른 하나가 부이다. (354~355/74)

이처럼 현실의식에서 권력과 부로 등장하는 대상에 대해 순수의식의 사고인 자립적 선과 비자립적 악의 형식으로 분별하는 것이 판단이다. 그런데 헤겔은 이 판단에 있어 변증법적 전도가 발생한다는 것을 논한다.

(가) 첫 번째 판단

현실적 의식에서는 국가권력과 부가 각각 순수 자기의식에서의

선과 악에 상응하는 것으로 판단된다. 즉 의식은 국가권력이 그 자체 존재하는 것으로서 선이고, 부는 대타적인 것으로서 악이라고 판단한다. 이렇게 해서 국가권력은 선이고, 부는 악이라는 첫 번째 판단이 성립한다.

> 자기의식은 그의 순수의식과 그의 현실적 의식과의 관계, 즉 사고와 대상적 존재와의 관계이기도 한데, 그것은 본질적으로 판단이다. 현실적 존재의 두 측면에 대해서는 그들의 직접적 규정을 통해 이미 무엇이 선이고 무엇이 악인지가 드러난다. 즉 국가권력이 선이고, 부가 악이다.(356/76)

(나) 변증법적 전도

모든 존재는 즉자적이면서 동시에 자기부정성을 포함하고 있다. 즉자적인 것은 자기 아닌 것의 추상으로 존재하므로, 동시에 대타적이고 대자적이라고 할 수 있다. 그러므로 국가권력과 부가 언제나 국가권력은 선이고 부는 악이라는 방식으로만 짝지어지는 것은 아니다. 그 둘은 그것이 현실적 의식에 등장하는 방식에서 서로 뒤바뀐 방식으로, 즉 국가권력이 악이고 부가 선인 방식으로 연결되기도 한다.

> 〔국가권력과 부〕 그 둘은 정신적 존재로서 각각이 두 계기를 다 포함하고 있어, 하나의 규정만으로 끝나지 않는다. 그것들과 관계하는 자기의식은 즉자이며 대자이다. 따라서 그것은 그 각각에 대해 이중의 방식으로 관계하며, 그렇게 함으로써 스스로 소외된 규정이 되는 본성이 드러난다.(356/76~77)

따라서 국가권력과 부 사이에는 즉자와 대타, 선과 악의 변증법이 성립한다. 다시 말해 국가권력은 만인의 보편적 작품으로서 하나의

282

추상일 뿐이고, 그것은 경제생활에서의 부나 국가자원의 개별화 속
에서 표출됨으로써만 보편성을 띠는 것으로 간주된다. 그러므로 그
자체 보편적 실체가 되며 선한 것은 부이고, 국가권력은 그것에 의거
함으로써만 보편성을 얻는 비자립적인 악으로 판단된다.

	선 ⟷ 악		
첫 번째 판단:	국가권력(자립)	부(비자립)	: 즉자적 고찰
두 번째 판단:	부(자립)	국가권력(비자립)	: 대자적 고찰

(다) 다양한 판단들

이와 같이 국가권력과 부에 대한 선악의 판단은 이중적으로 성립
한다. 이는 그 판단이 판단자로서의 자기의식과의 관계 안에서 행해
지기 때문이다. 그렇다면 이들 판단의 기준은 무엇인가? 그 안에서
자기의식이 스스로를 발견할 수 있는 것, 즉 자기의식과 동등성을 지
닌 것으로 나타나는 것은 선이라고 판단되고, 그 안에서 자기의식이
스스로와 반대되는 것을 발견하게 되는 것, 즉 자기의식과 부등성을
지닌 것으로 나타나는 것은 악이라고 판단된다.

> 자기의식에게 선이고 즉자적인 대상은 그 안에서 자기의식이 자기를 발견하
> 게 되는 대상이고, 악인 대상은 그 안에서 자기의 반대를 발견하게 되는 대
> 상이다. 선은 자기의식과 대상적 실재성의 동일성이며, 악은 그들의 부등성
> 이다.(356/77)

이처럼 자기의식이 국가권력이나 부에 대해 그 선악을 판단할 때
판단의 기준은 '대상과 정신의 관계가 동일적인 것인가 비동일적인

것인가 하는 것이다. 이 기준에 따라 내려지는 구체적인 판단들은 다음과 같다.

판단 1: 개인주의적 자유주의 관점의 판단
국가권력은 의식에 대립되는 억압적인 악으로 간주되고, 부는 자기의식과 동등한 선으로 간주된다.

즉자대자적인 의식은 국가권력 안에서 그의 단순한 본질과 존립 일반을 발견하지만, 그의 개체성을 발견하지는 못한다. … 따라서 개인은 그 권력으로부터 자기 자신에게로 복귀하며, 권력은 개인에게 그를 억압하는 존재인 악이 된다. … 반면 부가 선이 된다. 부는 보편적 향유를 지향하며 자신을 포기하고 모두에게 자기의 의식을 창출한다.(357/78)

그런데 이 판단은 자기의식이 자기 위주의 척도에 따라 대상을 판단한 것이며, 만일 의식이 대상적 측면을 척도로 삼게 되면 다른 판단이 내려지게 된다.

판단 2: 공동체적 관점의 판단
여기서는 국가권력이 의식의 본질로서 선으로 간주되고, 부는 의식과 불일치하는 악으로 간주된다.

[대상의] 측면에 따르면 국가권력이 의식의 본질을 나타낸다. 국가권력은 부분적으로는 안정된 법률이고 부분적으로는 정부와 명령이며, 명령은 보편적 행위의 개별적 운동을 질서잡는다. … 개인은 그 안에서 자기 근거와 본질이 표현되고 조직되며 확증된다고 느낀다. — 반면 부의 향유에 의해서 개

인은 자신의 보편적 본질을 경험하지 못하고, 단지 자기 본질과의 부등성 내지 대자적 개별성으로서의 자기 자신의 향유와 무상한 의식만을 가질 뿐이다. — 따라서 여기서는 선과 악의 개념이 이전과는 대립되는 내용을 갖게 된다. (357~358/79)

판단 1과 판단 2는 서로 상이한 판단임에도 불구하고 둘 다 국가권력과 부를 서로 대립된 것으로 간주한다는 점에서 일치한다. 그런데 그렇게 판단하던 의식은 그처럼 그 둘을 대립으로 놓는 것이 잘못임을 알아챈다. 그 두 대상이 의식과의 관계에서 불가분의 것으로 서로 연결되어 있기 때문이다.

고찰된 이 이중의 판단은 원리들을 분리하여 표상하며 따라서 오직 판단의 추상적 방식만을 포함한다. 반면 현실적 의식은 그 두 원리를 다 가진다. 그러므로 차이는 오직 의식의 본질, 즉 자기 자신과 실재적인 것과의 관계에 있을 뿐이다.(358/80)

이처럼 국가권력과 부가 그 자체 대립적으로 존재하여 선 또는 악으로 분리될 수 있는 것이 아니라는 것을 알게 된 의식은 제3의 판단을 내리게 된다.

판단 3: 고귀한 의식의 판단
국가권력과 부를 둘 다 긍정하며 선으로 간주하는 판단이다. 즉 그 둘 다를 의식 자체의 본질로서, 자신의 계기로서 받아들이는 입장이다.

[국가권력과 부를] 자기와 동일하게 여기는 관계의 의식은 '고귀한 의식' 이

다.(358/80)

판단 4: 비천한 의식의 판단

국가권력과 부를 동시에 다 부정하며 악으로 간주하는 판단이다. 즉 그 둘 다를 의식에 무관한 것, 자기 아닌 것으로 거부하는 입장이다.

반면 다른 관계의 의식은 두 본질성과의 부등성을 고수하는 '비천한 의식'이다. 이 의식은 지배권력에서 대자존재에 대한 족쇄와 억압을 보며 따라서 지배자를 증오한다. … 또 자신의 대자존재의 항유에 이르게 하는 부에서도 마찬가지로 오직 항존적 존재와의 부등성만을 본다.(359/80~81)

이상 국가권력과 부에 대해 현실적 의식이 자기 자신과 연관해서 내리는 판단을 정리해 보면 다음과 같다.

	보편적 국가권력 ←→	개체적 부	
판단1:	부정	긍정	: 개인주의, 자유주의
판단2:	긍정	부정	: 공동체주의
판단3:	긍정	긍정	: 고귀한 의식
판단4:	부정	부정	: 비천한 의식

선과 악이라는 사유의 측면과 국가권력과 부라는 현실의 측면이 서로 관계하여 판단이 성립하였다. 이제 다시 판단들을 매개하고 연결하는 추리로 나아가게 된다.

③ 추리: 고귀한 의식에서 비천한 의식에로의 전도[9]

국가권력과 부, 두 가지를 모두 의식의 본질로 긍정하는 고귀한

286

의식은 국가권력을 실체로 생각하면서 그것을 자신의 본질로 의식하여 국가를 위해 봉사하는 영웅적 정신이다. 그러기 위해 자신의 독자적 목적인 일상적 의식과 생활을 부정한다.

〔봉사하는 영웅주의의 정신은〕 개별적 존재를 보편을 위해 희생하며 그렇게 함으로써 보편을 실현하는 '덕'이다. 그리고 자신의 소유와 향유를 포기하면서 존재하는 권력을 위해 행위하며 현실적이 되는 '인격'이다.(360/82)

그런데 고귀한 의식의 봉사적 영웅정신이 긍지를 가질 수 있는 것은 국가권력이 개인의 의지를 넘어선 본질성을 지니는 한에서이며, 그럴 경우에만 그 언어가 공동선을 위한 충언이 될 수 있다. 그러나 국가권력이 그러한 보편적 본질로 확립되어 있지 않은 경우, 즉 아직 현실적 정부로서 성립되어 있지 않은 경우, 다시 말해 국가권력이 아직 정신이 되지 않은 경우, 봉사의 정신은 전체를 위하는 것 같지만, 실제로는 오직 자기 이익을 추구하는데 전념하면서 단지 말로만 공동선을 논할 뿐이다. 이렇게 해서 "자신의 의견이나 특수 의지를 국가권력에 대치"(361/84)시키고 만다. 이렇게 해서 전도가 발생한다.

〔고귀한 의식은〕 언제라도 반란으로 뛰어들 수 있는 비천한 의식과 같아진다.(361/84)

이런 모순은 "국가권력의 보편성과 대자존재의 부등성"(361/84)

---

9) 고귀한 의식(봉건 귀족)과 비천한 의식(평민)의 역전과정은 곧 봉건주의의 붕괴와 부르주아의 발흥을 보여 준다.

이 아직 극복되지 않기 때문에 발생한다. 이 둘의 통일을 위해 요구되는 것은 의식이 개체성을 희생하되 단순한 자기방기가 아니라 자신을 유지하며 자기복귀하는 것, 즉 자기소외를 실천하는 것이다. 이러한 자기소외와 자기유지 및 자기복귀를 가능하게 하는 것이 바로 언어이다. 왜 그런가? 봉사의 정신에 있어 봉사가 진정한 봉사인가, 순수한 외화인가를 판가름하게 하는 기준은 바로 개체성의 죽음이다. 그러나 개체가 실제로 죽으면 한쪽의 소멸로 인해 둘 간의 통일이 성취되지 않으므로 진정한 통일을 위해서는 개체성을 희생하되 그래도 죽지 않고 남아 자기외화 내지 보편화를 수행해야 한다. 이처럼 개체로서 개체성을 넘어서서 보편성을 실현시키는 것이 바로 언어인 것이다. 이 언어에서 외화하는 정신의 실상이 드러난다.

  〔언어를 통한〕 자아의 현상은 직접적으로 자아의 외화이면서 동시에 특수한 자아의 소멸이다. 이를 통해 자아는 그의 보편성에 머물게 된다.(362/85)

국가권력과 의식을 매개하는 중간에 있는 것이 바로 언어다. 언어를 통해 국가권력이 정신이 되고, 의식은 보편정신이 되어야 한다. 그런데 이 과정에서 국가권력이 일 개인의 군주가 되면, 절대군주에 대한 신하의 언어는 결국 절대군주 개인의 권력을 승인하는 '아첨의 언어'가 될 뿐이다. 이렇게 해서 '봉사의 영웅주의'는 군주 일 개인에 봉사하는 "아첨의 영웅주의"(364/88)로 바뀌고 만다.[10]

  〔봉사의 언어는〕 처음에 즉자적이던 권력을 자기의식의 대자존재와 개별성

---

10) 이는 역사상으로 봉건제에서 군주제(루이 14세)로의 전환과 일치한다.

으로 전환시킨다. 이렇게 해서 권력의 정신은 무제한의 군주가 된다.(364~
365/88~89)

처음에 추상적인 즉자태에 머물러 있던 국가권력이 구체적인 의
식존재인 일 개인의 독재군주로 바뀌면, 보편적 국가권력에 충성하
던 봉사의 영웅정신은 어느새 국가권력을 지닌 독재군주에 아첨하는
아첨의 영웅주의로 바뀌고 만다. 사실은 절대군주 자체가 신하의 아
첨에 입각해서만 가능한 것이다. 절대군주의 지위가 그 신하와 귀족
의 말에 기반을 둔 것이기 때문이다. 군주는 군주라는 이름 및 신하
의 아첨을 통해서 그 현실적 권력을 유지하게 되는데, 봉사의 영웅주
의는 결국 이처럼 군주를 떠받드는 아첨의 정신에 지나지 않는다.

〔군주라는〕 개별자의 현실적 자기의식이 자기가 곧 권력임을 확실하게 알게
된다.(365/90)

이와 같이 아첨을 통해서 국가권력은 군주로 현실화되며 고귀한
의식은 그 아첨을 대가로 군주로부터 부를 부여받는다. 이는 결국 국
가권력이 부의 형태를 띠고 존재하기 때문이다.

국가권력은 그 정신이 희생되거나 포기되어야 할 그런 존재로 있거나 또는
부로서 존재한다.(366/90)

부는 자기외화의 산물이며 부의 향유 속에서 고귀한 의식은 자신
의 대자존재를 확인하게 된다. 부를 본질로 삼는 고귀한 의식은 부
속에서 개별성을 충족시키지만, 이는 소외된 자기일 뿐이다. 부를 지

닌 부자의 정신은 그로 인해 교만해지고, 부의 시혜를 받은 빈자의 정신은 분노와 자기비하를 느끼게 될 뿐, 그 어느 쪽도 부 안에서 자기를 발견하지는 못한다.

이렇게 해서 봉사의 정신이라는 고귀한 의식으로 나타나는 의식이 실상은 사적인 부의 추구에 전념하는 의식이라는 것, 그러면서도 부에 대한 경멸 때문에 공적 관심으로 가장하는 비천한 의식이라는 것이 드러난다. 즉 사적 관심인 부의 추구에 충실한 비천한 의식이 바로 공적 관심인 자기 희생을 가장한 고귀한 의식의 참모습인 것이다. 이와 같이 고귀한 의식의 실상이 비천한 의식이라는 것은 예를 들어 교양있는 소설이 실제로는 돈벌이를 위해 쓰인 글일 수 있고, 교양있는 음악이 실은 귀족들의 향유를 위해 작곡되고 연주되는 곡일 수 있다는 것이다. 이는 곧 보편적인 인륜적 가치실현의 교양이 가지는 허구성과 전도성을 보여 주는 것이다.

비천한 의식은 부의 생산자로서 처음에는 부를 단지 일시적이고 덧없는 향유로써 경험하지만, 그러나 점차적으로 부의 생산과정에서 획득하는 힘을 새로운 권력으로 의식하게 된다. 이렇게 해서 고귀한 의식과 비천한 의식의 입장이 서로 뒤바뀌는 역전이 발생하게 된다.

결국 고귀한 의식이든 비천한 의식이든 자신이 스스로 생각하는 바 대로의 존재가 아니라는 것을 알 수 있다. 자신이 긍정하는 것 안에 자신이 부정하는 것이 포함되어 있고, 자신이 부정하는 것 안에 자신이 긍정하는 것이 포함되어 있다. 이런 의미에서 교양은 자기소외를 통한 자기보존이다.

순수 교양의 세계에서 경험하게 되는 것은 권력과 부의 현실적 존재, 그것들의 규정된 개념인 선과 악, 또는 선한 자와 악한 자의 의식인 고귀한 의식과 비천한 의식, 그 어느 것도 진리를 갖지 않는다는 것이다. 오히려 그 모든 계기들은 하나에서 다른 하나에로 전도되며, 각각이 자기 자신의 반대가 된다는 것이다.(371/97)

고귀한 의식이 비천하고 타락한 의식이 되고, 타락한 의식이 자기의식의 가장 품위 있는 자유의 귀족으로 뒤바뀌게 된다.(371/97)

(3) 교양세계 너머의 자기

교양세계에서 알게 되는 것은 일체가 하나의 가치에서 그 반대되는 다른 가치로 전도된다는 것이다. 이것을 자각함으로써 의식은 개체를 보편적 가치로 고양시키고자 하는 교양의 기만성과 허위성을 깨닫게 된다. 부를 추구하는 사적 존재인 개체로 하여금 자기 욕구를 제한하거나 희생해 가면서 보편적인 사회적 이해와 목적에 일치시키도록 하는 교양이 결국은 세계의 전도, 가치의 전도, 의식의 전도를 낳는 것이다.

그러나 이러한 교양세계를 경험하고 교양의 허구성과 전도성까지를 깨달은 의식은 교양 이전의 세계 또는 교양 이전의 단순한 의식으로 되돌아가는 것이 아니라, 오히려 그러한 전도와 허망함을 통과하여 교양세계 너머로 나아가게 된다. 즉 교양세계에서 권력과 부를 얻기 위해 금욕과 자기희생으로 노력함으로써 공동체의 일원으로 인정받게 되지만, 그 인정이 허망하다는 것을 깨닫는 순간 정신은 그 너머의 다음 단계로 나아가게 된다.

현실세계가 허망하다는 것을 깨달음으로써 정신은 반성을 하게 된다. 이 반성은 이중의 방향으로 일어나는데, 하나는 현실세계를 향해 나아가며 세계를 목표로 삼는 것이고, 다른 하나는 세계로부터 자신에로 복귀하는 것이다.

모든 현실성과 모든 규정된 개념의 허망성이 실제 세계의 자신에 대한 이중
적 반성을 일으킨다. 하나는 의식의 특수한 자기에 대한 반성이며, 다른 하
나는 의식의 순수 보편성 또는 사유에 대한 반성이다. 전자의 반성에서 자기
자신으로 되돌아온 정신은 현실성의 세계로 시선을 향하며 세계를 그의 목
적과 직접적 내용으로 삼는다. 그러나 후자의 반성에서 그의 시선은 부분적
으로는 자신에게로 향하며 세계에 대해 부정적으로 대하고, 또 부분적으로
는 세계로부터 벗어나 하늘로 향해 세계의 피안을 그의 대상으로 삼는다.
(374~375/101~102)

현실세계의 허망성 자각 = 이중의 반성
 ① 현실세계 직시, 현실세계를 긍정: 개별자아의 반성
 ② 현실세계를 부정, 피안을 구함: 순수한 보편자아의 반성: 순수사유

자기복귀적 반성을 통해 자기의식은 현실세계 일체의 허망성을
더욱 깊게 자각하면서 현실세계 너머로 나아가는데, 이 과정에서 보
편자아를 발견하게 된다.

권력과 부는 의식이 얻고자 노력하는 최고 목적이다. 의식은 거절과 희생을
통해 자기를 보편자로 형성함으로써 자기가 보편의 소유에 이르고 그 소유
안에서 보편적 타당성을 갖게 된다는 것을 안다. 권력과 부는 현실적으로 인
정된 권력이다. 그러나 그 타당성은 그 자체 공허하다. 의식은 권력과 부를
얻음으로써, 그것이 자기 본질이 아니라는 것을 알며, 오히려 자신이 권력이
되 권력은 공허하다는 것을 안다.(375/103)

금욕과 자기희생을 통해 권력과 부를 얻게 되는 순간, 자기는 다시 그 권력과 부를 넘어서서 그 이상으로 나아간다. 그렇게 되찾은 의식이 바로 "순순한 자기"이며 "보편타당한 자기"(376/103)이다. 이와 같이 교양에서 자기소외된 의식은 교양세계 안에서 자기 본질을 발견하지 못하고 다시 순수한 자기 자신에게로 복귀한다. 그렇게 해서 교양의 현실세계로부터 벗어나 그 너머의 피안을 추구하게 된다. 교양의 현실세계 너머로 나아간 사유가 곧 순수사유이며 순수의식이다.

2) 신앙과 순수통찰

현실의 교양세계가 소외된 허망한 세계임을 자각하면서 정신은 세계의 피안을 향하여 순수사유 내지 순수의식으로 복귀한다.

> 자기 자신의 소외의 정신은 교양의 세계 안에 그의 현존을 가진다. 그러나
> 세계 전체가 소외되어 있으므로, 그 세계의 피안에 순수의식 또는 사유의 비
> 현실적 세계가 펼쳐진다. 이 세계의 내용은 순수사유이며, 사유는 그 세계의
> 절대적 요소이다.(376/103~104)

소외된 현실세계로부터 복귀한 순수사유는 그 자체가 절대부정과 안정추구라는 이중적 측면을 가진다. 이로부터 이중의 의식이 등장하게 되는데, 이것이 곧 순수통찰과 신앙이다.

> 신앙과 순수통찰은 둘 다 공통적으로 순수의식의 요소에 속하며 또한 둘 다
> 공통적으로 교양의 현실세계로부터의 복귀이다.(380/108)

순수의식으로의 복귀에 있어 의식의 내용을 외적 실재로 객관화하는 표상적 사유가 신앙이며, 그와 달리 모든 것을 자아 자신에로 환원시키는 사유가 순수통찰이다. 즉 세계가 세계의식임을 알지 못하고 의식된 내용인 자신의 본질을 자기 밖에 객관화하여 정립하는 의식이 신앙이고, 물리적 세계든 정신적 세계든 세계는 모두 세계를 의식하는 의식 자신의 본질임을 자각한 의식이 순수통찰이다. 전자는 실재론적 또는 유물론적 사유이며, 후자는 관념론적 또는 유심론적 사유라고 할 수 있다.

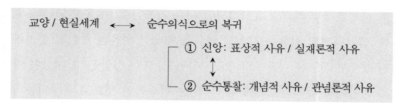

교양 / 현실세계 ⟷ 순수의식으로의 복귀

① 신앙: 표상적 사유 / 실재론적 사유

② 순수통찰: 개념적 사유 / 관념론적 사유

(1) 신앙

외화된 현실세계로부터 도피하여 자신의 본질로 나아간 것이 순수사유 또는 순수의식이다. 그러므로 내면으로 복귀하는 신앙은 그 자체가 사유이다. 그런데 신앙은 스스로가 사유라는 것을 알지 못하고, 그 사유된 내용인 자신의 본질을 자기 바깥의 타자로 객관화하여 표상한다. 신앙의 사유는 사유내용을 대상화해서 의식하는 표상적 사유이다. 여기에서는 정신의 내용이 긍정적인 것 내지 실증적인 것으로 주어지며, 이로써 신앙의 실증성이 성립한다. 이런 의미에서 신앙은 아직 소외된 의식이다.

순수사유의 직접성과 단순성이 의식 안에서 갖는 의미를 통해 신앙의 본질

은 사유로부터 표상으로 전락하며 초감각적 세계로 바뀌고 마는데, 이는 본
질적으로 자기의식의 타자일 뿐이다.(379/108)

신앙은 정신의 사유이되 스스로 사유라는 것을 자각하지 못하는
데 반해, 종교는 절대정신의 자각을 포함하며 이 점에서 신앙은 종교
와 구분된다. 나아가 신앙은 객관적 표상방식의 측면을 지시하는데
반해, 불행한 의식은 정신의 사유가 아니라 정신의 주관적인 향수이
고 사모이며 개념이 아닌 주관적 느낌과 태도일 뿐이다. 이 점에서
신앙은 불행한 의식과도 구분된다. 나아가 신앙은 사유 자체가 객관
적 실체로 객관화되고 표상화되어 사유 자체가 그 내용이 되는데 반
해, 금욕주의의 사유는 사유의 내용을 배제한 사유의 형식일 뿐이라
는 점에서 신앙은 금욕주의와도 구분된다. 또한 신앙은 그 대상이 비
록 피안에서 일지라도 실현된 것 또는 현실적인 것으로 표상되는데
반해, 도덕적 의식에서는 즉자체를 아직 실현되지 않은 이념이나 비
현실적 본질로 요청할 뿐이라는 점에서 신앙은 또한 도덕적 의식인
덕성과도 구분된다.

순수사유의 신앙에 있어서는 절대적 타자인 신(성부)과 그 신이
현세의 모습으로 나타난 그리스도(성자) 그리고 다시 그리스도의 죽
음을 통해 최초의 단일한 존재로 복귀한 정신(성령)의 과정이 있어,
"현실세계와의 연계"(110)가 그려진다. 그러나 그럼에도 불구하고
대상적이고 표상적인 사유로 인해 신앙에서는 피안과 현실세계와의
거리가 극복되지 않는다.

이러한 봉사와 찬미의 복종은 감각적 앎과 행위의 지양을 통해 즉자대자적
존재와의 통일성의 의식을 산출하지만, 그러나 그 통일성은 직관된 현실적

통일성이 아니며, 그 봉사는 현생에서 그 목적에 완전하게 도달할 수 없는 계속되는 산출일 뿐이다.(381/110)

(2) 순수통찰

정신은 자기 바깥의 대상으로 표상된 모든 것을 자신의 사유의 내용으로 삼아 자기 자신에게로 되돌리는 의식이다. 이렇게 모든 대상성을 부정하고 그 모든 내용을 자기 자신에게로 환원시키는 자기가 곧 순수통찰의 자기이다. 이는 절대적 부정성의 정신이며 보편적인 절대적 자기이다.

순수통찰에서는 오직 개념만이 현실적인 것이다.(381/111)

순수통찰은 내용을 자기 바깥의 타자로 설정하는 표상적 사유가 아니라, 일체를 자신의 내용으로 아는 개념적 사유이다. 일체의 내용을 자기 자신으로 아는 정신이다.

신앙이 정신을 본질로 아는 고요하고 순수한 의식이라면, 순수통찰은 정신의 자기의식이다. 그러므로 순수통찰은 본질을 본질로가 아니라 절대적인 자기로 안다. 따라서 순수통찰은 자기의식에 대해 낯선 모든 자립성을 그것이 현실적인 것이든 즉자적인 것이든 모두 지양하며, 그것을 개념으로 만든다. 순수통찰은 자신이 모든 진리라고 자기의식된 이성의 확실성에 그치지 않고, 그 사실을 인식하고 있다.(382/111)

이렇게 해서 순수통찰에서는 일체의 것을 자신 안에 포괄하는 순수한 자아, 절대자아, 보편자아가 확립된다. 이러한 순수통찰의 자기인 보편적 자아가 바로 근대철학의 주관성이다. 칸트나 피히테의 관념론의 자아는 바로 이런 순수통찰의 자아이다.

> [타자가 결국 자아라는] 무한판단에서는 근원적 대자존재의 일면성이나 고유성은 제거된다. 자기는 자신이 순수 자기로서 대상이 된다는 것을 안다. 이 양 측면에서의 절대적 동등성이 순수통찰의 요소이다.(383/113)

교양세계 너머를 향한 순수의식에 기반을 둔 순수통찰이 하고자 하는 것은 순수의식에 기반을 둔 또 다른 하나인 신앙과 대적하여 그 신앙을 비판하는 것이다. 신앙에 대한 순수통찰의 비판이 바로 계몽의 정신이다.

> 순수통찰이 개념의 힘을 갖고 대립하는 본래적 대상은 신앙, 즉 순수통찰과 동일한 요소이되 그에 대립해 있는 순수의식의 형식으로서의 신앙이다. (383/113~114)

(3) 신앙과 순수통찰의 종합: 계몽주의

신앙과 순수통찰은 서로 대립되는 측면이 있지만, 결국 신앙의 미신적 측면을 비판하는 순수통찰에 의해 정신은 계몽으로 나아가게 된다. 이는 신앙에서 보이는 순수의식의 세계가 실은 내용이 없는 공허한 것이기 때문이다. 신앙적 순수의식의 내용은 현실세계의 내용이 이상화된 반영물 내지 교양세계로부터의 반성에 지나지 않는다. 그러므로 신앙은 순수통찰인 계몽의 합리적 비판에 굴복하게 된다.

그러나 계몽철학 역시 순수의식이 취하는 태도로서 자기 내용을 스스로 산출하지는 못한다. 따라서 계몽에서 정신이 완료되는 것은 아니다. 헤겔에 따르면 신앙과 계몽적 합리주의는 둘 다 현실세계에서 분리된 순수의식 영역에 있을 뿐이다. 이로써 헤겔은 18세기 계몽주의적 합리주의의 한계를 지적한다.

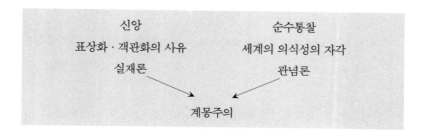

2. 계몽주의

순수통찰이 현실적 교양세계에서 하는 일은 그 자체의 고유한 내용을 산출하는 것이 아니라, 단지 현실적 사유나 언어를 비판적으로 검토하는 것일 뿐이다.

> 순수통찰은 교양의 세계에서 독자적인 활동이나 내용을 갖지 않으며, 오로지 세계와 세계의 언어에 대한 그 자신의 지혜로운 통찰의 충실한 형식적 파악에만 머물 뿐이다.(384/114)

순수통찰은 현실 교양세계의 본질을 이루는 권력과 부의 허망성을 밝히고, 그렇게 해서 "내용의 허망함을 아는 자기의 허망함"(384/115)을 자각하게 하여 자신을 세계 너머로 나아가게 한다. 그렇게 해서 교양세계에 있는 개체적 특수성은 배제되고 "개인의 통찰이 곧 만인의 통찰이 된다."(385/115)

나아가 순수통찰은 자신의 사유내용을 피안적 존재로 대상화하는 신앙을 비판하며, 자신을 피안의 노예로 만드는 미신과 투쟁하게 되는데, 이러한 순수통찰의 확산과 전파가 곧 계몽주의이다.

> 공허한 인식 너머에는 본질에 대한 인식이 확고하게 서 있으며, 순수통찰은 신앙에 대립하여 등장하는 한, 고유의 활동을 하는 것처럼 보인다.(385/115)

순수통찰에 기반을 둔 계몽주의는 신앙과 대결하여 신앙에서 미신적 요소를 제거함으로써 인간을 피안의 노예로 만드는 미신을 타파하고자 한다.

1) 미신과의 싸움

신앙과 통찰은 둘 다 교양에서의 자신의 외화를 지양하려는 시도에서 생긴 것이다. 둘 다 교양의 세계로부터 자신에게로 복귀한 순수의식인데, 그 복귀의 형식에 있어 그들은 서로 대립된다.

> 신앙과 통찰은 동일한 순수의식이되 단지 형식에 있어서만 서로 대립될 뿐이다. 신앙에서는 본질이 개념이 아닌 사고로서, 즉 자기의식에 단적으로 대립된 것으로서 주어지는데 반해, 순수통찰에서는 본질이 곧 자기이다. 따라서 그것들은 서로 하나가 다른 하나의 단적인 부정으로 존재한다.(385/115~116)

순수의식으로서는 같지만 자신에로의 복귀의 형식에서 차이를 보인다는 것은 신앙이 통찰과 달리 자신의 대자성을 자각하지 못하고 일체를 대상화한다는 것을 뜻한다. 즉 신앙은 순수의식의 내용을 대상적으로 설정함으로써 그것이 의식 자신임을 자각하지 못하는 한계를 가진다. 따라서 신앙의 내용이 의식 자신이라는 것을 자각하기만 하면, 그것은 곧 순수통찰이 된다.

> 신앙은 그 자체 순수 자기의식의 순수통찰을 위한 것인데, 다만 그것을 자기 자신으로 자각해야 할 뿐이다.(387/118)

이렇게 보면 순수의식에서 사유된 내용은 신앙에 속하며, 통찰은 오히려 그 내용에 대한 부정으로 성립한다.

> 〔신앙과 순수통찰〕 양자가 대립하여 등장할 때, 모든 내용은 다 신앙에 부여된다. 왜냐하면 각 계기들은 사유의 고요한 요소 안에 존립하기 때문이다. 반면 순수통찰은 우선 아무 내용이 없으며 오히려 내용의 순수한 사라짐이다. 그러나 그러한 부정적인 것에 대한 부정적 운동을 통해 통찰은 자신을 실현하며 하나의 내용을 얻게 된다.(385/116)

이처럼 순수통찰은 일체의 내용에 대해 순수 부정성으로만 작용하므로 그 어느 것에 대해서도 통찰의 비판이 적용될 수 있다. 따라서 통찰에 근거한 계몽의 힘은 막아낼 길이 없다.

> 순수통찰의 전달은 저지될 수가 없다.(387/118)

헤겔은 신앙에 대해 계몽이 부정하고 비판하고자 하는 적을 세 가지 그룹의 인간과 그들의 정신으로 설명하는데, 민중의 무지, 성직자들의 기만과 우롱, 전제군주의 탐욕이 그것이다. 여기서 민중의 무지는 미신이나 편견이나 오류를 지닌 채 자체적인 반성을 결한 의식을 뜻하고, 성직자들의 기만과 우롱은 반성과 자기의식의 계기를 간직한 채 사악한 의도에 따라 대중을 우롱하는 것을 뜻한다. 그리고 전제군주의 탐욕은 기만적인 성직자들을 앞세워서 우매한 민중 안에 혼란의 씨를 뿌리는 것인데, 그런 탐욕적 전제군주의 사유는 사실 우매한 민중의 그것과 다를 바가 없다. 이 세 그룹 중 계몽의 직접적 대상은 바로 무지한 민중이다.

그런데 신앙에 대한 순수통찰의 비판에서 헤겔은 통찰의 자기모순적인 이중성을 발견한다. 즉 통찰은 한편으로는 신앙의 대상을 사유의 본질이며 사유의 산물로 간주하면서 또 다른 한편으로는 신앙대상을 의식에 소원한 것으로 밝힌다는 것이다. 신앙대상을 사유의 본질로 간주한다는 것은 신앙에 있어 타자란 결국 사유하는 자기 자신이라는 것을 의미한다.

> 계몽주의가 신앙에서의 절대적 존재는 바로 그 자신의 의식의 존재이며 의
> 식에 의해 산출된 그 자신의 사고라고 신앙에 대해 말할 때, 계몽주의는 신
> 앙을 제대로 표현한 것이다.(390/122)

그러나 그러면서도 순수통찰은 신앙대상을 다시 의식에 소원한 것으로서 밝힌다.

순수통찰은 또 다른 측면에서 신앙의 본질을 자기의식에게 낯선 것, 자기의

식의 본질이 아닌 것으로 주장한다.(391/124)

　이처럼 신앙비판에서 순수통찰은 상반되는 이중성을 보이는데, 이러한 이중성은 곧 통찰 자신의 대상이해에 있어서의 이중성이기도 하다. 즉 통찰에 있어 의식은 자신의 대상을 자기 자신으로 파악하기도 하며 동시에 타자로서 파악하는 것이다. 대상을 의식 자신과 같은 것으로 파악하는 것은 대상이 의식에 대해서만 존재하는 대상의 대타적 존재성 때문이며, 대상을 의식의 타자로 파악하는 것은 대상의 즉자적 존재성 때문이다. 바로 이와 같은 통찰 자신의 이중성 때문에 통찰의 신앙비판 또한 이중성을 띠게 되는 것이다. 이는 결국 통찰 자신이 존재(즉자)와 정신(대자), 진리와 이성, 객체와 주체의 진정한 동일성을 알지 못하고 그 둘의 부등성과 분열 안에 싸여 있다는 것을 말해 준다. 이성이 아직 자기 자신을 제대로 인식하지 못한 것이다.

순수통찰의 이중성	절대자(신앙대상)의 이해	통찰의 분열
① 대상의 대타성 (정신의 대자성)	사유의 산물로 간주 (차안, 현실)	대상을 인정
② 대상의 즉자성	사유의 타자로 간주 (피안, 절대)	대상을 비판 (미신타파)

　이렇게 보면 계몽의 신앙비판은 결국 계몽 자신의 자기비판일 뿐이다.

　순수통찰의 본질은 절대적 부정성으로서 자신 안에 타자 존재를 지니게 된다. … 여기서 순수통찰이 타자로 가지는 것, 혼동이나 거짓이라고 주장하는 것은 순수통찰 자신 이외의 다른 것일 수가 없다. 순수통찰은 바로 자기 자신만을 부정할 수 있다.(389/121)

계몽은 이처럼 자신 안의 이원성과 부등성을 해결하지 않음으로써 결국 스스로 자기모순에 빠진다. 이런 자기모순 속에서 계몽적 순수통찰은 신앙대상을 의식에 소원한 것으로 보면서 또 동시에 그것을 의식의 본성이라고 주장하는 것이다.

계몽은 계몽 자신이 의식에게 낯선 것이라고 말한 바로 그것을 다시 의식 고유의 것이라고 주장한다.(392/125)

이러한 계몽의 모순에 대해 신앙은 그 모순성을 간파하고 계몽 자체를 믿지 않게 된다.

신앙에게는 계몽이 오히려 의식적인 거짓말로 드러난다.(392/125)

신앙의 관점에서 볼 때는 계몽이 신앙비판에 있어 다음과 같은 오류를 범하고 있다.
① 신앙의 대상에 대한 계몽의 비판의 오류: 절대와 현상과의 이원성에 입각해서 계몽은 신앙의 우연성을 비판한다.

순수통찰은 신앙하는 의식의 절대적 존재에 대해 부정적인 태도를 취한다. (393/126)

신앙의 대상이 나타나는 감성적 형식은 신앙에게는 단지 우연적이고 공허한 형식일 뿐이며 본질이 아닌데, 계몽은 그것을 신앙의 본질로 여기며 비판한다. 그렇게 함으로써 계몽이 신앙을 우상숭배의 미신으로 격하시키는 것이다.

② 신앙의 정당성에 대한 계몽의 비판의 오류: 성령의 매개 위에서 신앙은 주관적 확신의 역사적 사실을 역사 안에 담긴 영원한 의미나 진리 또는 정신과 분리하지 않는다. 이에 반해 계몽은 역사에 담긴 영원한 정신은 간과하고 역사를 단순한 사실로만 간주하며, 따라서 역사를 그 의미로부터 분리시킨다. 그리고 그 관점에서 신앙을 우연한 역사적 사건과 보고에만 근거한 것이라고 비판한다.

> 순수통찰은 종교적 신앙의 확실성이 내용상 어떤 확실성도 보장될 수 없는 몇 가지 개별적인 역사적 증거에 근거하고 있다고 종교적 신앙을 모함한다. … 그러나 실제 신앙은 그런 증거나 우연성에 자신의 확실성을 연결시키려는 생각이 없다.(394/128)

③ 신앙의 실천에 대한 계몽의 비판의 오류: 신앙은 자신의 우연성과 자연성을 버리고 보편적 자기의식이 되고자 한다. 향유와 재산을 거부하며 숭배와 헌신을 통해서 그렇게 하려고 한다. 그런데 계몽은 정신이 자연적 생존과 소유욕을 넘어 고양될 필요가 있다고 주장해도, 그것을 행동으로 입증하는 것은 어리석은 짓이라고 보며 신앙을 비판한다.

> 순수통찰은 자연적 생존이나 그 생존 수단을 위한 소유욕으로부터 고양될 필연성을 순수 의도로서 주장한다. 다만 행위를 통해 그러한 고양을 증명해

야 한다고 여기는 것은 어리석고 옳지 않다고 간주한다.(396/130)

　그러나 이렇게 계몽이 신앙의 헌신을 비판하는 것은 곧 계몽의 의
도가 불순하며 위선이라는 것을 보여 줄 뿐이다.
　이처럼 신앙을 비판함으로써 전파되는 계몽의 진리는 절대적 본
질(신앙대상)과 유한한 실재(계몽의 현실)의 완전한 분리이다. 그렇
게 해서 실재를 떠난 절대적 본질은 완전히 공허한 추상이 되고, 본
질을 떠난 유한한 실재는 감각주의 내지 경험주의로 귀결된다. 이러
한 상황을 헤겔은 다음과 같은 계몽의 세 계기로 설명한다.
　① 계몽의 제1계기: 절대적인 것의 추상화: 신앙대상인 절대자는
현실 너머의 것으로서 완전히 추상화된다.

　계몽에게는 절대적 존재가 어떠한 규정이나 어떠한 술어도 부가될 수 없는
하나의 진공이 된다.(397/131)

　② 계몽의 제2계기: 감각적 확신의 현실세계: 절대적인 것이 단순
히 추상적인 것으로 부정되고 나면, 절대와 분리된 개체들의 현실세
계는 오직 감각적 확신 단계의 존재로만 간주된다.

　계몽은 모든 규정성, 즉 모든 내용과 충족을 일종의 유한성인 인간적 존재와
표상으로 파악한다.(397/131)

　③ 계몽의 제3계기: 절대자와 유한자의 관계: 감각적 현실로서의
유한자는 절대적 본질에 대해 긍정적으로 관계하기도 하고 부정적으
로 관계하기도 한다. 우선 유한자가 절대적인 것에 대해 긍정적으로

관계하면 유한자는 그 안에 즉자적 존재로 정립된다.

> 이제 감각적인 것이 절대적인 것에 대해 즉자적인 것으로 긍정적으로 관계
> 하게 되며, 감각적 현실은 그 자체 즉자적이 된다.(398/133)

반면 유한자가 절대적 본질에 대해 부정적으로 관계하면, 유한자
의 즉자성은 부정되며 유한자는 오직 대타존재로 간주된다.

> 감각적 현실이 절대적인 것에 대해 자신의 반대로, 즉 자신의 비존재로 관계
> 하게 되면, 그 관계에 따라 감각적 현실은 즉자적이 아니라 오히려 대타적이
> 될 뿐이다.(398/133)

감각적 현실이 절대적 본질과의 관계에서 긍정적으로 간주되기도
하고 부정적으로 간주되기도 하다면, 이는 곧 감각적 현실이 즉자존
재이기도 하고 대타존재이기도 하다는 것을 말해 준다. 계몽에 있어
서는 감각적 현실인 유한자가 절대자와의 관계에서 이런 이중성을
갖게 되는데, 이것이 곧 계몽의 정신인 '유용성'을 의미한다.

> 모든 사물들은 절대자와 이중의 방식으로 관계하는 그들의 본질로 인해 유
> 용한 상호성을 가지게 된다. 긍정적 방식에 의해서는 즉자 그리고 대자적으로
> 존재하게 되고, 부정적 방식에 의해서는 대타적으로 존재하게 된다.(400/136)

그 자체로 있는 즉자와 다른 것을 위해서 있는 대타가 서로 구분
되지 않는 현실적 존재가 곧 유용한 것이다.

그 자체로 있음 ←————→ 다른 것을 위해 있음
= 즉자 = 개체성　　　　　= 대타 = 수단
　　　　이 둘을 하나로 묶는 유용성

계몽에서는 일체의 존재가 유용성 아래 파악된다. 이는 감각적 사물뿐 아니라 개체적 인간이나 사회적 도덕에 대해서도 마찬가지이다. 인간 개체를 유용성의 관점에서 파악한다는 것은 일단 개체를 자연적 유대나 전통의 속박으로부터 분리시켜 그 자체로 파악한다는 것을 의미한다. 즉 개체를 고립된 개인으로 정립하는 것이다. 이렇게 이해된 개체가 곧 사회계약론자의 자연인이며 계몽주의자의 시민이다. 그러나 개인은 즉자적으로는 자체 존재이고 자기목적이지만, 또 동시에 유용성의 관점에서 보면 타자와의 관계 속에서 대타적 가치를 지닌 수단이 된다. 개체는 공공선에 기여함으로써 자기 몫을 가지게 되며 따라서 개체의 기반은 개체의 욕구와 노동이 등가로 교환되는 경제체계인 셈이다. 이런 유용성의 사회가 곧 근대의 시민사회이다.

인간에게는 모든 것이 유용하듯이, 인간 자신도 마찬가지로 유용한 존재이다. 인간의 사명은 자신을 전체에 유용하고 보편적으로 사용가능한 집단의 구성원으로 만드는 데에 있다. 인간은 자신을 위해 염려하는 바로 그만큼 타자를 위해 자신을 바치고 있으며, 또 자신을 바치고 있는 바로 그만큼 자신을 위해 염려하고 있다. 이는 손을 씻을 때 한 손이 다른 한 손을 닦는 것과 같다.(399~400/135)

계몽주의 정신하에서는 이러한 유용성의 원리가 종교에까지도 적용된다.

> 절대적 존재와의 관계 또는 종교는 유용성 중에서도 가장 유용한 것이다. …
> 그러나 이러한 계몽 고유의 현명함은 신앙에게는 필연적으로 천박함 자체로
> 또는 천박함의 자백으로 보인다.(400/136)

2) 계몽의 진리

유용성의 정신에 따라 감각주의와 공리주의의 유한성에 빠진 계몽은 그럼에도 불구하고 "순수한 대상으로서의 공허한 절대적 존재"(146)에 대한 충족되지 못한 동경, 몽롱한 정신의 동경을 가지고 있다. 따라서 계몽은 자신을 유한성 너머로 고양시킬 필요성을 느끼며, 그러한 시도가 형이상학을 낳게 한다. 절대적 본질에 대한 계몽의 형이상학의 두 입장이 곧 이신론(理神論)과 유물론이다. 이신론은 현실 너머의 절대를 사유 속의 절대자로 간주하는 데 반해 유물론은 그것을 단순한 물질로 간주한다.

> 하나의 계몽은 절대적 존재를 현실적 의식 너머 사유 속의 술어 없는 절대자라고 부른다. 그리고 다른 하나의 계몽은 절대적 존재를 물질이라고 부른다.
> (409/149)

추상적 형이상학의 두 체계
① 이신론: 순수존재(대자존재), 부정적인 것
　　　　　　　　　　 — 정신적 실체에 대한 추상적 사유
② 유물론: 순수물질(즉자존재), 긍정적인 것
　　　　　　　　　　 — 물질적 실체에 대한 추상적 사유

그러나 규정성을 떠난 순수 물질은 순수 추상이며, 이는 바로 추상하는 순수사유 이외의 다른 것이 아니다. 결국 이신론과 유물론은 사유방식에서 동일한 것이다.

> [이신론과 유물론] 그 둘은 단적으로 동일한 개념이다. 차이는 사태 안에 있는 것이 아니라, 오히려 순수하게 단지 두 형성의 상이한 출발점 안에 놓여 있을 뿐이다.(409/150)

> 둘 다 존재와 사유가 그 자체 하나라는 데카르트적 형이상학의 개념에 이르지 못한다. 존재, 순수 존재는 구체적 현실이 아니라, 순수 추상이라는 것, 그리고 반대로 순수사유, 자기동일성 또는 본질은 한편으로는 자기의식 또는 존재의 부정이며, 또 다른 한편으로는 직접적 단순성으로서 존재 이외의 다른 것이 아니라는 것, 사유가 곧 물성이고 물성이 곧 사유라는 사고에는 이르지 못한다.(410/151)

이와 같이 형이상학의 순수 추상성과 공허성을 깨달은 계몽정신은 결국 추상적 사유를 넘어 세계를 철저하게 유용성의 형식으로 파악하게 된다. 즉 즉자존재에서 그것의 부정인 대타존재로, 그리고 다시 그 타자의 부정을 통해 대자존재로 이동해 가는 상호 간의 영속적 이행으로 파악하는 것이다. 이러한 구별과 이행 자체가 곧 유용성을 의미한다.

> 이들 계기들[즉자, 대타, 대자존재]의 전개에 대한 순수통찰의 본성이 '유용한 것'을 표현한다. 유용한 것은 즉자적으로 존립하는 것 또는 사물이지만 동시에 즉자존재는 단지 하나의 순수 계기일 뿐이다.(411/153)

이렇게 해서 계몽의 유용성은 개체적 자기확신인 현실성(교양)과 유적 진리인 즉자성(신앙)을 결합시킨다. 현실성과 진리, 개체와 유가 통합됨으로써 차안과 피안의 통합이 행해진다.

하늘나라는 지상으로 이끌려 내려오게 된다.(413/156)

유용성에 따르면 즉자존재가 곧 대타존재이다. 이는 곧 어느 것도 그 자체 고립된 즉자적 존재가 아니라는 것을 의미한다. 다시 말해 의식에 소원한 물자체, 환원불가능한 불투명체로서의 객관 자체란 존재하지 않는다. 객관 세계뿐 아니라 인간 사회의 제도도 그 자체 즉자성을 가지는 고정불변의 존재가 아니다. 모든 것이 대타적인 유용성의 기준에 의해 그 존재의의를 부여받게 된다.

유용한 것은 객체인데, 그것이 즉자적이 아니라는 것은 곧 객체의 주체에로의 해소를 의미하며, 이런 의미에서 유용성은 곧 절대적 자유를 함축한다. 이렇게 해서 유용성 내지 그에 기반을 둔 계몽은 한편의 형이상학, 순수 추상, 절대존재, 신앙과 다른 한편의 유용한 현실세계, 교양세계를 통합한다.

유용성	=	형이상학	+	유용한 현실
		지고의 존재		교양세계
		순수 추상		현실
		신		세계

3. 절대적 자유와 공포

1) 자유의 의미: 유용성의 세계

대타성을 배제한 채 즉자적으로 존재하는 것은 없다는 것이 유용성이 의미하는 바이다. 그러므로 객관세계도 즉자적으로 존재하는 것이 아니라고 할 수 있다. 세계는 일차적으로는 의식에 대립하는 것으로 나타나지만 곧 자기의식 속에 포함된다. 나아가 사회적 실체인 사회제도, 군주제나 의회제나 공화제 등도 즉자대자적인 절대적 존재가 아니라, 유용성에 의해 정당화되어야 할 필요가 있는 상대적 존재이다. 그렇다면 그런 것들은 무엇을 위해 유용한 것이어야 하는가?

유용성의 개념을 통해 세계를 포섭해야 할 자기의식은 더 이상 개별적인 특수한 자기의식이 아니라 보편성으로 고양된 보편적 자기의식이다. 즉 자기 자신을 이중적으로 바라보는 "보편적 주체", "보편적 자기" 내지 "보편의지"(415/158)이다.

> 보편적 자기는 자신의 자기이며 동시에 대상의 자기이기도 하다. 그것은 보편적인 것으로서 자체 내로 복귀하는 운동의 통일성이다.(415/158)

> 여기서 정신은 절대적 자유로 현존한다.(415/158)

보편적 자기는 일체를 자기의식의 내용으로 삼으면서 보편으로 고양된 루소의 보편의지이며 18세기 관념론의 보편적 자기이다.

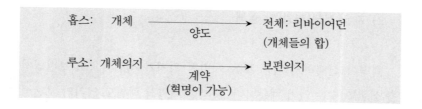

다른 모든 것과 마찬가지로 사회제도도 유용성의 원리에 따라 상대화되면, 개체들은 스스로 만든 사회적 실체를 유용성의 개념에 따라 긍정 또는 부정하면서 사회를 자신에게 유용한 것으로 새로운 사회적 질서로 개편해 나가기를 원하게 된다. 즉 사회를 개체들의 보편의지의 산물로 만들고자 하는 것이다.

> 세계는 의식에게 단적으로 그의 의지이며, 이 의지는 보편적 의지이다. 보편의지는 침묵하는 또는 대변되는 동의 안에서 정립되는 그런 의지의 공허한 사고가 아니라 실질적인 보편적 의지이다. 즉 모든 개별자 각자의 의지이다. (415/158)

보편의지의 관점에서 세계를 자신의 보편의지대로 변형시키려고 하는 것이 곧 혁명이다.[11] 그러나 보편의지의 자유는 이런 방식으로 실현되지 않으며, 따라서 혁명은 실패하게 된다.

---

11) 여기서 헤겔이 생각하는 혁명은 프랑스혁명이다. 절대의 자유에 기반한 혁명이 결국은 죽음의 공포로 끝난다는 것은 프랑스혁명에 이어지는 로베스피에르의 공포정치를 뜻한다.

2) 자유 실현(혁명)의 실패

혁명이 실패하게 되는 것은 개별적 의지가 직접적으로 보편의지를 실현할 수는 없기 때문이다. 어떠한 개별적 행위도 의지의 보편성을 그대로 실현할 수는 없다. 보편의지는 개별적 의지가 아니라는 단순한 부정성으로서만 자신을 드러낼 뿐이다. 따라서 개체가 보편의지를 실현하기 위해서는 직접적 혁명 대신 우선 개체 자신에게 있어 절대적 자유의 내면화인 도덕화가 먼저 선행되어야 한다. 내면화와 도덕화를 통해 개체의 개별의지가 보편의지로 변화되기 이전에 개체의 개별의지로써 보편의지를 직접 실현하려 한다는 것은 불가능한 것이다.

> [정신의] 운동은 의식과 의식 간의 상호작용이며, 여기서 의식은 의식에 대립된 것으로 등장하는 자유로운 대상의 형태 안에 아무것도 남겨 놓지 않는다. 따라서 의식은 어떤 긍정적인 작업에도 이르지 못한다. 언어나 현실의 보편적 작업이든, 의식된 자유의 법칙이나 보편적 기구이든, 또는 의지적인 자유의 행위나 작업이든, 어떤 긍정적 작업에도 이르지 못한다.(417/161)

개체의 개별의지가 직접적으로 보편의지를 실현시키는 것은 아니지만 그럼에도 불구하고 우리는 보편의지를 실행시키기 위해 개체성을 요구하게 된다. 하나의 개별적인 자기의식이 첨단에 서면서 보편의지를 실현시키려고 시도하게 되는 것이다.

> 보편의지는 오로지 일자인 하나의 자기 안에서만 현실적인 의지일 수 있다. (418/162)

그런데 이렇게 첨단에 등장한 하나의 자기는 다른 모든 개별자를 전체로부터 배제하게 되므로, 그 행위는 보편적 자기의식의 행위일 수가 없다. 다른 개체의 의지를 배제하면서 스스로의 의지만을 보편 의지로 간주하려는 개체들은 당파를 이룬다.

> 정부는 단적으로 당파 이외의 다른 어떤 것으로도 자신을 표현할 수가 없다. 승리하는 당파는 정부라고 불리지만, 그것이 당파라는 사실 안에 그것의 몰락의 필연성이 직접적으로 담겨 있다.(419/164)

보편의지는 결국 개별의지 및 그 행위의 부정으로서만 자기를 실현할 뿐이다. 즉 개체의 개별의지를 끊임없이 부정하고 무화하는 방식으로만 작용한다.

> 보편적 자유는 어떠한 긍정적 작업이나 행위도 산출하지 못한다. 거기에는 오직 부정적 행위만이 있을 뿐이다. 보편적 자유는 단지 소멸의 분노일 뿐이다.(418/162)

3) 죽음의 공포

절대적 자유의 의식이 가져다주는 것은 결국 절대적 부정성이다. 그리고 보편적이며 절대적인 부정성은 곧 일체의 긍정성의 부정인 죽음을 의미한다. 그러므로 자신의 절대적 자유의 의식 내지 절대적 부정성의 의식은 곧 죽음의 공포 이외의 다른 것이 아니다.

> 죽음의 공포는 곧 절대적 자유의 부정적 본질에 대한 직관이다.(419/165)

보편적 자유의 유일한 작업과 행위는 바로 죽음이다.(418/163)

이러한 절대적 부정성 속에서는 일체의 긍정적 내용들, 즉 권력과 부, 통찰의 언어 또는 믿음의 천국이나 유용성의 세계 등이 모두 다 부정된다. 그리고 그 자리에 남겨지는 것은 결국 죽음의 공포다.

교양의 세계 안에서는 자기의식의 부정이나 소외를 그 순수 추상의 형식 안에서 직관하는 일이 없다. 오히려 자기의식의 부정은 곧 그렇게 소외된 자기의 자리를 차지하는 충족된 명예나 부 아니면 분열된 의식이 도달하는 정신의 언어나 통찰 아니면 신앙의 하늘 또는 계몽의 유용성이다. 그러나 이 모든 규정들은 자기가 그 절대적 자유 안에서 경험하는 상실 속에서 함께 다 사라져 버린다. 자기의 부정은 곧 무의미한 죽음이며 어떤 긍정적인 것도 어떤 충족된 것도 갖지 않는 부정의 순수한 공포이다.(421/166~167)

4) 공포에서 도덕적 의식으로

이와 같이 일체의 절대적 부정성을 의식한 자기의식은 이제 자신을 긍정적으로 정립하는 것이 아니라, 자신을 순수지와 욕구, 순수 도덕성으로 정립한다.

보편적 의지는 자기의식의 순수한 앎이고 원함이다. 자기의식은 순수한 앎과 원함으로서만 보편적 의지가 된다.(422/168)

이 순수한 앎과 원함이 바로 도덕적 정신이다. 절대적 자유는 스스로를 보편적 의지로 승화시켜 가는 도덕적 정신으로 이행해 가는 것이다.

절대적 자유는 자기 자신을 파괴하는 현실로부터 벗어나 자기자각적 정신의
또 다른 영역으로 이행해 간다. … 이렇게 해서 '도덕적 정신'의 새로운 형
태가 생겨난다.(422/169)

실체: 사회계약론 / 루소의 일반의지   : 프랑스혁명

↓

(일반의지의 각성. 자유와 죽음의 자각)

↓

주체: 칸트의 순수의지   : 도덕정신

III
자기 자신을 확신하는 정신:
도덕성

교양이나 신앙의 세계에서는 개별적 의식이 자신의 본질을 권력이나 부 또는 자기 자신과는 분리된 현실 너머의 것으로 간주하였다면, 이제 도덕의 차원에서 의식은 자신의 본질을 자기 스스로 되어야 할 바의 것으로 이해한다. 주체는 자기확신 속에서 자기 자신을 욕구하는 것이다. 개별적 의지는 스스로 보편의지가 되고자 한다. 의식은 그 스스로 지향하는 대상과 일치하고자 한다.

> 여기서 지는 마침내 그의 진리와 완전히 같아지는 것처럼 보인다.(423/169)

개별의지는 자신을 보편적 자기로 의식하면서 보편성을 추구하는 것을 자신의 순수 의무로 삼는다. 그리고 그것이 곧 자유의 실현이 된다.

> 자기의식은 자신의 자유를 앎으로써만 절대적으로 자유로워진다. 그의 자유의 인식이 바로 그의 실체이고 목적이며 유일한 내용이다.(424/170~171)

인륜적 정신이 개체와 보편의 미분화된 직접적 일치에서 성립하는데 반해, 교양은 그 둘이 분리된 이후 개체적 의식으로서 보편을 실현하려는 노력이라고 볼 수 있다. 그러나 교양에 있어 개체와 보편은 다시 피안과 차안, 계몽과 신앙이라는 이원성을 벗어나지 못하며, 결국 개체 스스로 보편이 되고자 하는 도덕의 단계가 요구된다. 도덕적 세계관에 이르러 비로소 인륜적 정신의 직접성과 교양의 매개성이 화해하게 된다.

> 자기의식의 지는 자기의식에게 있어 실체 자체이다. 실체는 자기의식에게 직접적이면서 또 동시에 절대적으로 매개된 것으로서, 둘의 불가분의 통일성 안에 있다.(423/170)

도덕적 의식이 인륜적 정신의 직접성을 보이는 것은 도덕성에 있어 순수의무는 자기의식에게 소원한 것이 아니라 자기의식의 본질 자체이기 때문이다. 자기 자신을 보편자 내지 순수의무와 동일한 것으로 안다는 점에서 직접성이 성립한다. 그러면서도 자신을 보편적인 순수의무로 일치시켜 나가는 과정에서 정신의 매개작용이 요구된다는 점에서, 즉 부정되어야 할 대상을 전제한다는 점에서, 도덕성에 있어 정신의 매개성이 성립한다.

1. 도덕적 세계관

1) 의무(도덕성)와 자연(충동)의 관계

인간에게 보편의지가 되고자 하는 도덕성 내지 도덕적 의무와 개체적 욕망을 따르고자 하는 자연적 충동 내지 욕망은 서로 어떤 관계에 있는가? 헤겔에 따르면 도덕적 세계관은 이에 대해 서로 상반되는 두 전제를 동시에 주장하고 있다. 즉 도덕적 세계관은 한편으로는 도덕성과 자연을 서로 독립적이고 무관한 것으로 간주하면서, 또 다른 한편으로는 다시 그들을 서로 대립하는 것으로 간주한다.

> 자기의식이 자유로워질수록 그만큼 그 의식의 부정적 대상도 또한 자유로워진다. 이로써 대상은 고유의 개체성인 자체적으로 완성된 세계, 즉 특유의 법칙들의 자립적 전체, 법칙들의 자립적 경과와 자유로운 실현, 한마디로 자연 일반이 된다. 자연의 법칙과 행위는 자연 자체에 속하며, 이는 도덕적 자기의식에 관여하지 않고, 도덕적 자기의식 또한 자연에 관여하지 않는다. (425/171~172)

이와 같이 도덕성과 자연성이 서로 독립적이고 무관한 관계로 간주되면, 도덕성을 닦는 것은 자신의 자연성과는 상관없는 일이 되며, 따라서 도덕적 상태에서도 자연적 충동은 여전히 남아 있을 수 있게 된다.

그러나 또 다른 한편으로 도덕적 세계관은 의무와 자연의 관계를 서로 대립되는 것으로 놓기도 한다. "의무의 유일한 본질성과 자연의 완전한 비자립성과 비본질성"(425/172)을 전제하는 것이다. 의무와 욕망을 서로 대립하는 것으로 보면서 의무를 본질로, 자연을 비본질로 간주한다.

> 자기의식은 의무를 절대적 본질로 안다. (424/171)

이처럼 도덕적 세계관에는 도덕성과 자연에 대해 서로 상반되는 두 전제가 함께 놓여 있어 모순을 일으킨다. 따라서 도덕적 세계관은 의무와 자연에 대한 이러한 상반된 두 전제를 화해시키기 위해 그 둘을 종합하는 '요청'을 주장하게 된다.

2) 요청

의무와 자연에 관한 상반된 두 전제를 화해시키기 위한 요청을 헤겔은 다음과 같은 세 가지로 정리한다.[12]

(1) 요청1: 최고선의 요청 / 즉자존재에 대한 요청

최고선은 도덕과 행복의 조화로서 개념상 즉자적인 통일을 뜻한다. 도덕과 행복의 조화는 곧 의무와 자연의 조화이며, 이것이 이성의 첫 번째 요청이다.

도덕적 의식은 행복을 포기할 수 없으며, 행복의 계기를 자신의 절대적 목적으로부터 제외시킬 수도 없다.(426/173)

도덕성과 자연의 조화 또는 — 의식이 자연과 의식의 통일을 경험하는 한에서만 자연을 고찰할 경우 — 도덕과 행복의 조화는 필연적으로 존재하는 것으로 사유된다. 즉 그것은 '요청' 된다. 왜냐하면 여기서 요구는 아직 현실적

---

12) 여기서 헤겔이 논하는 요청은 곧 칸트 도덕철학에서의 요청이다. 다음 절에서 헤겔은 이 요청적 사유 안에 의식의 전도인 뒤바뀜이 내재되어 있음을 폭로하며 비판한다. 이하는 결국 칸트의 요청설에 대한 헤겔 식의 비판이라고 볼 수 있다.

이지 않은 어떤 것을 존재하는 것으로 생각하는 것을 뜻하기 때문이다. (426/173~174)

이 요구된 현존 또는 〔도덕과 행복〕 양자의 통일은 단순한 소망이 아니며, 또는 목적으로 고찰했을 때, 그 성취가 불확실한 그런 목적이 아니다. 그것은 오히려 이성의 요구이며 이성의 직접적 확실성이고 전제이다. (427/174)

의무와 자연의 통일이 요청된다는 것은 아직 그 통일이 현실적이 아니라는 것을 의미한다. 만일 그 통일이 현실화되어 있다면, 즉 최고선이 이미 실현되어 있다면, 오히려 도덕적 의식은 성립하지 않게 된다. 왜냐하면 도덕적 의식은 자신의 자연성 내지 경향성에 대항하여 자신의 의무를 따르는 것이기 때문이다. 이처럼 요청은 그 요청되는 바가 아직 현실적이지 않은 한에서 성립하는데, 그럼에도 불구하고 그것을 마치 현실적인 듯이 생각해야 한다는 문제점을 갖는다.

(2) 요청2: 도덕성의 완성을 위한 영혼불멸의 요청 / 대자존재에 대한 요청

자연은 의식에 있어 '감성'으로 나타나며, 다시 의욕의 형태로는 '충동이나 경향'으로 나타난다. 따라서 의무와 자연의 문제는 곧 '이성과 감성' 간의 갈등의 문제가 된다.

대립의 두 계기 중에서 감성은 단적으로 타자존재 또는 부정적인 것인데 반해 순수사유는 의무에게 결코 지양될 수 없는 본질이므로, 여기서 산출된 통일은 오직 감성의 지양을 통해서만 달성될 수 있는 것처럼 보인다. 그러나 감성 자체도 통일의 생성을 위한 하나의 계기인 현실성의 계기이므로, 우리

는 이 통일의 의미를 감성이 도덕성에 합치한다는 표현 정도로 이해해야만
한다.(427~428/175~176)

감성을 의무에 일치시켜 조화를 이룸으로써 도덕성을 완성해야
하지만, 그러나 그 완성이 실제적으로 일어나면 도덕적 의식 자체가
지양되기에 그래서도 안 된다. 따라서 도덕성의 완성은 도달 불가능
한 무한 너머로 설정된다.

의식은 스스로 조화를 실현시키면서 도덕성에 있어 보다 전진해 나가야 한
다. 그러나 도덕성의 완성은 무한으로 미루어질 수밖에 없다. 왜냐하면 완성
이 실제로 달성되면, 도덕적 의식 자체가 지양될 것이기 때문이다.(428/176)

완성은 현실적으로 도달될 수가 없으며, 오히려 단적으로 과제로만 남는 절
대적 과제로 사유될 수 있다.(428/176)

절대적 과제란 현실적으로 실현 불가능하여 언제까지나 과제로만
남는다는 말이다. 충동이나 경향성 내지 감성이 모두 이성에 일치되
어 도덕성이 이미 완성된다면 그 경우 도덕적 의식이 불가능해지기
에 그런 완성은 있을 수 없는 일이다. 따라서 도덕적 의식이 도덕적
의식으로 남아 있는 한, 완전한 조화인 도덕성의 완성은 이 현실세계
에서는 이루어질 수 없고 무한한 미래로 넘겨지게 된다. 그만큼 완성
을 지향하는 도덕적 의식도 무한한 미래로까지 이어져야 한다는 것
이 두 번째 요청이다.

최고선의 완성이라는 첫 번째 요청은 도덕성과 자연이 일치하는
것으로서 객관적이고 즉자적인 세계 자체에 관한 요청이라면, 영혼

불멸의 두 번째 요청은 도덕성과 감성이 일치하는 것으로서 대자적 의식 존재에 관한 요청이라고 볼 수 있다.

> 첫 번째 요청은 도덕성과 대상적 자연의 조화, 즉 세계의 궁극목적이라면, 두 번째 요청은 도덕성과 감성적 의지의 조화, 즉 자기의식 자체의 궁극목적이다. 첫 번째는 즉자존재의 형식에서의 조화라면, 두 번째는 대자존재의 형식에서의 조화이다.(429/177)

(3) 요청3: 신존재 요청 / 즉자대자적 존재에 대한 요청

인간의 현실적 의식에서는 자연으로부터 얻은 내용의 특수성이 순수의무의 보편성과 대립되므로 현실적 의식은 모두 비도덕적 의식으로 간주된다. 따라서 도덕적으로 완성된 현실적 자기의식은 존재하지 않는 것이 된다. 이제 문제는 규정되고 제한된 의무를 그럼에도 불구하고 도덕적인 것으로 허가하는 것은 과연 무엇인가 하는 것이다.

그것은 현실적인 인간의 의식과는 구분되는 "다른 또 하나의 어떤 의식"이어야 한다. 이것이 바로 의무와 자연에 대한 즉자대자적 통일로서 요청되는 "신적 입법자의 의식"이다.

> 이 또 하나의 의식이 규정된 의무와 순수의무를 매개하는 의식이면서 또 동시에 규정된 의식을 타당하게 만드는 근거가 된다.(430/179)

인간의 규정된 의식을 순수 의무와 매개하는 이 또 다른 의식은 인간의 의식이 아닌 신의 의식이다. 이로써 도덕적 의지는 신의 존재를 요청하게 된다. 인간의 현실적 의식은 오직 이 신적 의식의 매개를 통해서만 도덕적 의식이 된다. 인간의 현실적 의식은 직접적인 순수의

324

무로서의 도덕성을 띠지 못하므로 그 자체는 불완전하기 때문이다.

요청1. 최고선	: 도덕성과 자연의 일치	즉자존재
요청2. 영혼불멸	: 도덕성(이성)과 감성의 일치	대자존재
요청3. 신의 존재:		즉자대자존재

3) 도덕적 세계관의 근본 문제점

도덕적 세계관은 최고선의 실현이나 도덕성의 완성 및 신의 존재를 요청하지만, 이들 요청은 모두 자기 모순적인 문제점을 안고 있다. 도덕적 의식이 요청하는 최고선인 의무와 자연의 일치가 실제로 현실화된다면, 더 이상 도덕적 의식 자체가 가능하지 않게 된다. 이것은 이성과 감성이 일치하는 도덕성의 완성에 있어서도 마찬가지이다. 나아가 도덕적 의식이 그 도덕성을 보장하는 신의 의식의 매개를 거치게 된다면, 인간의 의식 자체는 결국 비도덕적인 것으로 남게 된다.

이러한 도덕적 세계관의 문제점은 결국 유한한 오성과 무한한 오성을 이원화하는 데서 비롯된다. 스스로 실현해야 할 것을 스스로 실현할 수 없는 것으로 간주하여 요청을 논하는 것이 문제이다. 다시 말해 의무와 자연, 이성과 감성의 일치는 도덕 안에서 실현되어야 하는 것인데도 그것을 실현할 수 없는 것으로 간주하여 요청을 주장하는 것이 문제인 것이다. 순수의무를 자기 자신 안에 있는 것으로 정립하고 다시 그것을 자신을 넘어선 것으로 정립하는 것, 현실을 자기밖에 있는 것으로 정립하고 그것을 다시 자신 안의 것으로 정립하는 것, 이러한 이원화가 문제인 것이다.

"현실적인 도덕적 자기의식이 존재한다"는 명제에서 출발하여 현실과 순수의무를 통일시킨 후, 다시 그 통일을 대상화하여 자기 밖에 둠으로써 결국 "현실적 도덕의식은 존재하지 않는다"라는 명제로 나아가게 되는 모순을 보이는 것이다. 이러한 모순이 도덕적 의식에 있어 전도된 "뒤바뀜(Verstellung)"(434/183)을 일으킨다.

2. 뒤바뀜

1) 뒤바뀜의 구조

의식은 대상적 실재를 산출한다. 그러므로 도덕적 자기의식에 있어 지와 지의 대상은 일치한다. 최고선은 그것을 대상으로 지향하는 도덕적 의식에 대해서만 존재하는 것이다. 그런데도 도덕적 의식은 그 대상을 다시 의식의 피안에 정립한다. 그렇게 함으로써 상호 모순되는 뒤바뀜이 발생하게 된다.

도덕적 행위라는 것은 도덕적 의무와 본성의 대립에서 출발한다. 그러면서 도덕성의 의식이 지향하는 것이 의무와 본성이 일치하는 최고선이므로, 그 최고선으로 나아가는 과정상에서의 도덕적 행위는 다시금 의무와 본성의 조화이어야 한다. 이처럼 도덕적 행위는 그것이 가능하기 위해서는 의무와 본성 간에 대립이 있어야 하고, 그러나 그 지향하는 바에 따라서는 의무와 본성 간에 조화가 있어야 한다. 이처럼 그들이 상호모순성을 보이므로 결국 개별적인 도덕적 행위 자체가 불가능하다는 결론이 나온다. 이러한 상호모순의 구조가 전도된 뒤바뀜이다. 각각의 요청에 있어 뒤바뀜이 발생하게 되는 구조를 헤겔은 다음과 같이 설명한다.

(1) 요청1에서의 뒤바뀜

요청적 사유는 도덕과 현실의 조화를 설정하면서 그것을 최고선으로서 현실 바깥에 세운다. 이에 대해 헤겔은 실제 행동에 의해 이미 그 조화가 실현되기도 하므로 요청이 불필요하다고 주장한다. 그러나 이에 대해서는 다시 요청적 관점에서의 반론, 즉 개별적 행동에 의해서는 보편적 선이 실현되는 것이 아니므로 개별적 행동은 단지 개별적이고 우연적 의식이지 도덕적 의식은 아니라는 반론이 가능하다. 이에 대해 다시 헤겔은 본래 행동은 순수 의무 자체의 실현으로서 의미가 있는 것임에도 불구하고, 문제를 순수의무가 아닌 현실 전체의 문제, 즉 전체로서의 자연과 도덕 간의 조화의 문제로 바꾸어 버린다고 비판한다. 문제는 전체로서의 자연과 도덕의 조화가 실현된다면, 이것은 곧 도덕적 행동가능성과 모순을 일으키게 된다는 것이다. 도덕원리와 자연원리가 일치하여 최고선이 이미 실현되어 있으면, 도덕적 행동은 지양해야 할 바의 대상이 없게 되어 도덕적 행동 자체가 무의미한 것이 되고 말기 때문이다.

이처럼 사태가 뒤바뀜을 일으키는 것은 우리가 의무와 자연의 부조화와 행위가능성을 중시하지 않고서, 조화를 요청하면서 선의 실현만을 생각하기 때문이다. 최고선을 요청하는 것은 곧 도덕적 행위가 무의미해지는 그런 상황을 요청하는 것이기에 자기모순이다.

> 의식에게는 본래 도덕적 행위가 진지한 문제가 아니다. 오히려 가장 바람직한 것, 절대적인 것은 바로 최고선이 실행되어서 도덕적 행위가 불필요해지는 것이다.(437/188~189)

도덕적 행동이 가능하기 위해서는 도덕과 자연의 대립이 요구되지만, 그러나 그 대립은 절대적 대립이어서는 안 된다. 개별적 행위 순간에는 그 대립이 극복되어야 하기 때문이다. 도덕과 자연의 대립 위에서 그 대립을 지양하는 순간의 행동이 곧 도덕적 행위가 된다. 그러므로 요구되는 것은 대립의 순간적 지양이며, 바로 그 순간의 도덕적 행위이지, 대립의 영원한 지양이 아닌 것이다. 그런데도 최고선으로서 대립의 영원한 지양, 영원한 조화를 요청한다는 것은 자기모순적이며 뒤바뀐 사고이다.

(2) 요청2에서의 뒤바뀜

칸트에게서는 도덕성의 완성을 위해 감성의 근절이 요청된다. 그러나 헤겔은 실제 충동이나 경향으로 나타나는 감성을 근절시킨다는 것은 무의미하다고 주장한다.

> 감성은 순수의식과 현실성의 중심이다. 감성은 순수의식이 자신을 실현시키는 도구이고 기관이며 또 경향성이나 충동이라고 불리는 것이다.(438/189)

요청적 사유는 개별적 행동의 의미를 살리기 위해 도덕적 의식이 가지고 있는 미완성적 중간상태를 인정해야 한다고 주장한다. 그러나 도덕적 의식이 미완성으로 남는다면, 이는 결국 비도덕적일 수밖에 없으며, 따라서 행복을 바라는 것은 우연을 기대하는 것이 된다고 헤겔은 비판한다. 미완성 상태에서는 덕이 완료되지 않으므로 모든 인간 행위가 다 비도덕적인 것으로 판명될 수 있기 때문이다. 요청적 사유는 이 문제를 해결하기 위해서 결국 도덕성을 다른 실재에게 귀속시키는 제3의 요청으로 나아가지만, 이 또한 전도를 겪게 된다.

(3) 요청3에서의 뒤바뀜

요청적 사유는 현실적인 미완성의 의식의 도덕성을 보충하기 위해서 다른 종류의 의식, 즉 신의 의식을 요청하여 그것으로부터 도덕성을 근거 짓고자 한다. 그러나 헤겔은 제3의 신적 입법자를 상정한다면, 개별적 자기의식은 결국 타자의 명령을 듣고 행동하는 것이 되므로 그 자체 비도덕적 의식으로 전락하고 만다고 비판한다.

[성스러운 존재가 요청되고 나면] … 순수의무는 실제 그 타당성을 그 다른 존재 안에서 갖게 되지 도덕적 의식에서 갖게 되지 않는다. (441/194)

2) 뒤바뀜의 궁극 이유와 양심으로 나아감

이러한 뒤바뀜이 발생하게 되는 것은 우리의 의식이 더 이상 구별될 수 없는 것을 구별하기 때문이다.

의식은 아무 구별이 아닌 그런 구별을 만든다. (444/196)

그래서 도덕적 의식은 순수의무의 피안성과 그것이 실현되어야 할 장으로서의 현실적 행위 사이를 동요하며 그 양자를 전환하려고 하는 것이다. 그 분리와 조화 사이를 오가는 중에 뒤바뀜이 발생한다.

그 두 계기를 서로 분리하여 놓는 것이 일종의 뒤바뀜이라는 사실이 의식에게 알려진다. 그런데도 그렇게 한다면 그것은 위선일 것이다. (444/197)

이렇게 해서 도덕적 자기의식은 자기 뒤바뀜을 일삼는 도덕적 세계표상의 실상을 자각하고, 결국 이런 동요와 뒤바뀜의 연속에 혐오를 느끼면서 새로운 차원으로 나아가게 되는데, 그것이 바로 순수한 양심의 세계이다. 최고선의 요청이나 신의 요청 등은 도덕의 완성이라는 도덕의 끝의 관점에서 사유하려 함으로써 뒤바뀜을 일으킨 것이다. 반면 그런 뒤바뀜을 자각한 의식은 더 이상 도덕의 끝인 종착점에서가 아니라 오히려 과정상의 한 순간에서 출발하고자 한다. 한 순간에서의 의무와 자연의 일치의 확립 내지 자기확신, 한마디로 양심에서 출발하고자 하는 것이다. 이렇게 해서 도덕적 의식은 이제 양심으로 나아가게 된다.

> 의식은 그 자체 단순하고 자기확신하는 정신으로서 〔요청과 뒤바뀜의〕 표상의 매개 없이 직접적으로 양심에 따라 행위하며 그 직접성 안에서 자신의 진리를 갖게 된다.(444/197)

3. 양심, 아름다운 영혼, 악과 용서

1) 양심

(1) 양심에서 주체의 확립: 의무와 본성의 대립 극복

도덕적 의식에서의 본성과 의무의 대립은 결국 도덕적 행동 자체를 불가능하게 만드는 것이다. 순수의무가 행동하는 자기 너머의 것으로 정립되는 한, 즉 본성과 의무가 절대적 대립으로 남아 있는 한, 인간은 도덕적으로 행위할 수가 없다. 이는 아직 의무가 즉자적인 것으로서 자기와 대립으로 놓여 있기 때문이다. 다시 말해 객관정신이 실체로 남아 있기 때문이다. 권력이나 부, 천국이나 유용성 또는 보편의지 등이 모두 다 객관적인 사태 자체로서 간주되는 것이다. 이런 사태 자체들이 더 이상 객체가 아니라 주체로 이해되는 것은 양심에 이르러서이다.

> 양심에서 사태는 모든 계기들을 자기 자신에게서 발견하는 주체가 된다. (451/207)

이처럼 실체로 이해된 사태 자체인 술어가 주체인 주어로 이해될 때, 개체는 보편자를 자신 너머의 추상적 보편자의 형식으로 갖는 것이 아니라, 보편자를 자신의 파토스로서 자체 내에 흡수하게 된다. 이처럼 보편자를 자체 내에 흡수한 주체가 바로 자기확신적 정신이다.

> 사태 자체는 도덕적 의식에서는 술어이었다가 양심에서 비로소 주체가 된다.(451/206)

양심은 한마디로 보편자를 개별자 내에서 확신하는 의식이다.

> 양심에서 비로소 자기의식은 이전에는 공허한 법이나 공허한 보편의지 또는 공허한 의무에 지나지 않던 것들에 대해 자기확실성 안에서 내용을 갖게 된다.(446/200)

양심의 자기확신은 자연적인 개체성의 자기가 자신 안에서 보편적 자기를 확신하는 것이다. 이러한 양심에 있어서 의무와 감성과의 분리가 극복되며 그들은 직접적 통일을 이루게 된다. 양심을 통해 행위는 그 자체로 의무에 준하는 도덕적 행위가 된다.

> 양심은 다양한 도덕적 실체들을 근절시키는 부정적 일자 또는 절대적 자기
> 이다. 양심은 의무에 맞는 단순한 행위로서, 이는 이런 또는 저런 의무를 충
> 족시키는 것이 아니라 오히려 구체적인 권리를 알고 행하는 것이다. 이렇게
> 해서 비로소 양심은 행위로서의 도덕적 행위가 된다. 이로써 앞서 행위를 결
> 여했던 도덕성의 의식은 이제 행위로 이행해 간다.(447~448/202)

(2) 양심에서 확립되는 보편성: 인정을 통한 확립

양심에 입각한 행위 속에서 추상적 보편자는 구체적 보편자로 바
뀐다. 어느 한 순간 행위주체가 양심의 소리에 귀를 기울인다는 것은
곧 개별적 주체가 보편적 주체의 소리를 따른다는 것을 뜻한다. 양심
이 여러 자기의식을 연결시키면서 주체적 보편성을 실현시킬 수 있
는 것은 양심이 상호인정의 계기를 포함하고 있기 때문이다. 이 상호
인정에 근거하여 양심에서의 개체의 직접적 확신이 진리가 되며 도
덕적 행위의 내용을 이룰 수 있는 것이다.

> 양심은 자기의식들의 공통적인 요소이다.(450/205)

(3) 양심의 문제점

그러나 양심이 내포하는 상호인정의 계기도 사실은 형식적일 뿐
이다. 내용상으로 양심의 판단은 개인의 직접적 확신에서 출발하므
로 개인적 판단일 수밖에 없다. 양심이 아무리 순수하려고 해도 그
구체적 내용은 개인의 자의와 우연으로 형성될 수밖에 없기 때문이
다. 그러므로 양심은 그 구체적 판단과 행동에 있어서 기만을 포함하

고 모순에 빠지게 되며, 그 안에는 주관적인 것과 객관적인 것의 교묘한 혼동이 들어 있게 된다. 신념의 무규정성과 자의성 때문에 임의의 내용이 모두 다 순수의무로 규정될 수 있기 때문이다.

> 양심에게는 그 자신의 확실성이 순수한 직접적 진리이다. … 그 진리는 개별자의 자의이며 그의 무의식적 자연적 존재의 우연성일 뿐이다.(453/209)

> [순수의무에게는] 모든 내용이 다 단적으로 상관이 없으며, 따라서 모든 내용이 다 받아들여질 수 있다.(453/209)

2) 아름다운 영혼: 비평하는 정신

(1) 아름다운 영혼의 성립

양심을 따라 행동하는 의식이 그 행위를 통해 보편성을 실현시킨다고 해도, 그 때의 보편성은 양심의 형식상의 보편성일 뿐이고 내용상 개체성을 떠날 수가 없다. 따라서 양심에 따라 행동하는 의식은 결국 개체적 의식이라고 할 수 있다. 양심으로서의 자기의식이 가진 이러한 개별성의 모순을 자각한 의식은 그 모순을 지양하기 위해 언어의 차원으로 나아간다. 언어를 통해 의식은 타자에 대응하는 자기의식으로서의 자기를 대상화하면서 스스로를 보편화하여 보편적 의식으로 나아가고자 한다.

> 언어는 타자를 위해 존재하는 자기의식이다. … 언어는 자신을 자기 자신으로부터 분리시키는 자기이다.(458/216)

그러나 언어에 의한 외화도 그것이 구체적 내용을 가지는 한 아직 한정성 또는 개별성을 벗어나지 못한다. 따라서 보편성을 고수하기 위해 행동하는 의식은 오히려 아예 행동하지 않는 의식으로 나아가게 된다. 즉 양심에 따른다고 해도 행동하는 순간 자기기만이 개입될 수 있고, 언어로써 자신을 대상화해도 끝내 개별성을 벗어나지 못한다면, 양심을 도덕적으로 지키기 위해, 즉 개별성에 빠지지 않기 위해, 아예 행동하지 않는 영혼인 '자기관조적 의식'으로 남아 있고자 하는 것이다. 이처럼 행동하지 않고 자기관조에 머무르는 영혼을 헤겔은 '아름다운 영혼'이라고 부른다. 이는 죄짓지 않기 위해 아예 행동하지 않는 영혼이다.

도덕적 의식은 의무에 대한 자기확신의 단언 속에서 아름다운 영혼으로 이행해 간다. 언어를 통해 서로의 선한 의도를 상호 단언하고 서로의 순수함을 확인하면서 양심의 완성으로, 자신의 가장 깊은 내면으로 복귀하는 것이다.

> 양심은 그 직접적 인식의 내면적 소리를 신의 음성으로 아는 도덕적 천재성이다.(460/218)

그러나 아름다운 영혼이 외적 세계와의 접촉을 거부하고 자기의 사유를 존재로 변환시키는 것을 거부하는 한, 그 영혼은 스스로 붕괴하고 만다. 의식은 어떤 형태로든 현실과 접촉하고 행위하지 않으면 안 되기 때문이다. 따라서 아름다운 영혼은 스스로 적극적으로 행위하는 대신 다른 주체의 행위에 대해 평가하는 '비평하는 의식'으로 활동하게 된다.

(2) 아름다운 영혼의 한계

그렇지만 이런 비평하는 정신도 위선을 면치 못한다. 그것은 자기
의 특수성을 은폐하고 자신이 보편적인 의식인 것처럼 비평을 일삼
지만, 그러나 실제로 비평은 자신의 특수적인 개별성을 보편성으로
내세운 것에 지나지 않는다. 결국 아름다운 영혼은 추상적이며 현실
도피적으로 남을 뿐이다. 행동하지 않음으로써 도덕적 순수성을 지
니지만, 행동이 인간 자신의 본질이라고 본다면, 그렇게 행동하지 않
음은 곧 자기 상실이라고 할 수 있다. 아름다운 영혼은 결국 세계 도
피이고 자기 상실일 뿐이다.

> 그의 계기들의 투명한 순수성 안에서 불행한 소위 아름다운 영혼은 빛을 잃
> 어 가면서 공기 중에 용해되는 형체 없는 안개처럼 사라지고 만다.(463/222)

3) 용서하는 정신

(1) 죄의 의식

우리의 정신 내지 자아는 유한하며 따라서 악하다. 유한성이 악인
것은 그것이 제약된 것으로서 특정한 내용을 선택함으로써 다른 모
든 가능성을 배제하기 때문이다. 그래서 유한자로서의 인간의 행동
에는 항상 죄의식이 따라다니게 된다. 행동하는 의식에 대해 그러한
죄의식을 일으키는 것이 바로 비평하는 의식이다. 비평하는 보편적
의식에 대해 행동하는 의식은 언제나 죄지은 의식인 것이다.

양심에서 전개된 두 항은 보편자와 개별자이다. 행동하는 정신은
개체적 자기의 측면에서 행동하며 자기 행동의 정당성을 직접적으
로 확신하는 의식인데 반해, 아름다운 영혼은 행동의 특정한 내용을

포기함으로써 자신의 순수한 주관성 안에서 자아의 보편성을 확보하고자 한다. 정신은 이처럼 총체성의 자기 자신을 분열시킨다.

(2) 행동하는 의식과 비평하는 의식 사이의 화해: 용서하는 마음

비평하는 의식은 스스로 행동하는 대신에 남을 심판하면서 자신의 비실제적 판단이 마치 실제적 행동인 것처럼 간주한다.

> [비평하는 의식은] 순수성 안에 자신을 잘 보존한다. 왜냐하면 그는 행동하지 않기 때문이다. 판단이 실제적 행위로 알려지기를 바라는 것은 일종의 위선이다. (466/226~227)

그러나 절대정신은 유한한 정신에 대립하는 추상적인 무한한 정신만도 아니고, 유한성을 고집하여 자신의 타자로서 차안에 남는 유한한 정신만도 아니다. 오히려 절대정신은 이 두 자아의 통일이며 대립이다. 따라서 자아=자아는 그 동일성 못지않게 이원성을 내포하고 있다.

무한한 생은 유한한 생의 한 가운데에서 발견되어야 한다. 유한한 행동을 배제하고서 순수하게 남는 보편은 추상적 보편일 뿐이다. 그러므로 행동을 통한 죄지음 없이 순수 추상에 머무르는 아름다운 영혼 안에서 보편이 발견되는 것이 아니라, 오히려 행동을 통해 죄를 짓되 그 죄를 다시 용서하는 마음 안에서 개체에 내재된 보편이 발견된다. 즉 판단하는 의식이 행동하는 의식을 자기 자신으로 승인해 주는 마음, 용서하는 마음이 바로 구체와 추상, 개체와 보편을 화해시키는 마음이다. 이 화해를 통해 개체적 행위의 죄지음은 용서받게 된다.

정신의 상처는 흔적을 남기지 않고 치유된다.(470/231)

(3) 도덕적 의식에서 절대정신으로

판단하는 의식이 행위하는 의식을 자기 자신으로 인정하면서 용서하는 단계의 도덕이 되면, 보편과 개체, 당위와 현실, 절대성과 우연성 등은 더 이상 서로 대립되는 것이 아니라 서로 화해하는 단계가 된다. 이처럼 도덕이 용서와 화해의 차원으로 완성되면 그것이 곧 종교이다. 종교에서는 개별과 보편, 유한과 무한의 대립이 극복된다.

개별적 의식 안에 보편적인 것과 개별적인 것의 상호침투가 존재하므로 이제 개별적 의식은 자신 속에서 객관적으로 보편적인 것을 직관하게 된다. 이렇게 하여 의식은 정신의 자기인식의 정점인 절대지에 가까워진다. 이제 의식은 객관적 정신으로부터 절대적 정신, 종교와 절대지의 영역으로 나아가게 된다.

05

종교

종교는
현실 가운데서
자기 모습을 드러내는
절대자의
추구이다.
자연종교에서
예술종교를 거쳐
계시종교로 나아간다.

338

종교는 현실 가운데서 자기 모습을 드러내는 절대자, 신의 형상의 추구이다.[1] 정신의 자기지의 생성과정, 즉 정신이 정신임을 자각해 가는 과정이 종교의 변증법을 이룬다. 정신이 어느 것 안에서 절대자 내지 신을 발견하는가가 단계적으로 달라지면서 정신의 자기 자신에의 점진적인 계시가 이루어지는 것이다.

1. 자연종교

정신은 자기 자신을 직접적으로 인식한다. 여기서 신은 추상적 즉 자태이다. 정신은 실체로서, 존재의 형식으로 스스로에게 현현한다. 1) 빛의 종교: 자연존재의 근원으로서의 태양을 절대자로 숭배하는 단계이다. 2) 동식물의 종교: 살아 있는 생명적 힘을 절대적 근원으로 신격화한다. 그러나 여기에는 동물적 생명성을 넘어서는 정신의 자기 자각성이 결여되어 있다. 3) 공작인의 종교: 거대하고 신성한 작품을 산출해 내는 공작인의 의식에도 종교성이 보이지만, 이 또한 자기반성을 결여한 무의식적이고 본능적인 작업이라는 한계를 가진다.

2. 예술종교

정신은 자기 자신을 지양된 자연성 내지 자기의 형태에서 인식한

---

[1] 헤겔은 종교가 우연성과 역사성과 실증성도 다 포괄해야 하는 것으로 간주한다. 그러므로 헤겔에서 종교는 계몽주의에서처럼 추상적인 이신론 또는 칸트나 피히테의 관념론에서처럼 실천이성의 요청이나 도덕의 연장으로 그치는 것이 아니다. 나아가 종교는 우주에 대한 직관, 유한자 안의 무한자의 직관까지도 담아내야 한다. 그러므로 종교에서 문제가 되는 것은 신 또는 무한한 정신을 표상하는 유한한 의식과 무한한 정신 자체와의 관계이다. 헤겔 이전까지 정신이 정신 자신을 세계에 대립시킴으로써 세계 속에서 무한한 정신 자체를 인식하지 못하였다면, 헤겔에 있어 정신은 정신의 자기 자신에 대한 인식, 정신의 자기지를 포함해야 한다.

다. 정신이 예술작품을 통해 자신을 대자적 형식으로 표출하는 것이다. 1) 추상적 예술작품: 신들의 형상의 조각이나 신들에 대한 찬송이나 찬가 등의 순수서정시도 종교성을 반영한다. 2) 생동적 예술작품: 조각이나 찬가에서의 추상성이 지양되고 구체화된 생동적인 제사나 제의가 종교적 예술이다. 3) 정신적 예술작품: 제의에 남아 있는 유한과 무한의 분리를 극복하고 그 둘을 통합하는 예술작품인 서사시와 비극 또는 희극은 정신적 예술종교에 속한다.

3. 계시종교

자연종교에서의 즉자성이나 예술종교에서의 대자성을 통합하여 정신은 자기 자신을 즉자대자적인 것으로 인식한다. 정신이 스스로에게 즉자대자적으로 존재하는 것으로 현현되는 단계가 계시종교의 단계이다. 여기에서는 신의 육화로서의 그리스도를 통해 신과 인간, 무한과 유한의 진정한 통일이 성취된다.[2]

---

2) 헤겔에게서 종교가 나타내고자 하는 바는 바로 화해의 사상이다. 무한한 정신이 유한한 개체 안에서 실현되며, 유한한 정신은 무한한 신성으로 고양된다. 그렇게 해서 유한한 정신인 현상적 정신이 스스로 자신을 의식하는 절대정신으로 고양되며, 인간과 신의 화해, 유한자와 무한자의 통일이 성취된다.

그렇다면 이것은 인간을 신으로 통합시키는 신비주의인가? "나의 시선과 신의 시선이 하나"임을 주장하는 에카르트, "신은 인격적 생이고 주체이고 자기지이며, 인간은 작은 신이다"라고 주장하는 뵈메 그리고 "인간은 소우주"를 논하는 파라셀수스의 신비주의와 상통하는 것인가? 이들 신비주의에 있어 신은 그 자체 내에서 스스로를 생성하고 발견하며, 신은 시간인 동시에 영원이다. 그러나 그렇다고 해서 헤겔이 범신론자인 것은 아니다. 헤겔에 있어 신의 자기지는 인간이 보편적 자기의식으로서 자기 자신에 대해 갖는 지 속에서만 표현되기 때문이다. 의식과 자각성이 신성의 근본특징으로 대두된다.

또는 헤겔의 종교사상은 신을 인간에로 통합시키는 인간중심주의는 아닌가라고 물을 수 있다. "헤겔의 절대정신이 아니라, 인간이 종교의 중심이어야 한다"고

자연종교: 정신(신)이 즉자적 존재 형식으로 현시됨(의식의 단계)
예술종교: 정신이 대자적 형식으로 현시됨(자기의식의 단계)
계시종교: 정신이 즉자대자적 형식으로 현시됨(이성의 단계)

그러나 종교에 있어서는 정신이 정신 자신을 아직 표상의 형식으로 떠올린다. 따라서 종교는 아직 정신의 자기지인 절대지가 아니고, 다만 그러한 절대지인 자기지로 나아가는 과정일 뿐이다. 다시 말해 종교는 신에 대한 직관이지 아직 개념적 파악은 아니다. 신 내지 절대자에 대한 개념적 파악은 절대지로서의 철학에서 비로소 가능하다.

주장한 포이어바흐의 인간중심주의와 상통하지는 않는가? 그런데 헤겔의 종교에서 강조되는 것은 어디까지나 인간의 자기 초월의 필요성이므로, 단순한 인간중심주의와는 구분된다고 볼 수 있다.

결국 헤겔에 있어 인간과 신, 개체와 보편, 유한과 무한의 화해는 분리와 통일을 모두 상정하고 그것을 넘어서는 화해이다. 절대정신은 유한과 무한 중 어느 하나를 간과하고 둘을 동일시하는 것이 아니다. 절대정신은 유한한 정신을 초월하면서 또 동시에 그 유한한 정신을 통해서만 실현될 수 있는 것이다.

I
자연종교

종교의 장에서 행해져야 할 중요한 구별은 "현실적인 정신과 자신
이 정신임을 자각한 정신의 구별, 또는 의식으로서의 자기와 자기의
식으로서의 자기의 구별"(479/245)이다. 현실적인 정신으로서의 정
신으로부터 점차 자기자각적인 정신으로 나아가게 되는 과정이 곧
종교의 여러 단계를 이루기 때문이다. 정신이 자기자각성을 가지기
전에는 정신은 자기 자신을 대상으로 받아들이며, 이것이 곧 자연종
교의 단계이다.

> 정신의 첫 번째 현실성은 종교 자체의 개념, 또는 직접적인 따라서 자연적인
> 종교이다. 자연종교 안에서 정신은 자신을 자연적이고 직접적인 형태의 대
> 상으로 인식한다.(480/247)

자연종교는 정신이 자신을 자연 중의 어떤 대상으로 받아들이는
가에 따라 세 단계로 구분된다.

1. 빛의 종교

직접적 의식의 절대적 확실성 속에서 정신은 자신을 자기 눈앞에 있는 것, 정신으로 충만된 존재인 빛으로 발견한다.

> 〔빛은〕 자신을 무형상의 실체성 안에 유지하면서 만물을 유지하고 충족시키는 근원의 빛존재이다.(484/252)

이렇게 해서 빛이 신격화되는 빛의 종교가 성립한다.[3] 그러나 이러한 의식은 감각적인 직접적 확신의 방식이며, 정신의 자기 내적 반성을 결한 것이다.

2. 동식물의 종교

동식물성은 곧 생명을 의미한다. 정신은 자연의 자기 생성과 성장의 힘인 생명력 속에서 자기 자신을 발견하며 꽃의 종교나 동물의 종교로 나아간다.[4] 생명 중에서도 식물적 생명은 몰자기적 순박성을 보이지만, 동물적 생명은 피와 죄의 의식과 연결되어 있다.

> 자기의 자기 없는 표상일 뿐인 '꽃의 종교'의 무죄는 투쟁하는 삶의 진지함으로, '동물의 종교'의 죄로 이행해 간다.(485/253)

---

3) 빛의 종교의 단계는 페르시아의 배화교(조로아스터교)에 해당한다.
4) 동식물의 종교의 단계는 인도교에 해당한다.

　　그러나 동물적 생명의 의식에는 생명의 본능인 자기보존과 종족
보존의 본능만이 있을 뿐 그런 동물적 생명성을 넘어서는 보편적 정
신에 대한 자각과 반성이 결여되어 있다.

> 분산된 정신의 현실적 자기의식은 공동체성 없이 개별화된 민족정신의 모임
> 이다. 이들은 증오에 싸여 죽음을 걸고 싸우며 특정한 동물형태를 자신들의
> 본질로 의식하고 있다. 왜냐하면 그들은 동물정신, 즉 보편성 없이 자신을
> 흩어진 존재로만 의식하는 동물적 삶이기 때문이다.(485/254)

　　이 단계의 정신은 아직 자신의 보편성을 깨닫지 못한 동물적 생의
단계에 지나지 않는다. 동식물의 종교는 다시 그 다음 단계인 좀 더
평화적이고 긍정적인 공작인의 종교로 나아가게 된다.

3. 공작인의 종교

　　정신은 자기 자신을 직접적인 자연물에서가 아니라 정신 자신이
대상으로 창출해 낸 자신의 작품 안에서 발견한다. 이런 작품을 만들
어 내는 정신이 공작인이기에 헤겔은 이 단계를 '공작인의 종교' 라
고 부른다.[5] 공작인은 작품을 산출하며 그 산출과정에서 자기 자신을
조탁한다. 그렇지만 이러한 산출은 거의 무의식적이다. 공작인은 자
신의 사유를 파악하지 못하므로, 그 작업과정은 예술이 아니라 마치
벌이 집을 짓거나 새가 둥지를 만들 듯 단지 무의식적이고 본능적인

---

5)　공작인의 종교의 단계는 이집트의 피라미드와 오벨리스크의 종교이다.

작업일 뿐이다.

> 정신은 이제 공작인으로 나타난다. 그는 행위를 통해 자신을 대상으로 산출
> 하지만 아직 자신의 사고를 포착하지는 못하므로, 그의 행위는 마치 벌이 그
> 들의 집을 짓듯이 본능적인 노동일뿐이다.(486/255)

따라서 헤겔은 이 단계를 정신의 진정한 자기자각성이 아직 성취
되지 않은 자연종교로 분류하며, 진정한 자기지에 이르고자 하는 정
신은 자연종교에서 예술종교로 나아간다고 주장한다.

이제 정신은 자신을 눈앞에 주어진 자연 안에서 직접 직관하는 것이 아니라 자신을 대상의 형태로 표출해 내고자 한다. 따라서 정신은 예술작품을 창작해 내며 그 안에서 자신을 의식한다. 이것이 예술종교의 단계이다.

예술종교에서 드러나는 현실적 정신은 "인륜적인 참다운 정신"(490/259)이며, "자유로운 민족"(490/260)의 정신이다. 자연종교가 권력지배시대에 해당한다면, 예술종교는 인륜적 실체 안에서 개인이 보편을 실현하는 민중시대에 해당한다고 볼 수 있다. 조각이나 찬가, 제의 그리고 서사시와 비극 또는 희극 등의 그리스 예술을 헤겔은 예술종교로 분류한다.

1. 추상적 예술작품: 조각, 찬가

자각적인 민족의 인륜적 정신을 추상적이고 개별적인 형태로 드러내는 가장 기본적인 예술작품은 조각이다. 조각가는 자기화된 민족정신을 작품으로 형상화시킨다. 그렇지만 조각에 있어서는 작품이 자신의 창작활동과 분리되어 '사물' 로 존재하게 된다.

이러한 최초의 직접적 산물[조각품]에서는 작품과 자기의식적 활동 간의 분리가 아직 통합되어 있지 않다.(495/265)

작가와 작품이 좀 더 긴밀하게 통합되는 것은 "찬가"(Hymne) (496/267)에서다. 찬가는 순수사유로서의 "기도"(496/267)의 내면성이 형태화된 것이다.

언어를 그의 형태의 요소로 갖고 있는 신은 자체 내에 영혼이 담긴 예술작품이다. 이 예술작품은 사물로서 존재하는 것에 대립해 있는 순수 활동성을 직접적으로 그의 현존 안에 가진다.(496/267)

찬가가 혼이 담긴 예술작품일 수 있는 것은 그것을 구성하는 것이 "영혼이 영혼으로서 살아 있는 언어"(496/267)이기 때문이다. 이 언어가 민족의 인륜적 실체성을 담고 있는 민족 공동의 언어이다. 그러나 찬가에 있어서도 보편적 신과 개체적 자기의식이 완전히 통합되지는 못한다.

사물화되어 정지해 있는 조각과 시간 안에서 흘러가 버리는 찬가와의 대립⁶⁾을 지양하고 그 둘을 하나로 통합하는 예술, 그 안에서 "자기와 절대자와의 합일의 의식"(501/273)이 가능한 예술은 좀 더

---

6) 조각과 찬가와의 대립은 곧 조각(조형예술)과 음악, 시각예술과 청각예술의 대립이다. 이는 다시금 아폴로적 예술과 디오니소스적 예술의 대비로서 이성과 감성의 대비, 능동성과 수동성의 대비를 보여 주기도 한다.

생동적인 예술인 구체적 제의에서 실현된다.

2. 생동적 예술작품: 제의

이 단계에서는 조각이나 찬가에서 보이는 바와 같이 생활과 단절된 추상성이 지양된다. 제의가 만인의 실제적 삶의 현실로 등장하는 것이다. 생동적 예술은 신에 대한 제사, 비의, 바카스 제전, 무도, 황홀경 등으로 나타난다. 이 모든 생동적 활동이 다 신성의 계시로 간주되며, 인간은 그러한 구체적인 삶의 과정 안에서 신성을 체험한다.

> 제의에서 자기는 신적 존재가 그의 피안으로부터 그에게로 강림하는 의식을 갖게 되며, 그렇게 함으로써 예전에는 비현실적이고 단지 대상적이던 신적 존재가 자기의식의 본래적 현실성을 지니게 된다.(498~499/ 270)

그러나 인간이 신성과 일치하여 신성을 실현시킨다고 하여도 제의에서의 실현은 단지 외적일 뿐이라는 한계를 가진다. 신적인 것과 인간의 삶의 진정한 내적 통일이 완성되는 것은 정신적 예술작품에 이르러서이다.

3. 정신적 예술작품: 서사시, 비극, 희극

신적인 것과 인간적 삶과의 통일이 내적으로 실현되는 것은 보편적 언어를 통해서이다. 민족의 언어 안에서 인간은 자신을 보편성으

348

로 고양시키며 그로써 신적인 것을 실현한다. 서사시가 신과 인간 간의 갈등을 그린 것이라면, 비극은 그 갈등을 운명으로 그려내고, 희극은 다시 그 운명을 조소한다.

1) 서사시

호머의 『일리아드』처럼 민중의 정신을 영웅과 신의 모습으로 개성화한 것이 서사시이다. 서사시에서는 신적인 것과 인간적인 것이 갈등하면서도 그 통일을 꾀하게 되며, 만인의 운명이 영웅의 운명을 통해 일반화되어 상징적으로 표현된다. 헤겔은 이를 삼 단계의 추리형식으로 표현한다.

> 작품에 실제로 나타나는 것은 신들의 세계인 보편성의 극단이 특수성의 매개를 거쳐서 시인인 개체성과 결합되는 추론이다. 매개는 영웅들에 있어서의 민족이다. 영웅들은 시인처럼 개별적 인간이지만 단지 표상된 인간일 뿐이며 따라서 보편성의 자유로운 극단인 신들처럼 보편적 인간이다.(507~508/282)

보편성: 신
특수성: 서사시의 영웅/민족
개별성: 시인

영웅으로 상징되는 개체가 보편을 실현하는 특수자로서 보편과 특수, 신과 인간을 매개한다고 볼 수 있다. 이와 같이 서사시에서는 신과 인간의 관계가 문제가 된다.

서사시에서는 제의에서 즉자적으로 성립했던 것, 즉 신적인 것과 인간적인 것의 관계가 의식에 분명하게 제시된다.(508/282)

그러나 서사시에서 밝혀지는 것은 신과 인간의 관계의 모호함과 불안정성이며 그로 인한 갈등이다. 서사시에서는 신도 개인의 모습을 띠고 나타나며 인간처럼 자유롭고 자율적으로 행위를 하지만 신과 인간은 서로가 서로에 대해 대립으로 등장한다.

[신들의] 위력의 진지함도 가소로운 과잉일 뿐이다. 왜냐하면 그 위력은 행위하는 개인들의 위력이기 때문이다. 또 행위하는 개인들의 노력과 노동도 마찬가지로 불필요한 수고일 뿐이다. 왜냐하면 오히려 신들이 모든 것을 주도하기 때문이다.(508/283)

이렇게 해서 양 측면에 무력과 갈등만이 남겨진다. 신은 그 자신의 영원의 신성에 대립되는 한계성을 드러내게 되며, 신과 인간 간의 진정한 통일도 이루어지지 않는다.

2) 비극

아이스킬로스나 소포클레스의 비극은 인간의 운명의 이념을 내재화한 것이다. 영웅이 죄를 짓고 비참한 죄과를 받음으로써 스스로 자아낸 운명은 내적인 비극적 운명이 되는데, 이것이 곧 영웅의 본질을 표현하는 것이다. 비극에 등장하는 정신은 둘로 양분된 정신이며, 영웅은 이 양분된 정신 안에서 갈등하고 좌절하고 비관에 빠지게 된다.

정신의 실체는 두 극단의 힘[인간의 법과 신의 법]으로 나뉘어서 나타나는
데, 그 기본적인 보편적 존재는 동시에 자기의식적 개인들이다. 즉 그 둘 중
하나의 힘에다 자신의 의식을 정립하고 거기에서 성격의 규정성을 가지며
자신의 활동성과 현실성을 만들어 나가는 영웅들이다.(512/288)

인간의 법과 신의 법은 지상의 법과 지하의 법의 대립이며 지와
무지의 대립이기도 하다. 비극이 보여 주는 것은 인간의 법과 신의
법, 지와 무지가 서로 결합되어 있기에 그 중의 하나를 취한 인간은
그 다른 하나로 인해 파멸한다는 것이다.

[신탁에 있어] 지는 그 개념상 직접적으로 무지이다. 왜냐하면 의식 자체가
행위를 행함에 있어서는 그 대립이기 때문이다. 스스로 스핑크스의 수수께
끼를 풀 수 있었던 자도 아이같이 신뢰하던 자도 다 신이 그들에게 계시해
준 바로 그것으로 인해 파멸로 던져졌다.(513~514/290)

의식의 두 측면인 지와 무지의 대립을 헤겔은 다시 "계시의 신"과
"자신을 숨기는 신 에레니"(515/292)와의 대립으로 설명한다. 그 둘
은 필연적으로 서로 연결되어 있어 하나를 선택하여 취해도 또 다른
하나가 뒤따라온다.

의식은 행위를 통해 대립을 허용한다. 계시된 지에 따라 행동하면서 의식은
그것이 기만이었음을 경험하게 되며, 내용상 실체의 한 속성을 따를 경우 의
식은 다른 속성에 손상을 가함으로써 오히려 바로 그로 인해 자신과 대립하
여 그 다른 것을 인정하게 된다.(515/292)

비극은 이러한 대립과 갈등, 계시와 복수 사이에서 발생하는 비극적 운명을 그린 것이다. 결국 비극에서도 신과 인간, 절대와 개체의 화해는 성취되지 않는다.

3) 희극

희극에서는 비극적 운명 자체가 조롱된다. 신적 실재, 보편적 실재, 운명의 보편적 계기를 인간의 상념 속의 것으로 비웃어 버리는 것이 바로 희극이다. 보편적 실재는 자신의 허세의 가면을 벗어던지고 일상의 모습을 드러낸다.

> [극에서] 자기는 그의 의미에 따라 현실적인 자로 등장하면서, [극중] 인물이 되기 위해 자신이 한번 써야했던 가면을 쓰고 연기한다. 그러나 그는 곧 그 가상으로부터 벗어나 다시 그의 고유의 벌거벗음과 익숙함에 따라 행위하는데, 이것을 그는 배우로서의 본래적 자기나 관객으로부터 구별되지 않는 것으로 제시한다.(518/296)

인간적인 것으로 끌어들인 신의 고귀한 가상은 결국 희극의 경쾌함 속에서 밑바닥으로 가라앉아 버린다. 이처럼 희극에서 신적인 것과 인간적인 것의 통일이 이루어지지만, 이는 인간적인 것이 신적인 것들을 조소하는 식으로 이루어진다. 스스로를 그리스의 도시국가의 권력으로 아는 민중은 이런 희극정신을 보여 주고 있다. 희극은 인륜적 법칙의 무상성을 폭로하며, 그렇게 해서 모든 가치를 부정하고 인간 자신을 절대의 가치로 부상시킨다.

［희극의］ 경박함을 표현하는 명제는 '자기는 절대적 본질이다' 라는 것이다.(521/300)

이와 같이 희극에서는 개별적 자기가 본질적인 것이 되고 신적 세계의 보편성은 절대적 자기의 사적 술어로 격하된다. 이렇게 해서 신적 법칙에 대한 신앙도 소멸하게 되고, 이러한 상실의 의식이 신의 죽음으로 등장한다.

상실의 의식은 자신을 '신은 죽었다' 라는 한마디 힘든 말로 토로하는 고통이다.(523/302)

여기서 죽음은 인간의 운명을 뜻한다. 죽을 수 있는 신은 곧 인간으로 화한 신을 의미하며, 이는 곧 신의 인간화, 신성의 육신화를 말해 준다. 이렇게 해서 인간에 의해 형성된 예술종교인 희극의 정신은 다시 신이 인간화를 통해 자신을 계시하는 그 다음 단계의 종교인 계시종교로 나아가게 된다.

III
계시종교

1) 신의 육화: 성부에서 성자로

예술종교가 추상적인 신적 본질을 인간화한 것이라면, 계시종교는 신의 존재와 본질이 그 자체로 계시되는 종교이다. 여기서 비로소 신은 곧 정신이고 자기의식이라는 것, 따라서 신의 본성과 인간의 본성이 하나라는 통일성이 직관된다.

> 계시종교에서는 신적 본질이 계시된다. 계시된다는 것은 그가 무엇인지가 알려진다는 것이다. 즉 정신으로 알려짐으로써 그가 본질적으로 자기의식의 존재라는 것이 알려진다.(528/309)

> 정신은 자기의식으로 알려지고 또 자기의식에 직접적으로 계시된다. 왜냐하면 정신이 곧 자기의식 자체이기 때문이다. 신적 본성은 인간적 본성과 동일하며, 바로 이 통일성이 직관된다.(529/310)

정신이 정신으로 자각되는 것이 곧 '정신의 탄생'인데, 이 정신의 탄생은 다음과 같은 두 측면을 가진다.

하나는 실체가 자신을 외화하여 자기의식이 되는 것이고, 또 다른 하나는 반대로 자기의식이 자신을 외화하여 사물성 또는 보편적 자기로 만드는 것이다. 이 두 측면이 이런 방식으로 서로 대립되지만, 그렇게 함으로써 그들의 참된 통합이 성립하게 된다.(525/305)

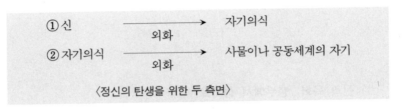

〈정신의 탄생을 위한 두 측면〉

이 중에서 ②의 단계로 그치지 않고 ①의 단계로까지 나아간 것, 즉 신이 구체적 자기의식의 모습으로 자신을 드러낸 것이 바로 신의 육화된 성자인 그리스도이다.

실체의 형식을 벗어나 자기의식의 형태로 현존에 이른 정신〔그리스도〕에 대해서는 … 그가 현실적인 어머니〔자기의식, 마리아〕와 즉자존재의 아버지〔실체, 성부〕를 가진다고 말할 수 있다.(526/306)

신 내지 정신이 그리스도로 육화됨으로써 이성과 감성, 본질과 존재, 보편과 개별, 신과 인간의 동일성이 실현된다. 그리스도를 보는 자는 인간적 자기의식을 보며 동시에 신을 보는 것이다.

최고의 존재가 현존하는 자기의식으로서 보이기도 하고 들리기도 한다는 것은 실제로 그의 개념의 완성을 뜻한다. 이러한 완성을 통해 최고의 존재는 바로 그런 것으로서 직접적으로 '여기에' 있다.(529/311)

2) 신의 죽음과 부활: 성자에서 성령으로

신의 육화로서의 그리스도를 통해 본질과 존재, 보편자와 개별자, 신과 인간의 통일이 이루어지지만, 그러나 이 그리스도를 통해 만인의 의식이 다 개별성을 넘어 보편적 자기의식으로 완성되는 것은 아니다.

> 그[절대적 존재의 계시인 그리스도]를 감각적으로 보거나 듣거나 한 의식은 단지 직접적 의식일 뿐이어서 대상과의 부등성을 지양하여 순수사유에로 복귀하지 않는다. 그 의식은 대상적인 개별자[그리스도]를 정신으로 알되 자기 자신을 정신으로 알지는 못한다.(531/313)

이 단계를 넘어서서 정신이 보편적인 자기로 깨어나는 것이 곧 "성령"(531/313)이며, 헤겔에 따르면 이것은 그리스도의 죽음과 부활 위에 세워진 공동체, 곧 "교단"(531/314)을 통해 가능하다.

> 자기의식적 존재의 지양된 직접적 현전이 곧 보편적 자기의식이다. 지양된 개별적 자기의 이 개념은 절대적 존재로서 교단의 구성을 직접적으로 표현한다. 교단은 여태까지는 단지 표상 속에 머물러 있었지만, 이제는 자기 자신에게로 복귀한다.(540~541/327)

인간과 신의 통일은 성령, 즉 종교공동체의 보편적 자기의식 속에서 구체적인 정신으로 된다. 이에 따라 직접적 신앙은 정신적인 신앙으로 바뀌게 되며, 먼 옛날의 예수나 먼 미래의 구원이 아닌 여기 지금의 그리스도의 현존의 신앙으로 바뀌게 된다. 교단 내에서 신은 직접적으로 현존하는 신 대신에 공통적인 내면성에서의 하나의 정신적 현존으로서의 신이 된다. 그렇게 해서 정신은 "공통체의 보편적인 자기의식"의 형식을 띠게 된다.

> 그[그리스도]는 현실적으로 죽지 않는다. 개별자로서의 그는 현실적으로 죽은 것으로 표상되지만, 그러나 그의 특수성은 그의 보편성으로 바뀌며 자기 자신과 화해하는 존재로서의 그의 지로 변화한다.(545/334)

> 그것[그리스도의 죽음]을 통해 보편자는 자기의식이 되고, 단순한 사유의 순수한 비현실적 정신은 현실적이 된다.(546/334)

이처럼 정신이 개체성을 넘어 보편적 자기의식으로 나아가는 과정이 곧 "신은 죽었다"의 의미이다. 신의 죽음은 곧 "신적 본질의 추상성의 죽음"(546/335)이다.

> 매개자의 죽음은 단지 그의 자연적 측면만의 죽음, 즉 그의 특수한 대자존재만의 죽음이 아니다. 본질로부터 벗겨진 이미 죽은 껍데기뿐만 아니라 신적 본질의 추상성도 죽은 것이다.(546/334)

이와 같이 신적 본질은 스스로를 자신에게 소원한 현존재로 비하시키면서 스스로의 육화를 이루었다가, 다시 육화된 개체의 희생과 죽음을 통해 자신의 소원한 현존재를 지양하여 자기 자신으로 고양된다. 그리하여 신은 자기 자신을 정신인 성령으로 계시하면서, 현실적 자기 자신과 화해를 이루게 된다.

그리스도의 삶을 통해 추상적이고 소원한 신의 강림, 인간과 신의 화해가 일어나고 신이 정신으로 정립되었다면, 다시 그 매개자로서의 그리스도의 죽음은 곧 특수자의 거듭된 죽음이며 이를 통해 신의 자기완성과 자기화해가 이룩된다.

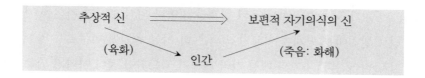

헤겔에 따르면 그리스도의 죽음과 부활은 공동체가 수행해야 할 과제가 된다. 공동체는 그리스도의 죽음과 부활을 내면화함으로써 유한한 실존과 신적 본질을 화해시켜야 한다. 이와 같이 헤겔은 그리스도 중심적 성서관에서 벗어나 공동체로서의 보편적 그리스도에게로 나아간다. 공동체를 보편적인 신적 존재로 간주하는 것이다.

3) 계시종교에서 절대지로 나아감

절대정신은 계시종교 안에서 현시된다. 종교적 의식은 그 대상 속에서 자기 자신을 발견하고 자기 자신을 파악한다. 그렇지만 종교에 있어서는 자기 자신이 여전히 대상의 형식을 띠고 표상으로 나타난다. 표상의 형식 속에서 자기와 대상은 표상하는 자와 표상되는 것으로 서로 대립한다.

계시종교에서도 남아 있는 이와 같은 자기와 대상과의 대립은 화해를 종말론적 시간 속에 투사하는 기독교적 의식 속에서도 발견된다. 여기에서는 화해가 먼 미래의 것으로 나타나는 것이다. 그리고 이것은 그 의식이 아직 표상적 의식이라는 것, 즉 진리가 의식에 대해 있기는 하지만, 의식 자체가 아직 그 진리는 아니라는 것을 말해 준다. 다시 말해 진리와 지가 분리되어 있으며, 아직 그 분리가 극복되지 않았다는 것이다. 그러므로 종교에서는 그러한 화해가 지에서가 아니라 신앙 속에서 찾아질 뿐이다.

　종교가 갖는 표상적 사유의 한계를 벗어나 의식이 자기 자신을 진리로 발견하는 단계에 이르면 의식은 더 이상 종교에 머무르지 않고 지로 나아간다. 자기와 대상 간의 분리가 극복되어 둘이 하나가 되는 절대지가 그것이다.

06

절대지

절대지에

이르는 것이

곧

역사의 완성이며

철학의 완성이다.

지금까지 정신현상학의 과정은 항상 현상적 의식에 대해 그 대상
으로 등장하는 것이 바로 그 의식 자신이 스스로를 외화하여 자기 대
상으로 정립한 것임을 밝혀 나가는 과정이었다. 대상이 의식 자신의
외화의 결과임을 아는 반성적 의식은 그렇게 대상 안에서 자기 자신
을 발견하여 그 대상성을 지양하고 자기 자신으로 복귀하면서 그 다
음 단계의 의식으로 나아가게 된다. 그러면 이렇게 발생하는 새로운
의식에 대해 다시 새로운 대상이 등장하며, 이와 동일한 과정이 다시
반복되는 것이다.

> 자기의식은 외화하여 자신을 대상으로 정립한다. 또는 대상과 대자존재와의
> 불가분리의 통일성 속에서 대상을 자기 자신으로 정립한다. … 자기의식은
> 이 외화와 대상성을 다시 지양하여 자기 자신으로 복귀함으로써 자신의 타
> 자존재 안에서도 자신으로 머문다.(549/340)

대상 안에서 자기를 발견한다는 것은 곧 대상을 지양하면서 대상
으로부터 자기에로 복귀하는 것을 의미한다. 이 과정이 반복됨에 따
라 의식과 그 대상은 점점 더 보편적이고 점점 더 절대적인 존재로
확장되어 간다.

대상의식과 자기의식 그리고 이성과 계몽과 도덕의 단계를 거쳐
마지막 종교의 단계에 이르면 의식은 절대자 내지 절대정신을 자신
의 대상으로 갖게 된다. 그러나 종교의 단계에서는 절대자가 단지 표

상의 방식으로 떠오를 뿐이며 "표상과 대상성의 형식 안에"(549/
339) 머물러 있을 뿐이다. 즉 종교의 단계에서는 의식의 대상인 절대
자가 단지 대상으로만 표상되며 그 대상이 바로 의식 자신이라는 것
을 알지 못하는 것이다. 따라서 절대자는 단지 신앙대상으로만 머무
를 뿐이다. 그러므로 종교에서 그 다음 단계로 나아가기 위해서는 표
상의 방식, 대상성의 형식을 지양하는 것이 필요하다.

> 〔종교에서〕 표상의 내용은 절대정신이다. 따라서 이제 단지 단순한 형식의
> 지양만이 문제가 된다.(549/339)

대상성의 형식을 지양한다는 것은 절대자를 대상으로 아는 것이
아니라, 절대자를 대상으로 삼고 있는 의식 자체가 그 대상인 절대자
안에서 자기 자신을 발견함으로써 결국 대상이 자기 자신이라는 것
을 아는 것이다. 즉 의식과 대상, 인식과 존재, 주체와 실체가 둘이
아니라 하나라는 것을 아는 것이다. 정신이 자기 자신을 실체적 절대
자 안에서 발견함으로써 절대자는 단지 대상적 실체로 머무르지 않
고, 실체가 곧 주체가 된다. 이는 절대자가 자신을 대상화하고 그 대
상 안에서 자신을 발견하여 스스로 정신이 되는 것을 의미한다. 이렇
게 해서 정신은 자기 자신을 정신으로 알게 된다. 절대자를 표상적으
로가 아니라 개념적으로 아는 것이다. 이와 같은 정신의 개념적 자기
지를 헤겔은 '절대지'라고 부른다.

> 정신이 자신의 완전하고 참된 내용에다 자기의 형식을 부여함으로써 그의
> 개념을 실현하고 또 동시에 그 실현에 있어서도 자기의 개념에 머물러 있는
> 이러한 정신의 궁극적 형태가 곧 절대지이다. 절대지는 정신형태 안에서 자

신을 아는 정신 또는 개념적 지이다.(556/349)

이 단계에서는 "진리와 확신의 일치", "존재와 개념의 일치"(556/349)가 실현된다. 이 차원에서 나타나는 정신의 지를 헤겔은 '학문'이라고 하는데, 이는 곧 절대지를 완성하는 '철학'을 의미한다.

개념 안에서 의식에 현상하는 정신 또는 같은 말이지만 개념 안에서 정신에 의해 산출된 것이 곧 학문이다.(556/349).

이렇게 해서 절대자의 자기지인 절대지에서 실체는 주체가 되고, 보편적 정신은 개별적 의식이 된다.

학문지의 본성과 요소와 운동은 그 지가 자기의식의 순수한 '대자존재'라는 데에 있다. 그것은 다른 어떤 자아도 아닌 바로 '이' 자아이며 직접적으로 매개된 또는 지양된 보편적 자아이다.(556/349)

보편적 정신인 절대정신은 정신적 실체이며 절대자로서 절대적 자기동일성을 지닌 비시간적 존재이다. 그러나 전체『정신현상학』의 과정이 보여 주듯 정신이 자기 자신을 정신으로 알기까지, 즉 실체가 주체가 되기까지 정신은 자기 자신을 외화하고 그 외화된 것 안에서 자신을 발견하고 대상을 지양하여 자기복귀하는 기나긴 과정을 거치게 된다. 이 정신의 자기외화의 활동이 시간과 공간의 형식으로 전개되는 것이다.

정신은 필연적으로 시간 안에 현상한다. … 시간은 아직 자기완성되지 않은

정신의 운명과 필연성으로 등장한다.(558/352)

정신이 시간 형식으로 전개된 것이 인류의 역사를 형성하고, 정신이 공간의 형식으로 전개된 것이 자연이다.

자연은 〔공간으로서 직관되는〕 정신의 생생한 직접적 생성이다. … 역사는 시간 속에 외화된 정신이다(563/359).

이렇게 해서 절대정신은 기나긴 시간과정을 거쳐 역사를 형성하고 또 자연의 모습으로 자신을 드러내면서 자기를 전개하고 자기를 완성해 간다. 그 긴 정신의 자기 전개와 자기복귀의 과정은 결국 정신이 자기 자신을 정신으로 알아 가기까지의 과정, 즉 절대지에 이르기까지의 과정이며, 이 절대지에 이르는 것이 곧 역사의 완성이며 철학의 완성이다.

찾아보기